1899-1904년
한성감옥서(漢城監獄署) 수감자들의
기독교 입교에 관한 연구

1899-1904년 한성감옥서(漢城監獄署) 수감자들의 기독교 입교에 관한 연구

발행일 2023년 1월 2일

지은이 김일환
펴낸이 손형국
펴낸곳 (주)북랩
편집인 선일영 편집 정두철, 배진용, 김현아, 류휘석, 김가람
디자인 이현수, 김민하, 김영주, 안유경 제작 박기성, 황동현, 구성우, 권태련
마케팅 김회란, 박진관
출판등록 2004. 12. 1(제2012-000051호)
주소 서울특별시 금천구 가산디지털 1로 168, 우림라이온스밸리 B동 B113~114호, C동 B101호
홈페이지 www.book.co.kr
전화번호 (02)2026-5777 팩스 (02)3159-9637

ISBN 979-11-6836-642-8 93230 (종이책) 979-11-6836-643-5 95230 (전자책)

이 저서는 2021년 대한민국 교육부와 한국연구재단의 지원을 받아 수행된 연구임 (NRF-2021S1A5B5A17047282).

1899-1904년
한성감옥서漢城監獄署 수감자들의 기독교 입교에 관한 연구

| 김일환 지음 |

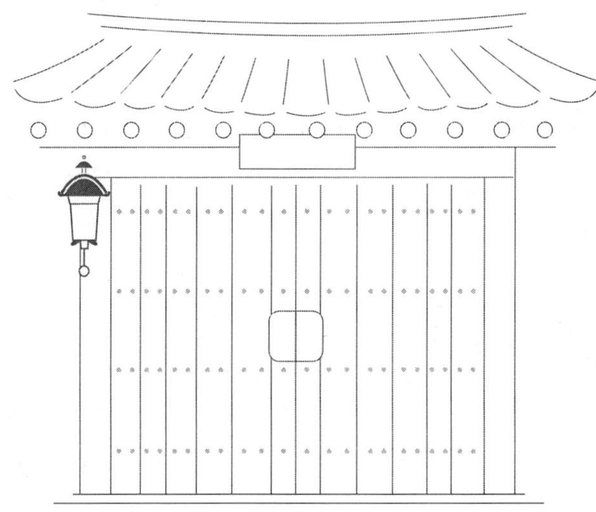

책을 내면서

이 책은 한국연구재단의 2021년 인문사회학술연구교수 연구 과제를 수행하는 것에서 비롯되었다. 연구 과제를 신청하면서 "1899년에서 1904년까지의 한성감옥서 수감자들 중 기독교에 입교(入敎)한 사람들과 그들이 출감한 후에 펼친 활동을 연구하고, 아울러 그들의 활동이 당시 기독교 사회 윤리 형성에 끼친 영향에 대해서 연구하고자 한" 목표대로 1년 동안 연구를 진행하면서 연구 성과를 학술세미나에서 발표하기도 했지만, 필자 스스로 미진하게 느끼는 부분이 많이 있었다.

그래서 연구를 거듭하면서 내용을 보완하여 책으로 출간하려는 욕심을 갖게 되었다. 욕심이 화를 부르기도 하지만 때로는 연구를 분발(奮發)하게 하는 동력이 될 수도 있음을 알기에 몸과 마음이 모두 피곤해지는 욕심을 부려보았다. 이렇게 해서 한 권의 책을 세상에 내어놓게 되었다.

1899년에서 1904년까지 한성감옥서에 수감되어 있는 중에 기독교에 입교한 사람들에 대한 이야기는 시간상으로는 현재와 120여 년의 간격이 있는 이야기이지만, 죄수가 되어 감옥에 갇히게 된 답답한 현실 속에서 기독교라는 서양 종교를 자신의 신앙으로 받아들이는 일은 지금의 사람들이 종교를 갖게 되는 사례들과 별로 다르지 않다. 특히 옥중 입교인들의 신앙 체험 기록 속에서는 현재의 많은 사람들이 각자의 어려운 현실 속에서 특수한 신앙적 체험을 통하여 기독교 신앙을 갖게 되는 모습과 공통점을 발견하게 된다.

그렇게 옥중에서 기독교인이 된 사람들이 이제 막 뿌리를 내리기 시작한 한국의 기독교와 기울어가는 나라의 운명을 동시에 직시하면서 기독교인으로서, 그리고 우국(憂國)의 백성으로서 살아간 그들의 삶을 역사적으로 연구하는 일은 시간을 거슬러 그 시대 속으로 들어가 그들을 만나는 느낌을 갖게 만들기도 했다. 이렇게 시대를 오가며 이런저런 인물이 되어 보면서 1년 동안 연구를 할 수 있었던 것은 이미 말한 것처럼 한국연구재단의 지원에 힘입은 바 크다. 지금도 지원을 받으며 다른 연구를 계속하고 있으니 필자는 한국연구재단에 빚을 많이 지고 있는 셈이다.

한국교회사를 공부하면서 만나게 된 여러 선생님과 동료들, 언제나 격려해주는 여러 목사님과 성도들, 친구들, 가족들이 있다. 여기에 일일이 거명하지 않지만 이분들의 기도와 격려와 지원에 진심으로 감사드린다. 특히 이 책의 출판비를 지원해 주신 미래를 사는 교회 한백병 장로님과 김경란 권사님, 완도 당인교회 김태균 목사님과 성도님들께 감사드린다. 마지막으로 이 모든 것을 가능하도록 은총을 베푸시는 하나님께 감사드린다. 이 한권의 책이 한국교회사에 관심을 가진 분들에게 작은 도움이 되기를 소망한다.

2022년 12월

김일환

차례

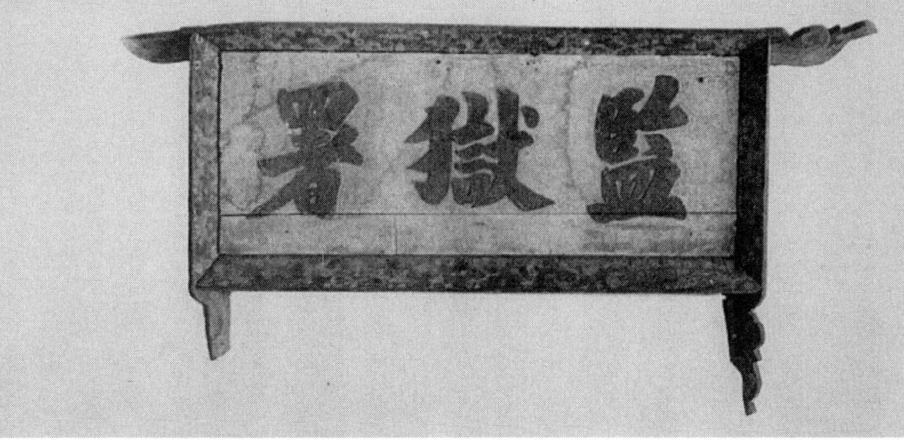

2부
기독교 신앙과 교육운동

서론

1894년 7월에 갑오개혁이 시작되면서 한성부의 감옥 시설을 일원화하여 내무아문의 경무청 소속 전옥서(典獄署)로 통합하고 명칭을 전옥서에서 감옥서(監獄署)로 변경했다. 이어서 11월 25일에는 감옥규칙(監獄規則)을 제정하면서 근대적인 감옥제도가 시행되었다.

조선시대의 형벌제도는 죄인을 먼 곳으로 귀양을 보내는 유형(流刑)과 다른 지역에 보내서 강제 노역을 시키는 도형(徒刑)을 제외하면 개인을 수감하는 형벌은 존재하지 않았다. 따라서 조선시대의 감옥은 죄인이 태형, 장형, 도형, 유형, 사형 등의 판결이 내려지기 전까지 유치(留置)되는 장소였다. 그런데 감옥규칙이 제정되면서 가장 크게 달라진 점은, "제1조, 감옥을 나눠 미결감(未決監)과 기결감(旣決監)의 두 종류로 하고, 미결감은 재판소 및 경무청에서 심문 중에 있는 자를 구류하는 처소며, 기결감은 징역에 처한 자를 구금하는 처소다"라는 내용에서 알 수 있듯이 징역형을 도입한 것이다.

이런 변화에 따라서 한성감옥서에는 판결을 기다리는 미결수과 징역형을 선고받은 기결수로 분류된 죄수들이 수감되기 시작했다. 그런데 1899년에서 1904년 사이에 한성감옥서에 수감된 사람들 중에서는 여러 가지 정치적 사건에 연루되어 수감된 관료 출신 인물들이 상당수 있었다. 박영효 쿠데타 모의 사건(고종 양위 음모 사건)에 가담한 죄목으로 1899년 1월에 체포 수감된 중추원 의관 출신의 이승만을 비롯하여, 동일한 혐의로 1899년 11월에 체포된 안국선이 있었으며, 유길준 쿠데타 모의 사건과 관련하여 1902년에 수감된 의정부 총무국장 출신의 이상재(李商在), 이조참의와 군국기무처 의원을 지낸 이원긍(李源兢), 농상공부 회계국장을 역임한 유성준(兪星濬), 강계군수와 중추원 의관 출신의 홍재기(洪在箕), 경무관을 역임한 김정식(金貞植), 이상재의 아들 이승인(李承仁) 등도 있었다. 이들 외에도 유동근(柳東根), 홍정섭(洪正燮), 양기탁(梁起鐸), 이동녕(李東寧), 신흥우(申興雨), 박용만(朴容萬), 정순만(鄭淳萬), 김린(金麟), 이종일(李種一), 이준(李儁) 남궁억(南宮檍), 조택현(趙宅顯), 김형섭(金亨燮) 등이 정치적 사건과 연루되어 수감 중이었다.[1]

이렇게 국사범(國事犯)으로 한성감옥서에 수감되어 있는 중에 기독교에 입교(入敎)하는 사람들이 생겨났다. 대표적으로 이상재, 이승만, 이원긍, 김정식, 홍재기, 유성준, 안국선, 이승인 등이다. 이들은 수감 중 아펜젤러(H. G. Appenzeller), 벙커(D. A. Bunker), 헐버트(H. B. Hulbert), 에비슨(O. R. Avison), 언더우드(H. G. Underwood), 게일(J. S. Gale), 존스(G. H. Jones) 등 선교사들의 선교활동, 옥중에 개설된 학교와 서적실 등을 통한 영향, 개인적인 신앙 체험 등을 통해서 기독

---

1 이광린, "舊韓末 獄中에서의 基督敎 信仰," 「동방학지」 46-48(1985), 479-481 ; 유영익, 『젊은 날의 이승만: 한성감옥생활(1899-1904)과 옥중잡기 연구』(서울: 연세대학교 출판부, 2002), 34-36.

교에 입교하게 되었다.

옥중에서 기독교에 입교한 사람들은 출옥 후 교회 내부의 활동뿐만 아니라 국민교육회를 통한 교육활동, 황성기독교청년회(YMCA)를 통한 청년운동 및 사회활동 등을 펼치게 되는데, 그들은 자신이 기존에 가지고 있던 유교적 전통과 새로 받아들인 기독교 신앙 사이의 단절, 또는 연속이라는 다양한 관계 속에서 신앙 활동과 사회활동을 통해 기독교 내부와 사회에 영향을 끼쳤다. 그러므로 그들에 대한 연구는 한국교회사와 근현대사 차원에서 중요한 의미를 지닌다고 할 수 있다.

이원긍의 아들 이능화(李能和)가 "시위관신사회신교지시(是爲官紳社會信敎之始)"라고 언급한[2] 이들의 옥중 기독교 입교에 대해서는 이미 다양한 연구들이 진행되었다. 김정식, 안국선, 유성준, 이상재, 이승만, 이준 등에 대한 인물 연구, YMCA, 교육운동, 기독교민족운동 등과 관련한 연구, 근대 한국정치사, 한국종교사 연구 등 다양한 분야에서 선행 연구를 모두 거론하기 어려울 만큼 많은 연구가 진행되어 왔다.[3]

---

2 이능화, 『朝鮮基督教及外交史』(경성: 조선기독교창문사, 1928), 204. 이능화는 관료 출신으로 수감 중 기독교에 입교한 인물로 자신의 부친인 이원긍을 비롯하여 이상재, 유성준, 김정식, 이승인, 홍재기, 이승만, 김린 등을 거론하고 있다.

3 한성감옥서 수감 중 기독교에 입교한 사건을 다룬 내용이 있는 연구만 선별해도 다음과 같다. 고정휴, "開化期 李承晚의 思想形成과 活動(1875-1904)," 「역사학보」 109집(1986. 3), 23-62 ; 김일환, "김정식(金貞植)의 옥중 기독교 입교와 출옥 후 활동," 「한국기독교와 역사」 57호(2022. 9), 259-300 ; 박혜미, "일본조합교회 간사 김린의 생애와 친일활동," 「한국기독교와 역사」 51호(2019. 9), 41-74 ; 서정민, "구한말 이승만의 활동과 기독교," 「한국기독교사연구」 18호(1988. 2), 4-23 ; 오영섭, "이상재와 이승만: 개화・선교・독립을 위한 협력과 후원 관계," 「한국민족운동사연구」 101(2019), 45-105 ; 유영익, 『젊은 날의 이승만: 한성감옥생활(1899-

이 책에서는 지금까지 축적된 선행 연구의 토대 위에서 한성감옥서, 옥중생활, 신앙 체험, 수감 전후의 기독교 인식, 출옥 후 활동과 사회의식 등의 주제를 중점적으로 살펴보았다. 이 책은 크게 두 부분으로 되어 있다. 제1부에서는 갑오개혁을 전후한 한성감옥서의 역사와 국사범으로 수감된 사람들의 신상, 감옥서의 시설 개선에 따른 학교와 도서실 개설, 옥중에서의 신앙 체험과 그들이 갖게 된 신앙의 특징 등에 대해서 살펴보았다. 제2부에서는 옥중 기독교 입교인들이 1904년 출옥한 후에 전개한 교육운동과 그들의 사회의식에 대해서 살펴보았다. 특히 연동교회와 연결된 사람들을 중심으로 교육운동과 기독교청년운동 등을 전개한 내용을 중점적으로 살

1904)과 옥중잡기 연구』(서울: 연세대학교 출판부, 2002) ; 유춘동, "한성감옥서(漢城監獄署)의 <옥중도서대출부(獄中圖書貸出簿)>연구," 「서지학보」 40호(2012. 12), 105-125 ; 이광린, "舊韓末獄中에서의 基督敎 信仰," 「동방학지」 46-48(1985), 477-499 ; 이덕주, "이승만의 기독교 신앙과 국가건설론: 기독교 개종 후 종교활동을 중심으로(1899-1913)," 「한국기독교와 역사」 30호(2009. 3), 35-88 ; 이덕주, "유성준: 개화기 양반 출신 기독교 정치인," 『새로 쓴 한국 그리스도인들의 개종이야기』(서울: 한국기독교역사연구소, 2003), 131-146 ; 이덕주, "김정식: 경무관 출신 평신도 전도자," 『새로 쓴 한국 그리스도인들의 개종이야기』, 147-160 ; 이덕주, "이상재: 성경에서 부국강병책을 찾은 민족운동가," 『새로 쓴 한국 그리스도인들의 개종이야기』, 191-205 ; 이동진, "박용만의 1차 체포 시기(1901년)와 사상," 「영산신학저널」 44(2018), 343-376 ; 임희국, "19세기말에서 20세기 초반 사대부 혹은 유생 출신 기독교인들의 신앙범주에 관한 소고小考," 「한국학논집」 60집(2015), 335-359 ; 장석만, "초기 개신교 신자의 개종이 지닌 성격: 1900-1910년을 중심으로," 『한국 근대종교란 무엇인가』(서울: 도서출판 모시는사람들, 2017), 117-161 ; 정무용, "한성감옥에 투옥된 한국 초대기독교 지도자들의 사회의식연구: 복음주의와 사회진화론을 중심으로"(아세아연합신학대학교 대학원 석사학위논문, 2016) ; 차봉준, "안국선의 기독교 담론과 근대적 정치성 연구 -<금수회의록>을 중심으로," 「한중인문학연구」 31집(2010), 119-142 ; 최기영, "한말 국민교육회의 설립에 관한 검토," 「한국근현대사연구」 1집(1994), 29-62 ; 최기영, "安國善(1879-1926)의 生涯와 啓蒙思想(上)," 「한국학보」 63집(1991. 여름), 125-160 ; 최기영, "한말 안국선의 기독교 수용," 「한국기독교와 역사」 5호(1996. 9), 31-51 ; 최기영, "한말 李儁의 정치·계몽활동과 민족운동," 「한국독립운동사연구」 29집(2007. 11), 445-478 ; 한규무, "1900년대 서울지역 기독교회와 민족운동의 동향-정동·상동·연동교회를 중심으로," 「한국민족운동사연구」 19(1998), 5-29.

펴보았으며, 아울러 1910년 이후의 행적에 대해서도 살펴보았다.

제1장에서는 수감 장소인 한성감옥서에 대해서 살펴보았다. 먼저 갑오개혁 이전 한성부의 감옥인 의금부 관할의 금부옥(禁府獄)과 형조 관할의 전옥서(典獄署), 좌우포도청이 운영하던 좌옥(左獄)과 우옥(右獄), 서소문옥(西小門獄) 등의 규모와 구조에 대해서 살펴보았다. 그리고 1894년 갑오개혁으로 기존의 감옥이 한성감옥서로 개편, 운영되는 과정과 한성감옥서의 위치 및 구조 등에 대해서 살펴보았다. 이를 통해서 조선시대 한성부의 감옥과 갑오개혁 이후부터 1907-8년에 경성감옥서와 경성감옥으로 개편되기 이전의 한성감옥서에 대해서 자세하게 파악해 보고자 했다.

제2장에서는 1899년부터 1904년 사이에 양반 관료 출신으로 한성감옥서에 국사범으로 수감되어 있던 사람들의 옥중 생활에 대해서 살펴보았다. 국사범으로 수감된 사람들의 신상에 대해서 자세히 알아보고, 이어서 수감자들의 수감생활과 기독교 입교에 직간접적으로 영향을 끼친 감옥서 학교와 서적실의 개설 및 운영에 대해서 알아보았다.

제3장에서는 국사범으로 수감된 사람들 중에 기독교에 입교한 사람들의 입교 과정 및 신앙 체험 등에 대해서 알아보았다. 옥중 입교와 신앙적인 체험에 대하여 기록을 확인할 수 있는 김정식, 유성준, 이상재, 이승만, 이원긍, 홍재기 등의 기록을 통하여 그들의 체험 및 입교 과정을 살펴보았으며, 아울러 그들이 가지고 있었던 성리학적 세계관과 새롭게 받아들인 기독교 신앙과의 관계를 단절과 연속의 관점에서 연구해 보았다.

제4장에서는 옥중 입교인들이 출옥 후 연동교회에 출석하게 되는 과정과 연동교회와 연결된 교육활동에 대해서 살펴보았다. 옥중 입교인들이 연동교회를 선택하게 되는 이유에 대해서는 선교사들과의 관계, 특히 게일이 옥중 선교를 통해서 맺은 유대 관계, 한국의 역사와 문화에 대한 지식과 이해가 깊은 것에 대한 호감, 당시 선택할 수 있는 교회에 대한 가능성 등을 검토해 보았다. 연동교회와 연계된 활동은 연동교회 내의 청소년 및 어린이 교육 기관 설립, 연동여학교와 경신학교를 통한 교육 활동 등을 살펴보았다.

제5장에서는 1903년에 설립된 황성기독교청년회에 김정식, 이상재 등이 1904년부터 참여하면서 전개한 교육운동과 옥중 입교인들이 주도적으로 설립한 국민교육회에 대해서 살펴보았다. 김정식은 1904년 후반기에 한국인 간사들을 처음 선출할 때 수석간사로 선출되었고, 이상재는 1905년 5월 제2회 정기총회에서 교육부장에 임명되었으며, 그해 12월부터는 교육부 위원장으로 활동했다. 이원긍, 유성준, 홍재기 등도 교육부원으로 활동했다. 이들은 황성기독교청년회의 교육사업을 체계화하고 청년회학관(青年會學館) 개설을 통해서 실업교육에 중점을 둔 교육운동을 전개했다.

1904년 8월 24일에 선교사 게일의 사택에서 설립된 국민교육회는 "일반 국민의 교육을 면려하여 지식을 발달하게 하되 완고의 폐습을 혁폐하고 유신의 규모를 확립할" 목적으로 조직된 교육운동 단체였다. 기독교인들은 이 단체를 통하여 당시 사회적으로 시급하다고 인식되는 근대교육의 확산을 시도했다. 따라서 옥중 입교인들이 국민교육회를 설립하는 과정과 교육회의 조직 및 활동 등을 자세히 살펴보고자 했다. 황성기독교청년회와 국민교육회를 통한 교육운동은 교육을 통한 실력양성으로 국권을 지키려고 한 교육구국운동의 성격을 지니고 있으므로 이런 관점에서 옥중 입교인들의 교육운동을 살펴보았다.

제6장에서는 김정식의 옥중 기독교 입교와 출옥 후 활동을 살펴보고 그의 신앙 및 활동의 특징과 한계에 대해서 알아보았다. 김정식은 1895년 4월부터 1899년 2월까지 경무청 경무관으로 재임한 후 1899년 5월까지 목포 무안항의 경무관으로 근무한 인물로, 한성감옥서에서 기독교 신앙을 갖게 되었다. 출옥 후에는 연동교회에 출석하면서 교회 및 학교 교육에 일조하였고, 황성기독교청년회의 한국인 수석간사로 활동한 후에 1906년 8월에는 도쿄 조선기독교청년회(YMCA) 설립을 위해 도일(渡日)하여 1916년 귀국하기 전까지 총무로 활동하면서 당시 일본에 유학 중이던 학생들에게 영향을 끼쳤다. 이와 같은 김정식의 신앙과 활동을 통하여 당시 옥중 입교인들의 신앙 및 활동의 특징을 파악해 보고자 했으며, 지금까지 잘 알려지지 않은 1916년 이후의 행적에 대해서도 살펴보았다.

제7장에서는 옥중 기독교 입교인들의 1910년 이후의 활동에 대해서 살펴보았다. 이승만과 같이 주로 국외에서 활동한 사람도 있지만, 이상재, 이원긍, 유성준, 김정식, 홍재기 등은 국내에서 활동했는데, 이들의 행적은 서로 연관되어 있으면서도 또한 다른 면모를 보여주기도 했다. 이상재, 이원긍, 유성준의 행적을 비교해서 살펴보고, 아울러 이원긍의 말년 활동을 통해서 그의 신앙, 일제에 대한 인식 및 사회의식 등을 고찰해 보았다.

이 책을 통해서 19세기 말부터 20세기 초반 서울지역의 전통적인 양반 관료 계층이 국사범으로 수감되는 특수한 상황 속에서 기독교에 입교하는 특별한 사건과 이를 통해서 갖게 된 기독교 신앙의 특징을 파악해 보고, 출옥 후에 전개한 교회활동, 교육운동, 청년운동 등을 통해서 그들이 교회와 사회에 끼친 영향을 재조명해 볼 수 있기를 기대한다.

Jesus

1부
감옥과 복당(福堂)[1]

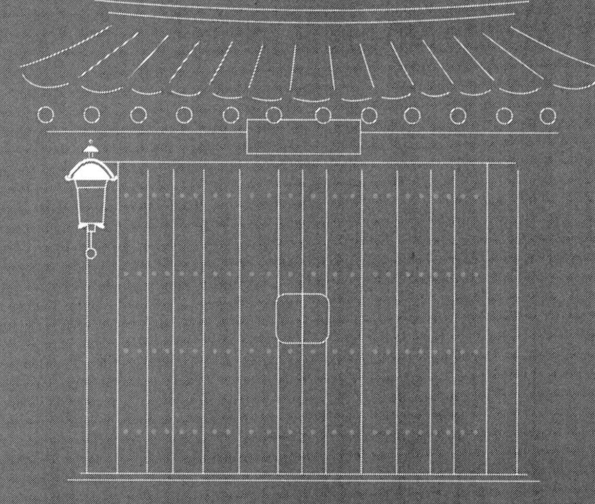

1　'복당'이라는 말은, 게일(J. S. Gale)이 한성감옥서에 수감되어 있던 관료 출신 인물들이 기독교에 입교한 일을 언급하면서 한성감옥서를 "House of Blessing"이라고 지칭한 것을 유영식이 '복당(福堂)'이라고 번역했는데, 이것을 필자가 차용했다. 유영식, 『착혼목자 게일의 삶과 선교 1』(서울: 도서출판 진흥, 2013), 359-360.

1장 · 갑오개혁과 한성감옥서

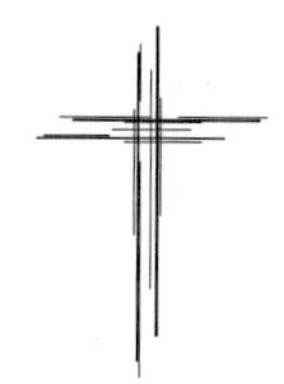

1. 갑오개혁 이전 한성부의 감옥

조선시대 한성부 내의 감옥으로는 의금부 관할의 금부옥(禁府獄)과 형조 관할의 전옥서(典獄署), 좌우포도청이 운영하던 좌옥(左獄)과 우옥(右獄), 서소문옥(西小門獄) 등이 있었다. 금부옥은 한성부 중부 견평방(堅平坊), 지금의 종로구 종로 47(공평동 100)에 있었으며, 전옥서는 중부 서린방(瑞麟坊), 지금의 종로구 청계천로 41(서린동 33)에 있었다.[1] 우포도청은 중부 서린방 혜정교 남쪽, 지금의 종로 1가 89-1(광화문우체국 근처)이며, 좌포도청은 중부 정선방 파자교(把子橋) 동북쪽, 지금의 돈화문로 26(묘동 56)에 있었다.[2] 그리고 고종대에 별도의 감옥으로 서소문옥이 설치되었다. 서소문, 즉 소의문(昭義門) 밖은 조선 초기부터 사형장으로 지목된 곳인데, 서소문 인근 성벽 안쪽에 서소문옥이 만들어졌다.[3]

---

1 금부옥과 전옥서의 위치는 서울역사박물관 소장 『수선전도(首善全圖)』(1864년, 유물번호: 서2080)를 참고하여 현재 위치를 비정(比定)했다.

2 『萬機要覽』 軍政編一 捕盜廳條 總例 ; 서울역사박물관 조사연구과 편, 『서울특별시 문화유적 지표조사 종합보고서 제 II 권』(서울: 서울역사박물관 조사연구과, 2005), 183.

3 1920년대에 평양감옥의 전옥(典獄, 1920-22년), 경성감옥 및 경성형무소의 전옥(1923-26년)을 역임한 나카하시 마사키치(中橋政吉)의 기록에 의하면 서소문옥은 대원군 집정 당시 천주교도를

의금부는 왕명을 받아 역모 등 중죄를 다스리는 국왕 직속의 특별 사법기관이었다. 죄인의 구금과 형률 적용, 형벌 집행에 대해서 왕의 명령을 받아 시행했으므로 왕부(王府)라고 불렸으며, 국왕의 교지(敎旨)를 받아 죄인을 가둔다고 해서 의금부의 옥을 조옥(詔獄)이라고 불렀다.[4] 의금부의 관사와 금부옥의 구조에 대해서는 1744년(영조 20)에 금부도사 박명양(朴鳴陽)이 편찬하고, 1826년(순조 26)에 금부도사 이의현(李宜鉉)과 1837년(헌종 3)에 의금부도사 하백원(河百源)이 증보한 의금부의 규정집인 『금오헌록(金吾憲錄)』[5]에서 다음과 같이 기록하고 있다.

> 본부에는 대청(大廳)이 있는데, 15도 기운 각도로 서남쪽을 향해 있으며 좌기(坐起)하는 곳이다. 본부 남쪽에는 호두각(虎頭閣)이 있는데, 죄인의 공초(供招)를 받는 곳이다. 동쪽에는 동아방(東兒房)과 서아방(西兒房)이 있는데, 네 당상관이 쉬는 곳이다. 북쪽에는 연정(蓮亭)이 있는데, 하절기에 쉬는 곳이다. 서쪽에는 협헌(挾軒)이 있

검거하여 투옥, 처형하기 위해 증설된 곳으로 추정되며, 전옥서의 분서(分署)가 아닌 포도청 소속이었던 것으로 추정된다. 中橋政吉, 『朝鮮舊時の刑政』(京城: 治刑協會, 1936), 94. 서소문옥이 명시된 최초의 지도는 1907년 일한서방(日韓書房)에서 간행한 『최신경성전도(最新京城全圖)』다. 이 지도에 표시된 서소문옥의 위치는 『수선전도(首善全圖)』(1864년)를 참고하면 선혜신창(宣惠新倉) 자리다.

4 김진옥, "《金吾憲錄》 해제," 김진옥 역주, 『의금부의 청헌 금오헌록』(파주: 보고사, 2016), 235. 원래 번역문에서 '大廳', '虎頭閣' 등과 같이 한자만 표기한 단어는 필자가 한글과 한자를 병기했다.

5 『금오헌록(金吾憲錄)』은 박명양이 그동안 전해 오던 의금부의 고사와 완의(完議)를 모아서 작성한 『금오청헌(金吾廳憲)』을 근간으로 해서 이의현의 서(書)와 하백원의 금오기의(金吾記義)가 추가된 형태로 되어 있다.

고 협헌 서쪽에 낭청방(郎廳房)과 대청(大廳)이 있는데, 낭청이 한데 모이는 곳이다. 서헌(西軒)이 있는데 신위(新位)가 거주하는 곳이다. 서쪽 마당에는 부군당(府君堂)이 있다. 서변(西邊) 10칸 중 4칸은 다락을 만들었는데, 다락 위 3칸에는 문서를 보관해두고, 1칸에는 잡물을 보관해둔다. 다락 아래는 3칸이고, 주방(廚房)은 4칸이다. 서리장방(書吏長房)은 2칸인데, 장방(長房)이라 하며 당상이나 낭청을 거친 선생(先生)을 가두는 곳이다. 남쪽에는 3칸의 정문(正門)이 있는데 정문은 판사, 동문은 지사, 서문은 동지사가 출입한다. 세 문 밖에 대문(大門)이 있는데, 정문은 당상관이 출입하고, 서쪽 협문은 낭청 및 선생을 거쳤던 자가 출입하며, 선생이 아니면 출입할 수 없다. 추국할 때는 문사낭청이나 양사(兩司)의 당상관 이하의 관원이 출입한다. 동쪽 협문은 하인이나 죄인이 출입하되, 선생이 아닌 각사 관원 역시 출입한다. 대문 밖에 망문(望門)이 셋 있는데, 정문은 관원이 출입하고, 서쪽 협문은 하인이 출입하며, 동쪽 협문은 죄인이 출입한다. … 본부의 죄인을 수금하는 곳은, 서쪽의 1칸은 통3칸이고 2칸과 3칸은 각각 통2칸이며 경죄수가 있는 곳이다. 남쪽의 18칸과 동쪽의 14칸은 중죄수가 있는 곳이다.[6]

이 기록에 의하면 금부옥은 동, 서, 남간이 있었는데, 동간(東間)은 14칸, 서간(西間)은 전체 7칸(통3칸 1칸, 통2칸 2칸), 남간(南間)은 18칸으

6 김진옥 역주, 『의금부의 청헌 금오헌록』, 41-44.

로, 그중 서간은 경죄수를 수감하고 남간과 동간은 중죄수를 수감했음을 알 수 있다. 조선 후기 의금부에서 근무하던 관원들의 모임을 글과 그림으로 기록하여 남긴 『금오계첩(金吾契帖)』[7]을 통해서도 의금부의 관사와 금부옥의 구조를 파악할 수 있다.

[그림 1] 의금부 전경[8]

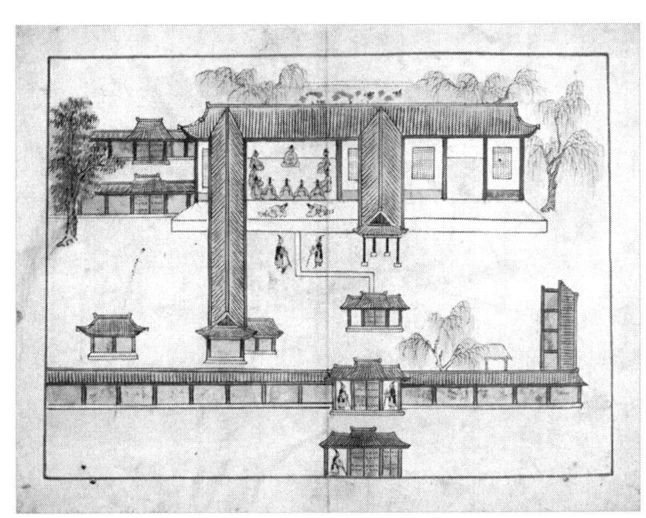

---

7 『금오헌록(金吾憲錄)』에는 "면신하는 날에 첩(帖)을 나누는 것이 본래 옛날부터의 규례이므로, 반드시 계첩을 나누어가진 뒤에 정식으로 참여하게 해준다."고 기록하고 있어서 신입 관원들이 면신례를 행할 때 반드시 계첩을 만들도록 규정하고 있다. 『금오계첩』은 계회를 갖는 장면을 그린 계회도(契會圖)와 참석자의 명단인 좌목(座目)으로 구성되었다. 김진옥 역주, 『의금부의 청헌 금오헌록』, 101. 금오계첩은 일반적으로 계회도(契會圖)에 속하는데, 15-16세기의 개인 문집에서 '의금부 계회도'의 사례를 여러 건 확인할 수 있다. 그러나 16세기의 금오계회도는 아직까지 발견되지 않았으며, 17세기 이후의 것만 여러 점 전한다. 금오계첩에 대한 자세한 내용은 다음 연구를 참고하라. 윤진영, "조선후기 金吾契帖의 제작관행과 신경향," 「朝鮮時代史學報」 91(2019), 197-234 ; 윤진영, "의금부의 免新禮와 金吾契會圖," 「문헌과 해석」 13호(2000), 66-82.

8 출처: 『金吾契帖』(1813년), 국립민속박물관 소장.

『금오계첩(金吾契帖)』에 그려진 의금부의 전경은 상당히 도식화되긴 했지만, 이 그림에서 망문, 대문, 정문의 3문과 동, 서, 남간 3개의 옥사, 대청, 호두각, 동서 아방, 낭청방과 대청, 부군당, 신입 낭청이 있는 서헌, 후원의 연지(연정) 등을 확인할 수 있다.

일본인 나카하시 마사키치(中橋政吉)가 1936년에 출간한 『朝鮮舊時の刑政』에도 금부옥에 대한 기록이 있다. 나카하시는 1908년에 법부 형사국(刑事局) 주사, 1909년에 경성감옥 간수장으로 임명되어[9] 감옥제도 개편에 직접 관여하고 그 후 1911년부터 1919년까지 조선총독부 사법부 형사과와 감옥과의 직원을 역임한 후에,[10] 1920년대에는 평양감옥의 전옥(소장)(1920-22)과 경성감옥의 전옥(1923-1931)을 역임했다.[11]

『朝鮮舊時の刑政』에서는 조선시대의 의금부 옥사는 남간과 서간 2개가 있었다고 하면서 함께 수록한 '의금부급금부옥견취도(義禁府及禁府獄見取圖)'에도 남간과 서간만 표시하고 있는데, 이것은 부정확한 것이다. 그리고 옥사의 전면에는 높은 창(高窓)을 만들고 출입구에는 사립문을 설치했으며, 옥사의 외벽은 흙벽(土壁), 내벽은 나무판자로

---

9 『승정원일기』 1908(순종 2)년 1월 23일(양력 2월 24일) ; 1909(순종 3)년 9월 10일(양력 10월 23일) ; "叙任及辭令," 「皇城新聞」 1908년 3월 14일 ; "叙任及辭令," 「皇城新聞」 1909년 10월 28일.

10 朝鮮總督府 編, 『朝鮮總督府及所屬官署 職員錄』(1911), 15 ; 朝鮮總督府 編, 『朝鮮總督府及所屬官署 職員錄』(1919), 20.

11 朝鮮總督府 編, 『朝鮮總督府及所屬官署 職員錄』(1920), 125 ; 朝鮮總督府 編, 『朝鮮總督府及所屬官署 職員錄』(1923), 168 ; 朝鮮總督府 編, 『朝鮮總督府及所屬官署 職員錄』(1931), 119 ; "敍任及辭令," 「朝鮮總督府官報」 제2189호(1919년 11월 21일), 3 ; "敍任及辭令," 「朝鮮總督府官報」 제2259호(1920년 2월 23일), 4 ; "彙報-官廳事項," 「朝鮮總督府官報」 제2975호(1922년 7월 13일), 5 ; "敍任及辭令," 「朝鮮總督府官報」 제3224호(1923년 5월 12일), 2 ; "第二次行整退官者," 「每日申報」 1931년 12월 16일.

되어있고, 감방 바닥은 온돌로 되어 있다고 기록하고 있다.[12]

전옥서는 『대전통편(大典通編)』에 의하면 형조의 종6품 속아문(屬衙門)으로 수감된 죄수에 관한 일을 관장하는 기관이다.[13] 이 전옥서의 관사와 옥사의 구조에 대해서는, 1781년(정조 5)에 형조판서 김노진(金魯鎭)의 지시에 따라 낭청 박일원(朴一源)이 형조의 소관사무와 조선 초기 이후의 각종 법례, 판례, 관례를 모아 편찬한 『추관지(秋官志)』에서 확인할 수 있다.

『추관지』에는 전옥서가 중부 서린방에 있으며, 동, 서, 남쪽은 민가와 인접해 있고, 북쪽은 길(종로)과 인접해 있다고 기록하고 있다. 전체 구조는 청사(廳事) 3칸, 방 1칸, 서리장방(書吏長房) 2칸, 청(廳) 1칸, 사령청(使令廳) 3칸, 상직방(上直房) 1칸, 군사수직방(軍士守直房) 1칸, 남옥(男獄) 동(東) 3칸, 서(西) 3칸, 북(北) 3칸, 여옥(女獄) 남(南) 2칸, 서(西) 3칸, 옥문(獄門) 1칸, 대문 2칸, 협문(挾門) 2칸, 동구(洞口)에 있는 홍전문(紅箭門) 1칸이었다.[14] 1867년(고종 4) 육조 각 관아의 사무 처리에 필요한 행정법규와 사례를 편집한 『육전조례(六典條例)』에서는 옥사의 세부적인 구조에 대해서 다음과 같이 기록하고 있다.

> 남옥과 여옥이 있어 동서로 나누어 있고 높은 담장을 둥글게 설치했다. 매 칸마다 버팀목을 두고 아래에는 판자를 깔았다. 판자로 판문(板門)을 설치하고 큰 자물쇠를 채웠다. 나무 벽에 구멍을

---

12 中橋政吉, 『朝鮮舊時の刑政』, 117.

13 『大典通編』 卷之五 刑典 屬衙門 ; 『大典通編』 卷之一 吏典 京官職 從六品衙門 典獄署.

14 『秋官志』 卷之一 館舍 典獄署.

뚫어 물, 불, 음식 및 덥고 추운 기운을 통하게 했다.[15]

『육전조례』의 기록에 의하면 동서로 나뉘어 있는 남녀 옥사를 원형 담장으로 둘렀고, 옥사 감방의 문은 나무판자로 만든 문(板門)이며, 내벽은 나무로 되어 있고, 바닥도 마루로 되어 있음을 알 수 있다. 외벽에 대해서 직접적인 언급은 없지만 금부옥과 마찬가지로 흙벽으로 되어 있었을 것이다. 『추관지』와 『육전조례』의 전옥서에 대한 기록을 토대로 전옥서의 전체 구조를 그려보면 다음 [그림 2]와 같다.

[그림 2] 전옥서 평면도[16]

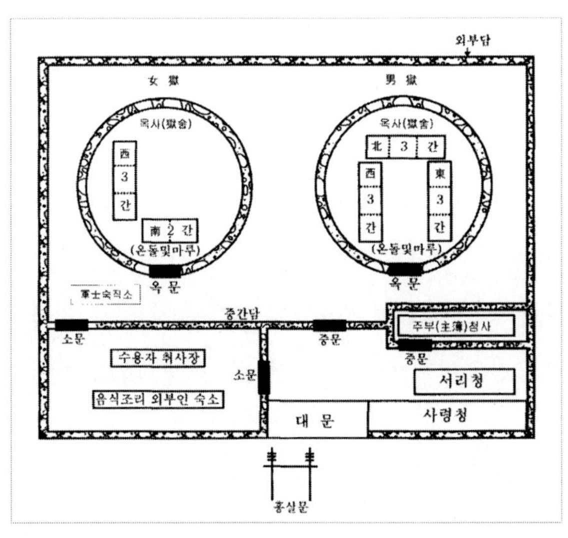

15　원문은 다음과 같다. "有男獄女獄 分設於東西 圜以峻墻 每間 設憑支木 下鋪板子 設板門 下大鎖 開穴板壁 以通水火飮食及暑鬱之氣," 『六典條例』 卷之九 刑典 典獄署 獄囚.

16　출처: 임재표, "朝鮮時代 人本主義 刑事制度에 관한 硏究-圓形獄과 恤刑을 중심으로"(단국대학교 박사학위논문, 2002), "〈부록: 그림 및 지도〉, 〈그림 1〉 한양 典獄署 건물 배치도."

1924년에 조선치형협회(朝鮮治刑協會)가 출간한 『조선형무소사진첩(朝鮮刑務所寫眞帖)』에 전옥서의 현판 사진이 수록되어 있는데, 그 모습은 다음 그림과 같다.

[그림 3] 전옥서 현판[17]

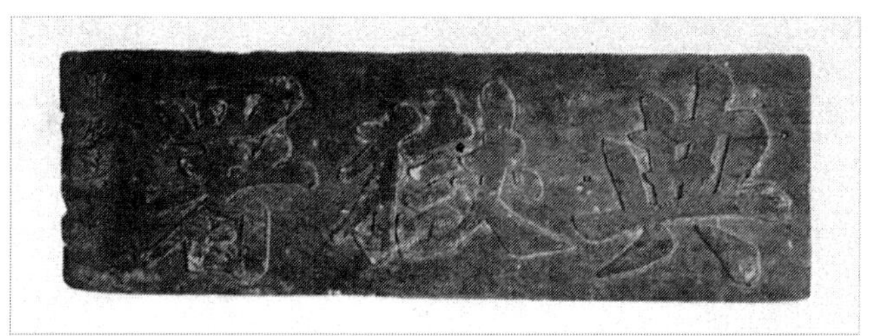

포도청은 중종(中宗) 대에 상설기구로 만들어져서[18] 1894년 갑오개혁 때에 경무청으로 개편되기 전까지 기찰과 매복을 통하여 한성부에서 발생하는 각종 범죄를 단속하던 관청이다. 포도청은 한성부의 5부를 좌우로 나누어 관할했는데, 좌포청은 한성부의 동부, 남부, 중부를 담당하였고, 우포청은 한성부의 서부와 북부를 담당하였다. 포도청은 1682년(숙종 12)에 비변사와 함께 공식적으로 직

---

17 출처: 朝鮮治刑協會, 『朝鮮刑務所寫眞帖』(京城: 朝鮮治刑協會, 1924), 23.

18 설치와 폐지를 반복하던 포도장(捕盜長) 직제가 포도청이라는 상설 관청으로 확립된 시기에 대해서는 성종대 혹은 중종대로 학계의 의견이 나뉘어져 있다. 필자는 포도청의 창설 시기를 좌우포도대장 등의 관제가 시행된 1512(중종 7)년경으로 보고자 한다. 차인배, "朝鮮前期 成宗~中宗代 '捕盜將'制 고찰," 「史學硏究」 제72호(2003), 80-81 ; 차인배, "조선후기 捕盜廳 치안활동의 특성 연구-공간 배치와 기찰구역을 중심으로," 「史學硏究」 제100호(2010), 607-608.

수아문(直囚衙門)으로 편제되었는데,[19] 이것은 죄인에 관한 수사, 체포 및 구금 권한이 부여되어서 공식적으로 사법적 권한을 가지게 된 것을 의미한다.[20]

따라서 좌우포도청은 각각 죄인을 수금하는 감옥을 공식적으로 운영하게 되었다. 좌우포도청 감옥의 구체적인 구조에 대해서 알려주는 자료는 많지 않다. 프랑스 파리외방전교회의 선교사인 리델(Felix Clair Ridel) 주교가 1877년 9월 말에 조선에 입국하여 선교 활동을 하던 중 1878년 1월 28일에 체포되어 포도청에 구금되었다가 같은 해 6월 10일에 석방되어 중국으로 송환된 사건이 있었다. 리델은 5개월 동안 좌우포도청 감옥에서 생활한 내용을 수기로 작성하여 파리외방전교회의 본부로 보냈는데,[21] 여기에 리델 주교가 직접 그린 좌포도청의 감옥 구조도가 있다.

---

19 『受教輯錄』 卷之五 刑典 推斷, "경국대전에 수록된 직수아문을 제외하고 비변사와 좌우포도청은 죄인을 직접 수금(囚禁)한다. 그 밖의 여러 관청 및 새로 설치한 군문(軍門)이나 도감(都監)에서는 모두 죄인을 형조로 이송해야 하며 직접 수금하지 못한다(大典所載直囚衙門外 備邊司 左右捕盜廳 直囚. 諸各司及新設軍門 都監 竝移刑曹 無得直囚). '직수아문(直囚衙門)'은 죄수를 직접 가둘 수 있는 관청으로 이해되는데, 한편으로는 형조를 통하지 않고 죄수를 직접 처벌할 수 있는 권한을 부여받은 관청을 뜻할 수도 있다. 『受教輯錄』 卷之五 刑典 推斷, "各司囚禁 兵曹等七司外 皆移刑曹囚之 不得直囚 違者 從重推考."

20 차인배, "조선후기 포도청의 사법적 위상과 활동 변화," 「역사민속학」 제58호(2020), 12-13.

21 리델 주교는 1878년 1월 28일에 체포된 후 우포도청 감옥에 수감되었으며, 3월 19일에 좌포도청 감옥으로 옮겨서 6월 11일에 석방되기 전까지 수감되어 있었다. 펠릭스 클레르 리델, 유소연 역, 『나의 서울 감옥 생활 1878: 프랑스 선교사 리델의 19세기 조선 체험기』(서울: 살림, 2013), 52-54, 59, 109, 181-184.

[그림 4] 좌포도청 감옥 구조도[22]

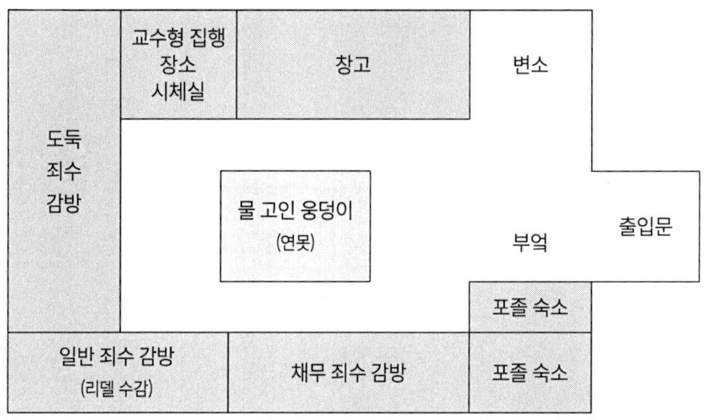

리델은 자신과 천주교 신자들이 함께 갇혀 있던 일반 죄수들의 감방 구조에 대해서도 다음과 같이 기록하고 있다.

> 우리가 갇혀 있던 감옥은 다른 감옥들과 모양이 비슷하였다. 출입구라고는 밤이면 잠기는 작은 문이 하나 있었고, 그 위에 개구(開口) 형태의 나무 창살이 몇 줄 있어서 그 사이로 약간의 바깥 공기와 빛이 들어왔다. 튼튼한 사방 벽에는 참나무 판을 여러 장 덧대어 놓았다. [바닥에는 짚인지 건초인지를 한 겹 깔아 놓았는데, 내가 처음 들어올 때 나를 위해 새 짚을 한 겹 깔아 준 것을 지금

---

22 펠릭스 클레르 리델, 유소연 역, 『나의 서울 감옥 생활 1878: 프랑스 선교사 리델의 19세기 조선 체험기』, 114 참조.

까지 걷어내지 않아 그것이 썩어 악취를 풍기고 있었다.][23]

이 기록에 의하면 감방은 출입문이 있고 그 위에 나무 창살을 끼운 창문이 있었으며, 내벽은 나무판으로 되어 있었고, 바닥에는 짚을 깔아 놓은 형태였음을 알 수 있다.

리델이 1878년 1월 28일에 체포된 후 3월 19일에 좌포도청 감옥으로 옮기기 전까지 갇혀 있었던 우포도청 감옥의 구조에 대해서는 자세하게 기록하지 않았다. 다만 리델이 독감에 걸렸을 때 "포도부장은 방에 불을 때라고 나무를 약간 살 수 있는 엽전 열두 푼, 거의 3수(sou)에 해당하는 돈을 내게 주었다"[24]는 기록을 통해서 리델이 수감되어 있던 감방은 온돌로 되어 있었다는 것을 알 수 있다.

나카하시의 『朝鮮舊時の刑政』에도 좌우포도청에 대한 기록이 있는데, 이 책에 수록되어 있는 좌포도청 감옥의 평면도와 입면도는 다음 [그림 5] 및 [그림 6]과 같다.

그런데 『朝鮮舊時の刑政』에 있는 '좌포도청옥견취도(左捕盜廳見取圖)'와 '포도청옥사도(捕盜廳獄舍圖)'를 보면 리델의 책에 있는 좌포도청의 감옥 구조도와는 차이가 있음을 알 수 있다.

---

23 펠릭스 클레르 리델, 유소연 역, 『나의 서울 감옥 생활 1878: 프랑스 선교사 리델의 19세기 조선 체험기』, 118.

24 펠릭스 클레르 리델, 유소연 역, 『나의 서울 감옥 생활 1878: 프랑스 선교사 리델의 19세기 조선 체험기』, 67.

[그림 5] 좌포도청 평면도[25]

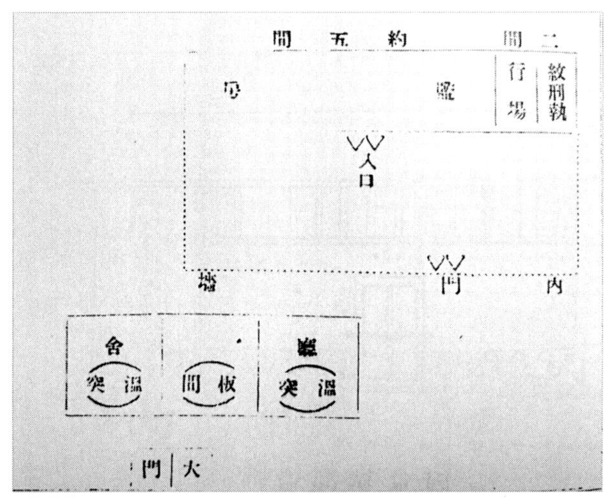

[그림 6] 좌포도청 옥사 입면도[26]

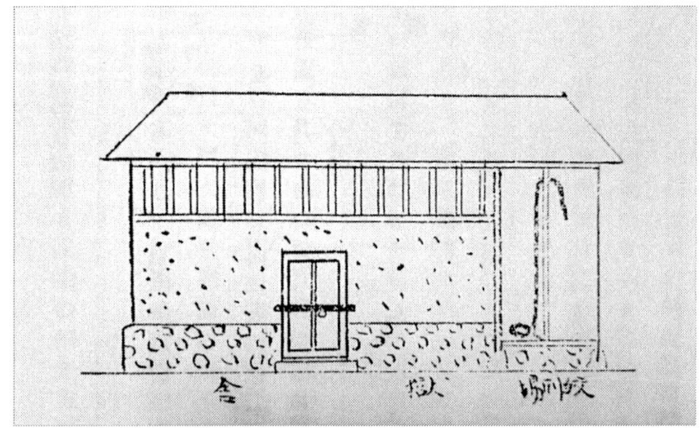

25 출처: 中橋政吉, 『朝鮮舊時の刑政』, "左捕盜廳見取圖," 119.

26 출처: 中橋政吉, 『朝鮮舊時の刑政』, "捕盜廳獄舍圖," 120..

두 개의 그림에 따르면 좌포도청은 대문 안쪽에 온돌방 2칸 마루 1칸의 청사가 있고, 그 뒤로 담장으로 둘러싼 감옥이 있는데, 내문(內門)을 통과하면 일자 형태의 옥사가 있는 구조다. 옥사는 감방 5칸과 교수형 집행장 2칸으로 되어 있다. 나카하시는 1908년 1월 23일에 대한제국 법부 형사국(刑事局) 주사로 임명되었으므로 그가 당시까지 남아 있던 좌포도청 감옥을 직접 보았다고 해도 리델이 1878년에 수감되어 있었던 좌포도청 감옥과는 약 30년의 시간차가 있다. 그리고 1894년 갑오개혁으로 좌우포도청이 경무청으로 바뀐 후 1908년까지 기존의 좌포도청 건물들이 남아 있어서 나카하시가 그것을 직접 본 것인지 아니면 다른 자료를 통해서 좌포도청의 평면도와 옥사의 입면도를 그린 것인지는 정확히 알 수 없다.

나카하시는 우포도청 옥사에 대해서도 언급했는데, 옥사의 외벽은 흙벽, 내벽은 나무판벽, 바닥은 마루(板床間)로 되어 있으며, 옥사 앞면에는 높은 창을 만들었고, 옥문은 나무판으로 되어 있다고 기록하고 있다.[27]

서소문옥에 대해서 알 수 있는 자료는 많지 않아서 설립 시기에 대해서 파악할 수 있는 공식적인 자료는 확인되지 않는다. 현재로서는 나카하시의 『朝鮮舊時の刑政』에서 언급하고 있는 내용이 거의 전부라고 할 수 있다. 나카하시는 서소문옥이 대원군 섭정 시기에 천주교 교인들을 체포하여 투옥, 처형하기 위해서 증설된 곳으로 추정했으며, 전옥서의 분서(分署)가 아닌 포도청 소속으로 추

27 中橋政吉, 『朝鮮舊時の刑政』, 119.

정했다.[28] 구조는 남옥과 여옥이 있는데, 남옥은 21실이며 1실이 3칸 규모로 21명이 수용되었으며, 목욕시설(浴場)이 설치되어 있었다고 기록하고 있다.[29] 또한 옥사를 둘러싼 별도의 담장이 없어서 감옥의 대문을 들어서면 옥사가 바로 보여서 외부와 완전한 격리시키기에는 불충분한 점이 있었다고 기록하고 있다.[30] 『朝鮮舊時の刑政』에 수록되어 있는 서소문옥의 평면도는 다음과 같다.

[그림 7] 서소문옥 평면도[31]

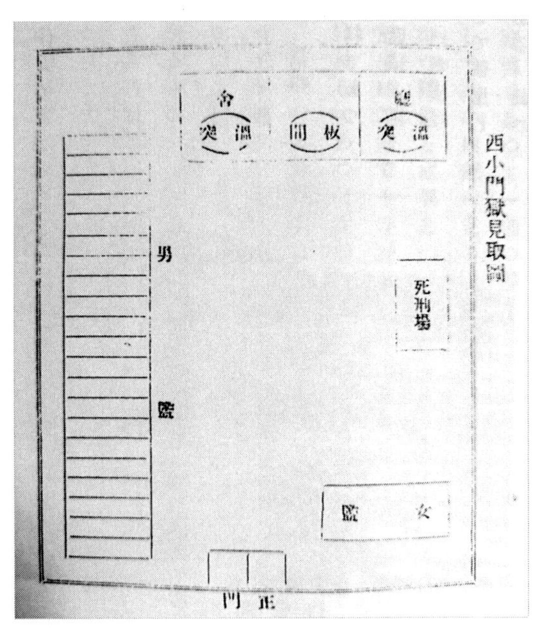

28 中橋政吉, 『朝鮮舊時の刑政』, 94.

29 中橋政吉, 『朝鮮舊時の刑政』, 121.

30 中橋政吉, 『朝鮮舊時の刑政』, 122.

31 출처: 中橋政吉, 『朝鮮舊時の刑政』, "西小門獄見取圖," 122.

평면도에서도 알 수 있지만 남옥의 규모가 3칸 크기의 감방이 21개가 있는 정도면 400명 이상을 수용할 수 있는 규모이므로 전옥서나 금부옥보다 더 컸다고 할 수 있다.

이상에서 살펴 본 금부옥, 전옥서, 좌우포도청 감옥, 서소문옥의 위치와 옥사 규모, 옥사의 재질 등을 일람해 보면 다음 [표 1]과 같다.

[표 1] 한성부의 감옥 일람

감옥	위치	옥사 규모	옥사 재질
금부옥	중부 견평방	동간(東間) 14칸 서간(西間) 7칸 (통3칸 1실, 통2칸 2실) 남간(南間) 18칸	외벽: 흙벽 내벽: 나무판 바닥: 온돌 문: 사립문
전옥서	중부 서린방	남옥 동3칸, 서3칸, 북3칸 여옥 남2칸, 서3칸	외벽: 흙벽 내벽: 나무판 바닥: 마루 문: 판자문(板門)
좌포 청옥	중부 정선방 파자교 동북쪽	리델: 도둑 죄수 감방, 채무 죄수 감방, 일반 죄수 감방 나카하시: 일자형 5칸	외벽: 흙벽 내벽: 나무판 바닥: 짚을 깔아 놓음 문: 판자문(板戶)
우포 청옥	중부 서린방 혜정교 남쪽	나카하시: 대체로 좌옥과 동일	외벽: 흙벽 내벽: 나무판 바닥: 마루, 온돌 문: 판자문(板戶)
서소 문옥	서소문 인근 안쪽	남옥 21실(1실당 3칸) 여옥은 남옥보다 작음	외벽: 흙벽(추정) 내벽: 나무판(추정) 목욕장이 있음

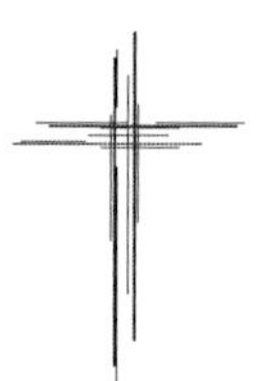

2. 갑오개혁과 한성감옥서

전옥서는 1894년에 갑오개혁이 진행되면서 경무청 산하 기관이 되었다. 1894년 7월 14일에 군국기무처가 고종에게 올린 "'경무청 관제와 직무(警務廳官制職掌)"에서는 "좌포청과 우포청을 합하여 경무청(警務廳)을 설치하고 내무아문(內務衙門)에 소속시키는데 한성부 오부(五部) 관내 일체의 경찰 사무를 맡는다"고 규정했다.[32] 그리고 1894년 7월 22일에 군국기무처에서 고종에게 올린 의안 중에는 전옥서와 관련하여 다음과 같은 내용이 있다.

> 군국기무처(軍國機務處)에서 의안(議案) 및 궁내부(宮內府), 종정부(宗正府), 종백부(宗伯府) 관제(官制)와 궁내부 총제(總制)를 올렸다. 의안은 다음과 같다. 1. 전옥(典獄)을 경무청(警務廳)에 소속시키고 대소 죄인들을 따질 것 없이 모두 경무청 조규(條規)에 의하여 일률적으로 판정하며, 죄안(罪案)이 복잡하여 구명하기 어려운 것은 경무사(警務使)가 문안(文案)을 갖추어 담당 관원을 특별히 파견하여 해

32 『고종실록』 1894(고종 31)년 7월 14일(음).

당 범인을 법무아문(法務衙門)에 넘기면 법무아문에서 신문하여 죄를 결정한다. 1. 공적인 범죄에 대한 조례(條例)를 빨리 마련하도록 한다.[33]

이렇게 경무청 소속이 된 전옥서의 명칭이 감옥서로 바뀐 시기는 명확하지 않다. 1894년 10월 5일에 "감옥서의 청리(廳吏) 2명의 월급을 지급해 달라"[34]는 내무아문의 공문이 탁지아문에 제출된 것에서 확인할 수 있듯이 1894년 10월 전에는 전옥서의 명칭이 감옥서로 변경된 것으로 보인다. 그리고 법무아문에서는 1894년 11월 25일에 한국 최초의 근대적인 감옥 관련 법규인 「감옥규칙(監獄規則)」을 만들었다.[35]

「감옥규칙」이 제정되면서 가장 크게 달라진 것은, 제1조에 "監獄을 分ᄒᆞ야 未決監과 已決監의 二種으로 ᄒᆞ고 未決監은 裁判所 及 警務에서 究問中에 在ᄒᆞᆫ 者를 拘留ᄒᆞᄂᆞᆫ 所오 已決監은 刑役에 處ᄒᆞᄂᆞᆫ 者를 拘禁ᄒᆞᄂᆞᆫ 所로 홈"이라고 규정하여 징역형을 도입한 것이다.[36] 이것은 기존의 감옥이 태형(笞刑), 장형(杖刑), 도형(徒刑), 유형(流刑), 사형(死刑) 등의 판결이 내려지기 전까지 죄인을 유치(留置)하는 장소였다면,[37] 「감옥규칙」 제정 이후의 감옥은 미결수 외에도 징역

---

33 『고종실록』 1894(고종 31)년 7월 22일(음).

34 『公文編案』 8책, 1894년 10월 5일(음).

35 『감옥규칙(監獄規則)』은 다음 문서에 수록되어 있다. 內閣記錄局, 『法規類編』(京城: 內閣印刷局, 1896), 362-365.

36 內閣記錄局, 『法規類編』 「監獄規則」, 362.

37 조선시대의 형벌제도는 죄인을 먼 곳으로 귀양을 보내는 유형(流刑)과 다른 지역에 보내서 강

형이 확정된 기결수를 수감하는 감옥으로 변경되는 것을 의미했다.

따라서 미결수뿐만 아니라 징역형이 확정된 죄수들을 수감하기 위한 시설의 확충이 필요했다. 기존의 전옥서는 예전부터 수감되는 죄수들에 비해 시설이 협소하여 이전이나 확장 문제가 계속 제기되었지만 실행되지 못했다.[38] 전옥서의 부지 자체가 협소해서 그 자리에 옥사를 증축하는 일은 어려움이 많았기 때문이다. 결국 한성감옥서는 기존의 전옥서보다 넓은 부지에 이미 더 큰 규모의 옥사가 있었던 서소문옥 자리로 이전하게 되었다. 1896년 음력 5월 30일(양력 7월 10일)에 내부대신 박정양이 법부대신 한규설에게 보낸 「조복(照覆) 제29호」에는 다음과 같은 내용이 있다.

> 貴 第二十七號 照會를 奉接ᄒᆞ온즉 本月 十一日에 警務使의 報告를 接准ᄒᆞᆫ즉 內開에 左右 監獄署를 合ᄒᆞ야 昭義門 內 新設ᄒᆞᆫ 監獄署로 移接ᄒᆞ고 在囚罪人도 一並 移囚 等因이라. 此을 査ᄒᆞ오니 監獄署를 이제 移接ᄒᆞ얏신즉 絞臺도 一體로 移設ᄒᆞ미 妥當ᄒᆞ오니 貴 部로셔 該 絞臺를 斯速 移設케ᄒᆞ시믈 爲ᄒᆞ야 玆에 照會 等因이온바 此를 准ᄒᆞ와 該 絞臺를 從當 移設ᄒᆞᆯ깃기로 玆에 照覆ᄒᆞ오니 照亮ᄒᆞ시믈 要홈[39]

제 노역을 시키는 도형(徒刑)을 제외하면 개인을 수감하는 형벌, 즉 징역형은 존재하지 않았다. 홍문기, "1894년 「감옥규칙(監獄規則)」 성립과 근대 감옥제도의 도입 양상," 「韓國史研究」 185(2019. 6), 100.

38 조윤선, "19세기 典獄署 분석-『六典條例』·『承政院日記』를 중심으로," 「民族文化」 제56집(2020), 367.

39 『司法照牒』 제3책, 1896(건양 1)년 5월 30일(음). 「독립신문」 1896년 5월 16일자 기사에도 "이

이 보고에 의하면 1896년 음력 5월 11일(양력 6월 21일)에 좌우 감옥서를 합하여 소의문(서소문) 안에 신설한 감옥서로 옮기고 죄수들도 모두 이감했다는 것과 감옥서가 이전했으므로 교수대도 빨리 옮겨서 설치하려고 한다는 것을 알 수 있다. 여기에서 언급하고 있는 좌우 감옥서는 좌우 포도청이 경무청으로 변경되기 이전의 좌우옥을 말하는 것으로, 이것은 1894년 7월에 경무청으로 개편된 후에도 1896년 음력 5월 11일에 서소문의 신설 감옥서로 합치기 전까지 좌우옥이 운영되고 있었음을 보여 준다.

그리고 이 보고에서 '소의문 안에 신설한 감옥서'라고 언급한 것으로 봐서 1894년 7월에 기존 형조 관할의 전옥서가 경무청 산하 전옥서가 되고 그해 10월 이전에 감옥서로 명칭을 변경한 후에 1896년 음력 5월 11일 이전에는 이미 서소문옥 자리로 옮겼을 가능성이 높다. 이렇게 서소문옥 자리로 이전한 한성감옥서는 1902년 4월 25일에 전옥서 자리에 감옥서를 신축하고 다시 옮기기 전까지 운영되었다.

한성감옥서가 옛 전옥서 자리에 건물을 신축하고 돌아온 이유는 기존 서소문옥의 입지 환경 때문으로 보인다. 당시 「독립신문」이나 「황성신문」의 기사에서 감옥서의 위치를 문제 삼는 내용을 발견할 수 있다. 1897년 7월 10일자 「독립신문」에는 다음과 같은 기사가 게재되었다.

십일일에 좌우 감옥쇼와 거긔 잇는 죄인들을 셔쇼문안 그젼 션혜쳥 대동 아문으로 옴기더라" 는 내용이 있다.

지금 텬긔ᄂᆞᆫ 심히 더온ᄃᆡ 감옥셔 터이 아롬답지 못ᄒᆞ야 죄인들이 ᄂᆞᆯ마다 만히 죽으니 그 흠을 ᄒᆞᄂᆞᆫ 정ᄉᆞ에 ᄆᆞᆺ당히 변통 ᄒᆞ겟ᄂᆞᆫᄃᆡ 젼 뎐옥셔ᄂᆞᆫ 도읍 셰우던 처음에 ᄐᆡᆨ졍ᄒᆞᆫ 터이요 셔울 각 ᄌᆡ판쇼 죄인들의 왕ᄅᆡᄒᆞ기가 ᄯᅩᄒᆞᆫ 온편ᄒᆞ겟고 다ᄆᆞᆫ 긔디 협착ᄒᆞᆫ 것ᄆᆞᆫ 진실노 민망ᄒᆞ나 지금 감옥셔를 젼 뎐옥셔로 옴기거드면 협착ᄒᆞᆫ 긔디ᄂᆞᆫ ᄎᆞᄎᆞ 변통ᄒᆞ야 그 근텨 인민의 집들을 사셔 더 널니겟노라고 법부에셔 ᄂᆡ부로 죠회ᄒᆞ얏다더라.[40]

이 기사에서는 여름철이라서 매우 더운데 감옥서의 터가 아름답지 못하여 죄인들이 날마다 많이 죽는다는 것과 따라서 법부에서는 기존의 전옥서 자리로 확장 이전하는 문제를 내부와 협의하고 있음을 알려주고 있다. 1900년 2월 13일자 「황성신문」에는 "近日傳說을 聞ᄒᆞᆫ즉 西小門內 監獄署ᄂᆞᆫ 位置가 不吉ᄒᆞ야 罪囚의 死亡이 頻仍ᄒᆞ다ᄒᆞ야 前典獄으로 移置ᄒᆞᆫ다더라"는 [41]는 기사가 실리기도 했다.

터가 아름답지 못하다거나 위치가 불길하다는 것이 구체적으로 어떤 장소적 결함을 말하는 것인지 알 수 없지만 어쨌든 수감자들

40 "각부신문," 「독립신문」 1897년 7월 10일. 현대문으로 수정하면 다음과 같다. "지금 천기는 심히 더운데 감옥서 터가 아름답지 못하여 죄인들이 날마다 많이 죽으니 그 흠을 하는 정사에 마땅히 변통 하겠는데 전 전옥서는 도읍 세우던 처음에 택정한 터요 서울 각 재판소 죄인들이 왕래하기가 또한 편리하겠고 다만 기지 협착한 것만 진실로 민망하나 지금 감옥서를 전 전옥서로 옮기게 되면 협착한 기지는 차차 변통하여 그 근처 인민의 집들을 사서 더 늘리겠노라고 법부에서 내부로 조회하였다더라."

41 "雜報-不吉移獄," 「皇城新聞」 1900년 2월 13일.

이 사망하는 사례들이 많이 발생하자 결국 감옥서의 이전을 고려하게 되고 옛 전옥서 자리에 옥사를 확장 신축하여 이전하는 방안을 결정한 것으로 보인다.[42]

1901년 3월 7일에 탁지부 대신 민병석(閔丙奭)이 내부대신 이건하(李乾夏)에게 보낸 감옥서 이전 및 옥사 증설 비용에 대한 청의서(請議書)를 보면 다음과 같은 내용이 있다.

> 本月 一日 警部大臣署理 第十六號 照會를 接準ᄒᆞ온즉 內開 監獄署長 金英善에 第四號 報告書를 據ᄒᆞᆫ즉 內開에 欽奉詔勅ᄒᆞ와 本署를 移接 于前典獄署이온바 罪囚에 獄舍가 一無所存ᄲᅮᆫ더러 基址가 挾窄ᄒᆞ야 私家 六十六間을 買入ᄒᆞ오며 獄 五十間과 三層 望臺를 新建이라야 乃可居接이ᄋᆞᆸ기 該 所入 金額을 從略 算定ᄒᆞ야 籌摘書를 繕交ᄒᆞ오며 玆에 報告ᄒᆞ오니 俯諒 後 轉照 度支部ᄒᆞᄋᆞᆸ서 斯速 請議ᄒᆞ시와 俾無遲延케ᄒᆞ시믈 務望 等因ᄒᆞ와 此를 査ᄒᆞ온즉 該 費額이 爲一萬五千二百四元五十四戔이ᄋᆞᆸ기 籌摘書를 送交ᄒᆞ오며 玆에 照會ᄒᆞ오니 査照ᄒᆞ오서 斯速 請議케 ᄒᆞ시믈 爲要等因이 온바 査該署를 今將 移設 則 該 新建費를 不得不 支撥이기로 別紙 調書를 從ᄒᆞ야 預備金 中 支出ᄒᆞᆷ을 會議에 提出 事.[43]

---

42 「독립신문」 1897년 7월 10일자 기사 중에도 "지금 감옥셔를 젼 뎐옥셔로 옴기거드면 협착ᄒᆞᆫ 긔디는 ᄎᆞᄎᆞ 변통ᄒᆞ야 그 근텨 인민의 집들을 사셔 더 널니겟노라고 법부에셔 부로 죠회ᄒᆞ얏다더라"는 내용이 있다.

43 "警部 所管 監獄署 移建費를 預算外支出 請議書 第二十七號," 『各部請議書存案』 제18책, 1901(광무 5)년 3월 7일.

청의서에 의하면 한성감옥서를 옛 전옥서 자리로 옮기기 위해서 주변의 민가 66칸을 매입하고, 옥사 50칸과 3층 망대를 신축하는 데 드는 비용이 15,204원 54전이었는데, 이 비용을 예비금 중에서 지출해 줄 것을 청원하고 있다. 청의서와 함께 제출한 예비금 지출 조서를 통해 알 수 있는 세부적인 감옥서 이건(移建) 비용을 보면 다음과 같다.

[표 2] 한성감옥서 이건(移建) 비용[44]

지출 항목	금액
양제옥(洋製獄) 50칸 목역비(木役費)	4,329원 2전
3층 망대 신건(新建) 목역비(木役費)	834원 2전
양제옥 50칸 토역비(土役費)	4,411원
양제옥 50칸 석축비(石築費)	229원
양제옥 50칸 개와비(蓋瓦費)	1,016원 20전
3층 망대, 50칸 지경비(地境費)	545원
3층 망대, 양제옥 50칸 칠소입비(漆所入費)	214원 10전
사가(私家) 66칸 훼철비(毁撤費)	3,528원
합계	15,204원 54전

44 1901년 3월 1일에 경부(警部) 대신 민영철(閔泳喆)이 감옥서장 김영선(金英善)의 제4호 보고서에 근거하여 탁지부 대신 민병석에게 보낸 "조회(照會) 제16호"에 첨부한 "경부 감옥서 신건(新建) 견적서"에는 각 지출 항목별 물명(物名), 수량, 단가 등 더 자세한 내역이 기재되어 있다. "照會 第十六號," 『警務廳來去文』 2-2, 1901(광무 5)년 3월 1일.

이렇게 청원한 한성감옥서의 이건 비용에 대하여 1901년 3월 11일에 탁지부 대신 민병석이 경부 대신 민영철에게 결재 받은 통지서(通牒)[45]를 보낸 것으로 봐서 이후부터 이건 공사가 시작되었음을 알 수 있다.

1901년 11월 16일자 「황성신문」의 "前 典獄 內 警部 監獄署 新建築이 從近 竣工되깃기로 西小門 內 所在 監獄署가 移處ᄒᆞ고 其搬退된 解舍에ᄂᆞᆫ 桂洞 砲隊營이 日間 移接ᄒᆞᆫ다더라"[46]는 기사와 1902년 4월 26일 「황성신문」의 "前 典獄內에 監獄署를 建築ᄒᆞᄂᆞᆫ 工役이 告竣ᄒᆞᆫ지라 西小門 內 監獄署에 在囚ᄒᆞᆫ 罪人 等을 昨日에 一幷 移囚ᄒᆞ얏ᄂᆞᆫᄃᆡ 西門 內 該署에ᄂᆞᆫ 砲隊營을 移設ᄒᆞᆫ다더라"[47]는 기사에 의하면 한성감옥서의 이건 공사가 1902년 4월에 완료되어서 4월 25일에 이전한 것을 알 수 있다.

그리고 1902년 12월 30일에 탁지부 대신 김성근(金聲根)이 의정부 참정 김규홍(金奎弘)에게 보낸 경무청 소관 감옥 증축비 및 가옥비에 대한 지출 청의서에는 다음과 같은 내용이 있다.

> 警務使 第四十號 照會로 監獄 溫堗 獄舍 增設ᄒᆞ여 罪囚를 當寒奠接이옵기 附近 民家 五十五間 購入價 六千三百八十元과 第四十九號 照會로 該 署 罪囚間 六十六間과 望臺 新建役事時 木板

45 "通牒 警部," 『警務廳來去文』 2-2, 1901(광무 5)년 3월 11일.

46 "雜報-署營移接," 「皇城新聞」 1901년 11월 16일.

47 "雜報-移囚新獄," 「皇城新聞」 1902년 4월 26일.

를 罪囚 移置 前 未撤이옵고 移囚 後 依約撤給이옵는딕 砲兵隊의 執留가 되온바 日本人니 以木板 違約事로 紙幣 六千四百五十元을 都給 外 支撥事와 第五十號 照會로 該 署 罪囚間 望臺役費를 爲支出이온바 其外 絞臺 押牢房 女囚 食堂 厠圊 合三十八間을 不得不 建築이옵기 該 費 金八千三百九十元八十一戔을 俾卽 請議 爲要 等因이온바 査該費額 銅貨 一萬四千七百七十元八十一戔과 紙幣 六千四百五十元을 不得不 斯速 支撥이옵기 別紙 調書을 從ᄒᆞ야 預備金 中 支出홈를 會議에 提出事[48]

이 청의서에는 처음 이건 공사 때에 옥사와 3층 망대 건축용 목판 관련 비용 6,450원을 청구한 것 외에, 온돌 옥사를 증설하기 위하여 민가 55칸을 구입한 비용 6,380원에 대한 청구와 교수대, 압뢰방(押牢房), 여죄수 식당, 회장실(厠圊) 등 38칸의 신축 비용 8,390원 81전에 대한 청구 내용도 포함되어 있다.[49] 따라서 한성감옥서는 1902년 4월 25일에 이전한 후에도 온돌 옥사, 교수대, 압뢰방, 여죄수 식당, 회장실 등 필요한 시설들을 계속 증축했음을 알 수 있다.

이렇게 신축 이건한 한성감옥서의 구조는 본관과 외사(外舍), 형장(刑場) 등으로 되어 있었다. 본관에는 대청, 하(下)대청, 대청직방, 순검실, 서기실 등과 수감자의 감옥이 있었다. 외사(外舍)에는 각 4칸의 동서(東西) 옥사가 있었다. 본관 감옥에는 남녀를 구분해서 수

48 "警務廳 所管 監獄署 增建費及民屋價를 預算外支出 請議書 第一百四號,"『各部請議書存案』 제24책, 1902(광무 6)년 12월 30일.

49 지출 청의서에는 해당 항목의 세부 명세서(물명, 수량, 단가 등)를 첨부하고 있다.

감했는데, 남자 수감자는 1칸에서 20칸에, 여자 수감자는 여사(女舍)로 부르는 곳에 수감했다.[50]

1901년 3월 1일 조회(照會) 제16호와 3월 7일 청의서에서 '양제옥'이라고 부르는 것에서 알 수 있듯이 본관과 외사 등의 옥사는 지붕은 기와를 사용했지만 외벽은 벽돌을 사용하여 서양식으로 건축했다. 조회 제16호에 첨부한 "경부감옥서 신건 견적서(警部監獄署新建見積書)"에 기재된 물명에 청벽(靑甓),[51] 양제문(洋製門), 유리쌍창(琉璃雙窓), 살창소용철(箭窓所用鐵) 등이 기재되어 있어서 옥사 외벽은 벽돌을 사용했고, 창문은 유리창, 서양식 문, 철제 창살 등을 설치했음을 알 수 있다. 그리고 판벽장송(板壁長松)을 사용한 것으로 봐서 감방 내벽의 재료는 소나무 판자였음을 알 수 있다.[52] 감방 1칸당 적정 수감 인원은 15명이었지만 이를 초과하여 20여 명을 수감하기도 했다.[53]

나카하시의 『朝鮮舊時の刑政』에 한성감옥서의 평면도가 수록되

---

50 유춘동, "한성감옥서(漢城監獄署)의 <옥중도서대출부(獄中圖書貸出簿)>연구," 109 ; 中橋政吉, 『朝鮮舊時の刑政』, 115-116. 유춘동이 감옥서 내 서적실의 「옥중도서대출부(獄中圖書貸出簿)」를 통해서 파악한 한성감옥서의 구조와 규모, 배치 등은 나카하시의 『朝鮮舊時の刑政』에 수록된 감옥서의 약도와는 세부적으로 차이가 있다. 가령 형장(刑場)에 대한 언급은 『朝鮮舊時の刑政』의 약도에서만 파악된다.

51 '청벽(靑甓)'이라고 한 것으로 봐서 푸른 색 벽돌로 추정되는데, 나카하시는 이 벽돌이 중국제라고 기술했다. 1895년에 편찬한 『국한회어(國漢會語, 國漢會話)』에는 벽돌을 한자로는 '甓石'으로 표기했다. 양제옥 건축에는 132,000장의 청벽이 사용되었다. "照會 第十六號," 『警務廳來去文』 2-2, 1901(광무 5)년 3월 1일 ; 中橋政吉, 『朝鮮舊時の刑政』, 115 ; 李準榮, 鄭玹漢, 李明浩, 姜璡熙, 『國漢會話 乾』(刊地未詳, 1895), 76b.

52 "照會 第十六號," 『警務廳來去文』 2-2, 1901(광무 5)년 3월 1일.

53 유성준의 증언에 의하면 다섯 평에 불과한 방 한 칸에 20여명을 가둬서 앉고 눕는 것조차 자유롭게 하기가 힘들었다고 한다. 유성준, "밋음의 動機와 由來," 「기독신보」 1928년 7월 4일.

어 있어서 각 건물의 위치를 어느 정도 파악할 수 있다.

[그림 8] 한성감옥서 평면도[54]

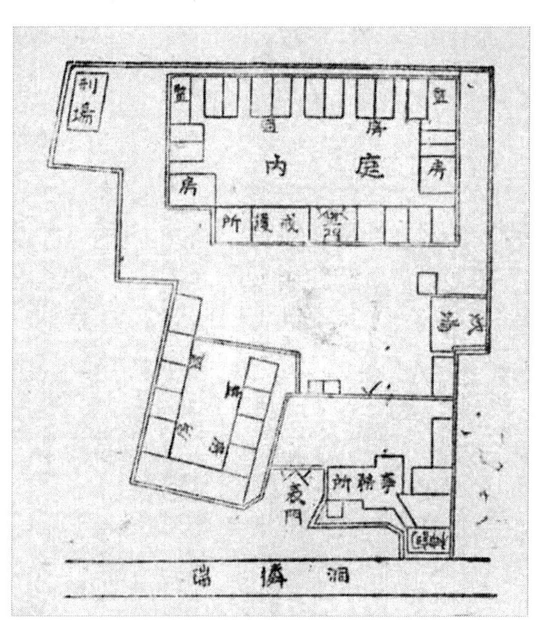

그리고 1924년에 조선치형협회에서 출간한 『조선형무소사진첩』에 한성감옥서의 현판과 정문 사진이 수록되어 있어서 그 모습을 확인할 수 있다.

---

54 출처: 中橋政吉, 『朝鮮舊時の刑政』, 116.

[그림 9] 한성감옥서 현판[55]

[그림 10] 한성감옥서 정문[56]

55 출처: 朝鮮治刑協會, 『朝鮮刑務所寫眞帖』, 25.

56 출처: 朝鮮治刑協會, 『朝鮮刑務所寫眞帖』, 28.

2장 · 옥중 생활: 동거동학(同居同學)의 시간

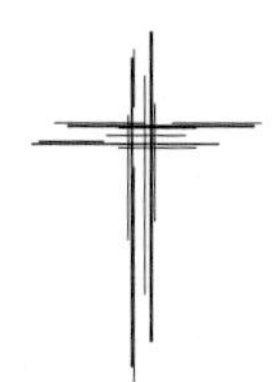

1. 국사범으로 수감된 사람들

1897년 4월 6일자 「독립신문」에 한성감옥서와 관련하여 "감옥서에 증뎡이 일빅 삼십칠 명 한셩지판쇼 죄인이 일빅 두 명 고등지판쇼 죄인이 팔 명 합 죄인이 이빅 삼십칠 명이더라"는 기사 내용이 나온다. 이 기사에 의하면 당시 한성감옥서에는 징역형을 선고받고 복역 중인 징정(懲丁)이 137명, 한성재판소에서 재판 중인 미결수가 102명, 고등재판소에서 재판 중인 미결수가 8명, 합계 247명이[1] 수감되어 있었음을 알 수 있다. 물론 수감자의 수는 항상 변동이 있었다. 1899년 「황성신문」의 기사 중에서도 한성감옥서 수감자들의 수를 조사한 기사를 여러 개 찾아볼 수 있다. 당시 내부(內部) 위생국장이나 관립 병원의 의사들이 수감자들의 건강 검진을 하면서 수감자 수를 조사한 사례를 다음과 같이 보도하기도 했다.

> 昨日에 內部 衛生局長과 主事들이 監獄署에 往ᄒᆞ야 罪囚를 檢查ᄒᆞᄂᆞᆫ딕 着枷桔梏ᄒᆞᆫ 罪人이 四名이오 已決未決이 幷二百二十二人

1 기사에서는 수감자 합계를 237명이라고 했지만, 징정과 미결수를 합하면 247명이 된다.

이라 前日 趙錫九氏가 監獄署長으로 在홀 時에는 每日 獄中을 掃灑ᄒᆞ야 居處가 淸潔ᄒᆞ더니 近日은 罪囚間에 穢物이 堆積ᄒᆞ야 惡臭가 觸鼻ᄒᆞ니 衛生에 大段 有害홀지라 衛生局長 崔勳柱氏가 間間이 檢疹ᄒᆞ고 汚穢를 消毒ᄒᆞ얏다더라.[2]

病院醫師 盧尙一 金敎珏 兩氏가 監獄署에 往ᄒᆞ야 檢診ᄒᆞᆫ즉 罪囚가 總計 二百三十七人이라 其中 金德元 等 七人은 赤痢症이 有ᄒᆞ고 李鳳仙 等 十人은 外感과 雜症이 有ᄒᆞ고 李向白 等 五人은 瘡疾이 有ᄒᆞ고 張基甫 等 四人은 濕腫이 有ᄒᆞ기로 其 症을 各隨ᄒᆞ야 洋藥을 製給ᄒᆞ고 崔丙根 等 六人은 風火와 雜症이 有ᄒᆞ기로 韓藥을 製給ᄒᆞ얏다더라.[3]

1900년부터 1904년까지 「황성신문」의 기사 중에는 한성감옥서 수감자와 관련하여 기결수와 미결수를 조사하여 보도한 기사가 상당수 있다.[4] 이 기사들 중에는 미결수를 재판 및 관할 기관별로 분류한 기사도 다음과 같이 확인된다.

本月 十日 監獄署의 未決囚 調査를 據ᄒᆞᆫ즉 平理院 所囚가 三十一, 法部 所囚가 四名 警廳 所囚가 二名, 漢裁 所囚가 六十四

---

2 "雜報-獄囚檢査," 「皇城新聞」 1899년 4월 29일.

3 "雜報-醫師檢獄," 「皇城新聞」 1899년 6월 13일.

4 한성감옥서 수감자 수를 보도한 기사는 다음과 같다. 「皇城新聞」 1900년 2월 13일, 21일, 3월 6일, 22일, 4월 2일, 12일, 18일, 5월 1일, 6월 8일, 12일, 1901년 1월 15일, 22일, 2월 5일, 3월 26일, 4월 27일, 6월 29일, 10월 16일, 12월 7일, 1902년 2월 17일, 3월 6일, 5월 27일, 11월 1일, 12월 3일, 1903년 1월 5일, 6월 11일, 8월 6일, 9월 26일, 10월 21일, 1904년 1월 12일, 3월 3일, 7월 12일, 8월 11일, 9월 28일.

名인ᄃᆡ 白今甫 等 三人은 自斃ᄒᆞ얏더라.[5]

監獄署의 再昨日 未決囚 調査함을 據한즉 平理院 所送이 三十七人이오 漢城裁判所 所送이 五十八人이오 警廳 所送이 三人이니 幷九十八人이더라.[6]

本月 二十五日 監獄署에 在ᄒᆞᆫ 未決囚 調査를 據ᄒᆞᆫ 則 平理院 八十四名, 漢城裁判所 七十六名, 警部 九名이더라.[7]

이 기사에 의하면 한성감옥서에는 평리원과 한성재판소에서 재판을 받고 있는 사람들 외에 법부, 경무청, 경부 관할의 미결수도 수감되어 있음을 알 수 있다.

1899년부터 1904년 사이에 한성감옥서에 수감되어 있는 사람들 중에서는 정치적 사건에 연루되어 국사범으로 수감된 사람들이 상당수 있었다. 박영효 쿠데타 모의사건에 가담한 죄목으로 1899년 1월에 체포 수감된 이승만을 비롯하여, 같은 혐의로 1899년 11월에 체포된 안국선과 1902년 유길준 쿠데타 모의사건과 관련하여 이상재, 이원긍(李源兢), 유성준(兪星濬), 홍재기(洪在箕), 김정식(金貞植), 이승인(李承仁) 등이 수감되어 있었다. 이들 외에도 많은 사람들이 정치적 사건과 연루되어 수감 중이었다. 이들에 대한 신상을 살펴보면 다음 [표 3]과 같다.

---

5 "雜報-未決囚의 調査," 「皇城新聞」 1900년 2월 13일.

6 "雜報-監獄未決囚," 「皇城新聞」 1900년 2월 21일.

7 "雜報-未決囚調査," 「皇城新聞」 1901년 4월 27일.

[표 3] 1899-1904년 한성감옥서 수감 국사범[8]

이름	생몰년	수감 전 경력	수감 이유	수감 기간	비고
강원달 (익장) (康元達, 益莊)	?-1904		활빈당 사건	1902.4.30-1904.3.16	수감 중 처형 (1904.3.16)
권형진 (權瀅鎭)	1858-1900	근국기무처 내무 참의, 경무사	명성황후 시해 음모 불고지죄 (不告知罪)	1900.5.13-5.28	교형(絞刑)을 선고 받은 후 처형 (1900.5.28)
권호선 (權浩善)	?-1903	일본육사 졸업, 진위 제6연대 제2대대 보병 참위	혁명혈약서 (革命血約書) 서명 사건	1902.8-1903.3.22	콜레라로 수감 중 사망 (1903.3.22)
김교선 (金敎先)	1880-?	일본 육사 졸업, 육군무관학교 교관 포병 참위	혁명혈약서 (革命血約書) 서명 사건	1902.7-1904.3	전남 완도군 신지도(薪智島)에 유배 중 방축향리 후 석방(1905.9.18)
김린 (연택) (金麟, 然澤)	?-1922	참봉(參奉)	통섭외국 (通涉外國)	1903.10.26-1905.4.1	
김봉석 (金鳳錫)		일본 육사 졸업, 육군무관학교 학도대부(學徒隊附) 보병 참위	혁명혈약서 (革命血約書) 서명 사건	1902.8-1904.3	황해도 황주군 철도(鐵島)에 유배 중 석방 (1905.5.16)
김영소 (金永韶)		경효전 사승(祀丞), 종정원(宗正院) 주사	유길준 쿠데타 모의 사건	1902.6-1904.3	전남 완도군 완도(莞島)에 유배 중 방축향리 후 석방 (1905.11.13)
김정식 (金貞植)	1862-1937	경무청 경무관, 무안항 경무관	유길준 쿠데타 모의 사건	1902.6.28-1904.3.20	

8 이 표는 유영익, 『젊은 날의 이승만: 한성감옥생활(1899-1904)과 옥중잡기 연구』, 34-36에 있는 "〈표 1〉 한성감옥 수감 정치범들, 1899-1904"를 참고했는데, 필자가 『大韓帝國官員履歷書』, 『朝鮮總督府及所屬官署 職員錄』, 『승정원일기』, 『고종실록』, 「官報」, 「朝鮮總督府官報」, 「皇城新聞」, 「大韓每日申報(대한미일신보)」, 「동아일보」, 「조선일보」 등을 참고하여 인물을 추가하고 내용을 수정하거나 첨부하여 작성했다.

이름	생몰년	수감 전 경력	수감 이유	수감 기간	비고
김형섭 (金亨燮)	1878-1929	일본육사 졸업, 육군무관학교 교관 보병 참위	혁명혈약서 (革命血約書) 서명 사건	1902.6.1-1904.3	전남 진도군 지도 (智島)에 유배 중 방축향리 후 석방 (1905.9.18.)
김홍진 (金鴻鎭)	?-1904	일본 육사 졸업, 보병 참위	혁명혈약서 (革命血約書) 서명 사건	1902.8-1904.3.12	수감 중 처형 (1904.3.12)
김희선 (金羲善)		일본육사 졸업, 육군무관학교 교관 기병 참위	혁명혈약서 (革命血約書) 서명 사건	1902.6.1-1904.3	전남 완도군 고금도(古今島)에 유배 중 방축향리 후 석방(1905.9.18)
남궁억 (南宮檍)	1963-1939	칠곡 군수, 내부 토목국장, 독립 협회 중앙위원, 사법위원	「황성신문」사설 사건, 유길준 쿠데타 모의 사건	1900.7-8.24, 1902.7-1904.3.12	
박용만 (朴容萬)	1881-1928	일본 유학, 상동 청년회 다정국장, 보안회 회원	활빈당 사건, 황무지 개척권 요구 반대 투쟁	1901.3, 1904.7	
방영주 (方泳柱)		일본육사 졸업, 보병 참위, 진위 제5연대 제2대대 군사	혁명혈약서 (革命血約書) 서명 사건	1902.8-1904.3	전남 흥양(고흥)군 녹도(鹿島)에 유배 중 방축향리 후 석방 (1905.9.18)
신흥우 (申興雨)	1883-1959	배재학당 졸업, 한성덕어학교 학생회 회장	학생회 대표로 정치개혁 주장 (亂言不告罪)	1901.11.23-1903. 3.30	1902년 8월 30일에 징역 2년으로 감형
안경수 (安駉壽)	1853-1900	우변포도대장, 경무사, 탁지부 협판, 독립협회 회장	이준용 역모 사건, 고종 양위 미수 사건	1900.2.10-5.28	교형(絞刑)을 선고 받은 후 처형 (1900.5.28)
안국선 (명선) (安國善, 明善)	1879-1926	일본 유학	박영효 쿠데타 모의 사건 연루 혐의	1899.11-1904.3	전남 진도군 금갑도(金甲島)에 유배 중 석방 (1907.3.20)

이름	생몰년	수감 전 경력	수감 이유	수감 기간	비고
양의종 (기탁) (梁宜宗, 起鐸)	1871-1938	일본 나가사키(長崎) 상업학교 한국어 교사, 만민공동회 간부	사전주조(私錢鑄造) 혐의	1901-1903. 3	
유동근 (柳東根)	?-1904	진위 제1연대 제1대대 중대장 보병 정위	유길준 쿠데타 모의 사건	1902.6-1904.3.16.	수감 중 처형 (1904.3.16.)
유성준 (兪星濬)	1860-1934	일본 유학, 농상공부 회계국장	유길준 쿠데타 모의 사건	1902.6.26-1904.3	황해도 황주군 철도(鐵島)에 유배 중 석방 (1905.5.13)
윤시용 (尹始鏞)	1884-?	사립흥화(興化) 학교 양지과(量地科)졸업, 경성학당(京城學堂) 학생	한성덕어(德語) 학교 정치 토론 참여 혐의(亂言不告從罪)	1901.11.23-1902. 8.3	태(笞)70대, 징역 1년 6개월을 선고받았으나 1902년 8 월 3일 감형되어 석방
이상재 (李商在)	1850-1927	주미 공사 서기관, 의정부 총무국장, 독립협회 부회장	유길준 쿠데타 모의 사건	1902.6.26-1904.3.20.	
이승만 (李承晩)	1875-1965	배재학당 졸업, 독립협회 활동, 중추원 의관	박영효 쿠데타 모의 사건	1899.1.9-1904.8.4.	
이승인 (李承仁)	?-1908		유길준 쿠데타 모의 사건	1902.6.26-1905.10.5	이상재의 아들
이원긍 (李源兢)	1849-1919	홍문관 교리, 이조 참의, 북청부사, 군국기무처 의원, 독립협회 회원	유길준 쿠데타 모의 사건	1902.6.26-1904.3.20.	
이종일 (李鍾一)	1858-1925	내부 주사, 중추원 의관, 데국신문 사장	신문망게죄(新聞妄揭罪)	1904.3.25-1904.8.4.	
이준 (李儁)	1859-1907	한성부재판소 검사 시보(檢事試補), 공진회 회장	일본군 휼병비(恤兵費) 모금, 특진관 이유인, 내부 참서 구본순 고발 사건	1904.3.25.-1904.6.17 1904.12.26-1905.1.10	황해도 황주군 철도(鐵島)에 유배 중 석방 (1905.2.13.)

이름	생몰년	수감 전 경력	수감 이유	수감 기간	비고
임병길 (林炳吉)	1868-1900	군부 정위(正尉), 군부 군무국 외국 과장보	신기선, 조병식 등의 집에 폭탄 투척, 구(舊) 선혜청 방화 사건	1899.7.1-1900.9.23.	재판 後 교수형(絞刑) (1900.9.23.)
장호익 (張浩翼)	?-1904	진위 제6연대 제2대대 향관(餉官) 삼등군사(三等軍司)	혁명혈약서(革命血約書) 서명 사건	1902.5-1904.3.12.	수감 중 처형 (1904.3.12.)
정순만 (鄭淳萬)	1873-1911	만민공동회 도총무부장, 보안회 서기	일본군 휼병비(恤兵費) 모금	1904.3.25-1904.6.17.	평리원에서 태형(笞刑) 80대 선고
조택현 (趙宅顯)	?-1904	진위 제5연대 제3대대 향관 삼등군사	혁명혈약서(革命血約書) 서명 사건	1902.5-1904.3.12.	수감 중 처형 (1904.3.12.)
최정식 (崔廷植)	?-1899	시종원(侍從院) 분시어(分侍御), 독립협회 총대위원	고종에게 저촉되는 말을 한 혐의(語逼至尊事)	1898.8-1899.7.28.	1899년 1월 30일 탈옥했다가 4월 24일에 체포되어 재수감 후 처형 (1899.7.28)
홍재기 (洪在箕)	1857-1908	군국기무처 서기관, 강계군수, 중추원 의관	유길준 쿠데타 모의 사건	1902.6.26-1904.3.20.	

국사범으로 체포되어 수감된 사람들은 평리원(平理院)에서 재판을 받았다. 평리원은 1899년에 개정된 재판소구성법(裁判所構成法)에 의해 고등재판소가 변경된 것이다. 갑오개혁 과정에서 의금부는 1894년 7월 법무아문(法務衙門) 산하 사법기관인 의금사(義禁司)로 개편되었고,[9] 12월에는 지방재판을 제외한 일체의 재판을 담당하는

9 『고종실록』 1894(고종31)년 7월 24일(음).

법무아문 권설재판소(權設裁判所)로 다시 개편되었다.[10] 그 후 1895년 3월에 한성재판소(漢城裁判所)와 고등재판소(高等裁判所)로 이원화되었고, 고등재판소는 1899년 5월 30일에 재판소구성법의 개정에 의해 평리원으로 변경되었다. 평리원은 국사범 사건이나 국왕의 특지(特旨)로 하달된 사건, 칙임관과 주임관의 구금 및 재판 등을 관장했다.

국사범으로 평리원에서 재판을 받고 있는 사람들은 일반적으로는 기존 전옥서를 그대로 사용한 한성감옥서에 수감된 것으로 알려졌다. 따라서 이승만, 이상재 등의 국사범들이 종로의 한성감옥서에 수감되었다고 서술하는 사례들이 많이 있었다.[11]

그러나 1899년에서 1904년 사이에 국사범으로 한성감옥서에 수감되어 있던 사람들은 수감 시기에 따라 위치가 다른 한성감옥서에 수감되어 있었다. 분류하면 1902년 4월 25일 이전에 체포된 사람들은 서소문의 한성감옥서에 수감되었고, 그 후에 체포된 사람들은 종로의 한성감옥서에 수감되었다. 그러므로 이승만, 이상재, 이원긍, 김정식, 홍재기, 유성준, 안국선, 이승인 등이 모두 종로 전옥서 자리의 한성감옥서에서 수감 생활을 한 것으로 알려진 기존의 견해는 재고되어야 한다.

---

10 『고종실록』 1894(고종31)년 12월 16일(음).

11 서정민, "구한말 이승만의 활동과 기독교," 11 ; 유춘동, "한성감옥서(漢城監獄署)의 <옥중도서출부(獄中圖書貸出簿)>연구," 107 ; 차봉준, "안국선의 기독교 담론과 근대적 정치성 연구-<금수회의록>을 중심으로," 「한중인문학연구」 제31집(2010), 123. 윤백남은 한성감옥서를 종로감옥으로 부르며 개국504년(1895년)에 개축한 것으로 서술했다. 尹白南, 『朝鮮刑政史』(서울: 文藝書林, 1948), 73.

이승만이 1899년 1월 9일에 박영효 쿠데타 모의 사건으로 체포되어 처음 수감된 감옥은 서소문의 한성감옥서였다. 그는 이 감옥에 수감 중 1월 30일에 최정식(崔廷植), 서상대(徐相大) 등과 함께 탈옥했다가 붙잡혀 재수감되었다.[12] 그 후 1902년 4월 25일부터는 신축한 종로의 한성감옥서로 옮겨서 수감되었다. 1899년 11월경에 체포된 안국선도 처음에는 서소문의 한성감옥서에 수감되었다가 나중에 한성감옥서로 이감되었을 것이다. 1902년 6월 이후에 수감되는 이상재, 유성준, 이원긍, 김정식, 홍재기, 이승인 등은 처음부터 종로의 한성감옥서에 수감되었을 것이다.

1903년 1월에 개설된 한성감옥서 서적실의 도서 대출장부였던 「옥중도서대출부(獄中圖書貸出簿)」[13]에 근거하면 도서를 대출했던 사람들의 수감 장소, 또는 근무 장소, 감옥서 내에서의 지위나 역할 등을 알 수 있다. 이에 따르면 이승만, 이상재, 유성준, 이원긍, 김정식, 이승인, 안국선(안명선), 신흥우 등은 본관의 감옥에 수감되었

---

12 이들은 감옥 안에 밀반입한 총을 쏘며 탈옥을 했는데, 이 와중에 최정식은 압뢰 김윤길에게 총상을 입히기도 했다. 이승만은 탈옥 후 바로 체포되었고, 먼저 탈출한 최정식과 서상대는 배재학당에 숨었다가 최정식은 삼화부(三和府) 증남포(甑南浦)에서 체포되었으며, 서상대는 7월까지도 체포되지 않았다. 이 사건으로 1899년 7월에 최정식은 교수형을, 이승만은 태형 100대와 종신형을 선고받았다. "報告書 第四號," 『司法稟報(乙)』 제14책, 1899(광무 3)년 1월 31일 ; "質稟書 第二號," 『司法稟報(乙)』 제19책, 1899(광무3)년 7월 8일 ; 『고종실록』 1899(고종 36)년 7월 27일(양) ; 「대한크리스도인회보」 1899년 2월 8일 ; "션고셔," 「독립신문」 1899년 8월 2일.

13 「옥중도서대출부(獄中圖書貸出簿)」는 1903년(광무 7) 1월 17일부터 1904년(광무 8) 8월 31일까지 서적실의 대출 현황, 미수(未收)된 장서의 현황, 국문, 한문, 영문 장서 목록 등을 서양식 노트에 작성한 것으로 전체 74장 분량이다. 유춘동, "한성감옥서(漢城監獄署)의 <옥중도서출부(獄中圖書貸出簿)>연구," 108.

음을 알 수 있다.[14] 그리고 수감 중이던 1903-4년에 이승만, 이상재, 김정식 등을 비롯한 수감자들이 함께 촬영한 사진이 남아 있는데, 그중 하나가 [그림 11]의 사진이다. 이 사진에서는 벽돌로 지은 감옥서의 외벽이 보이는데 이것은 신축한 옥사를 배경으로 촬영한 것임을 알 수 있다.

[그림 11] 수감자들의 사진(1903년)[15]

14 유춘동, "한성감옥서(漢城監獄署)의 <옥중도서출부(獄中圖書貸出簿)>연구," 119. 이승만, 유성준은 본관 7칸, 안국선, 이승인, 신흥우는 본관 8칸, 이상재, 이원긍, 김정식은 대청 직방으로 기록되어 있다.

15 출처: 연세대학교 이승만연구원. 왼쪽 끝에 서있는 사람이 이승만이고, 앞줄 왼쪽부터 강원달, 홍재기, 유성준, 이상재, 김정식, 뒷줄 왼쪽부터 이승인, 유동근, 김린, 안명선(안국선), 신원 미상의 소년이다.

그런데 수감 장소에 대한 다른 기록도 발견된다. 이상재가 수감되어 있던 기간에 지은 논설문 및 함께 투옥된 사람들과 주고받은 시 등을 묶은 필사본 『월남 이상재선생 집필책 옥사기록 공소산음 전(月南 李商在先生 執筆册 獄舍記錄 共嘯散吟 全)』(이하 『공소산음(共嘯散吟)』에 의하면 당시 이상재는 의금부옥에 수감된 것으로 기록하고 있다. 이 책의 표지 다음 첫 쪽에 의금부의 금부옥 약도(義禁府及禁府獄略圖)가 그려져 있고, 다음 쪽에는 1902년 6월부터 1904년 3월까지 "대한제국 전옥서 종로감옥(의금부 및 금부옥 남간) 옥중 저술 및 필적(大韓帝國典獄署鐘路監獄(義禁府及禁府獄南間)獄中著述及筆蹟)"이라는 설명이 있다.[16]

이 기록에 의하면 이상재는 의금부의 금부옥 남간(南間)에 수감되어 있는 중에 『공소산음(共嘯散吟)』의 논설과 시문 등을 집필한 것이 된다. 그런데 수록되어 있는 의금부옥 약도는 나카하시의 『朝鮮舊時の刑政』과 윤백남의 『조선형정사(朝鮮刑政史)』에 있는 의금부옥 약도와 거의 동일하고,[17] 『공소산음(共嘯散吟)』의 금부옥 약도 제목 뒤에 "현 신신백화점 북쪽 공지(現新ㄱ百貨店 北쪽 空地)"라고 한 것에서 이 약도는 이상재가 작성한 것이 아니라 후대에 작성된 것임을 알 수 있다. 하지만 다음 쪽에 있는 1902년 6월부터 1904년 3월까지 대한제국 전옥서 종로감옥(의금부 및 금부옥 남간) 옥중 저술 및 필적이라는 설명은 당대 이상재 본인의 기록인지 후대 다른 사람의 기

---

16 「월남 이상재 선생 옥사기록 공소산음 원문」, 숭실대학교 한국기독교박물관 학예팀 편, 『共嘯散吟 월남 이상재 선생 옥사기록(獄舍記錄)』(서울: 숭실대학교 한국기독교박물관, 2012), 6-7.

17 윤백남의 『조선형정사』에 있는 약도는 나카하시의 『朝鮮舊時の刑政』에 있는 약도를 인용한 것이다. 中橋政吉, 『朝鮮舊時の刑政』, 117 ; 尹白南, 『朝鮮刑政史』, 74.

록인지 확정하기가 어렵다. 또한 이 설명에서는 전옥서와 금부옥을 혼용하고 있어서 이 설명으로 수감 장소를 파악하는 데 어려움이 있다.

다만 『공소산음(共嘯散吟)』에 수록된 수감자들의 시 중에 "서간(西間)에 투옥된 여러 공의 원운(原韻)에 공경히 차운하다", "서간(西間)에 투옥된 여러 공의 시에 다시 차운하다", "서간(西間)에 투옥된 여러 공의 원운(原韻)에 공경히 화답하다" 등의 부제에서 알 수 있듯이 이상재와 함께 시를 작성한 이원긍, 유성준, 이승만, 홍재기, 유석정 등이 서간(西間)에 수감되어 있었음을 알 수 있다.[18] 의금부의 금부옥은 남간과 서간으로 나눠져 있었으므로 시에 나오는 서간은 금부옥의 서간을 지칭할 가능성이 있다.[19]

그리고 감옥서 내 서적실을 운영하면서 작성한 도서대출장부의 관외 대출자 명단을 보면 수감자가 아닌 주변에 사는 일반인들의 이름 외에도, 이원긍(1903년 12월, 1904년 1월-2월), 유성준(1904년 3월) 등의 이름이 있다.[20] 이들이 책을 대출한 시기는 모두 수감 중이던 시기였는데,[21] 이들의 거주지는 모두 평리원(平理院)으로 되어 있다.

---

18 숭실대학교 한국기독교박물관 학예팀 편, 『共嘯散吟 월남 이상재 선생 옥사기록(獄舍記錄)』, 60-65.

19 한성감옥서는 본관 외에 각각 4칸으로 된 외동(外東), 외서(外西)도 있어서 『공소산음(共嘯散吟)』에서 언급하는 서간이 금부옥의 서간이 아니라 한성감옥서의 외서를 의미할 수도 있지만, 이상재가 수감되어 있었다는 남간은 한성감옥서에는 없고 금부옥에만 있었다.

20 유춘동, "한성감옥서(漢城監獄署)의 <옥중도서출부(獄中圖書貸出簿)>연구," 117.

21 이원긍은 이상재, 김정식, 홍재기 등과 함께 1904년 3월 20일에 무죄 선고를 받고 출옥했으며, 유성준은 1904년 3월 20일에 2년 반의 유배형을 선고받고 황해도 황주군 철도(鐵島)에 유배되었다가 1905년 5월에 석방되었다. "報告書 第十號," 『司法稟報(乙)』 제42책, 1904년 3월 12일 ; "彙報-司法," 「官報」 제2785호(1904년 3월 28일), 71. 김정식이 쓴 글에서는 1904년 2월

평리원은 기존의 의금부 청사를 사용하지 않고 덕수궁 근처 현 서울시립미술관 자리로 이전한 것으로 알려져 있다.[22] 그러나 기존의 의금부 건물은 1907년에 평리원 청사를 신축할 때까지 여전히 존재하고 있었고,[23] 평리원이 1899년에 현 서울시립미술관 자리로 이전했다는 것은 사실과 다르다. 이곳은 원래 육영공원 자리로 1891년부터 독일영사관이 있었는데, 아관파천 후 환궁한 고종은 경운궁을 확장하면서 영사관 매입을 시도하여 1900년 3월에 55,000원에 매입하고 대신 상동에 있는 관유지를 제공하기로 했다.[24] 하지만 독일영사관의 이전은 1902년 5월 16일에 완료되었다.[25] 따라서 평리원은 1902년 이후에 독일영사관 터로 옮겨갔다가 1907년에 의금부 터에 신축한 청사로 돌아왔을 수도 있지만, 한편으로 독일영사관 자리로 이전하지 않고 1907년에 청사를 신축하기 전까지 옛 의금부 청사를 그대로 사용했을 가능성도 있다. 독일영사관 자리는 매입 후 경운궁의 기지로 편입되었고, 그 후에 경운궁과 영사관 사이의 도로를 폐쇄하려고 했지만 반대 여론에 의해 대신 육교를 설치했다. 따라서 궁궐로 편입된 곳으로 평리원이 옮겨

25일에 무죄방면 되었다고 해서 한 달 정도의 차이가 있으나 「官報」의 기록이 더 정확한 것으로 보인다.

22 행정안전부 국가기록원 편, 『일제시기 건축도면 해제3: 법원·형무소편』, 36.

23 배창현, "조선시대 義禁府 廳舍의 변화 과정과 건축 공간 구성," 「건축역사연구」 제29권 5호(2020. 10), 34.

24 "雜報-買收德館," 「皇城新聞」 1900년 3월 9일.

25 상동의 독일영사관 신축 공사는 1901년 3월에 시작하여 1902년에 완공했는데, 지하1층 지상 2층의 연건평 252평 규모였다. 이순우, 『근대 서울의 역사문화공간: 정동과 각국공사관』(서울: 하늘재, 2012). 167.

갔을 가능성은 낮아 보인다.[26]

서적실 도서대출장부에서 수감 중인 이원긍, 유성준의 거주지를 평리원으로 기재한 것이, 그들이 평리원의 감옥 곧 옛 의금부 금부옥에 수감되어 있었음을 알려주는 것인지, 아니면 국사범으로 평리원에서 재판을 받으면서 한성감옥서에 미결수로 수감되어 있었기 때문에 평리원 관할의 죄수라는 것을 의미하는지 단정하기 어렵다.

또 다른 예는, 1904년 3월 20일경에 이준(李儁)이 이현석(李玄錫), 정순만(鄭淳萬), 유종익(柳鍾益) 등과 동지의연소라는 단체를 조직하여 일본군 부상병의 휼병비(恤兵費)를 모금하려고 하다가 3월 23일 경무청에 체포되어[27] 수감되었다가 1904년 6월에 출감한 일이 있었는데, 당시 이준 등을 평리원에서 재판하면서 '본원재수(本院在囚)'라고 계속 언급하고 있다.[28] 또한 1900년 1월 8일 평리원 검사 이학규가 도피하였다가 자수한 최준상에 대하여 보고하면서 '본원재수'라고 언급하고 있다.[29] 이 '본원재수'라는 말을 평리원에 수감되어 있는 죄수라고 해석할 수도 있지만,[30] 한편으로는 평리원에서 재판을

---

26 "雜報-堵塞不可,"「皇城新聞」 1902년 6월 2일 ; "雜報-架橋通路,"「皇城新聞」 1902년 7월 28일.

27 "雜報-義捐設所,"「皇城新聞」 1904년 3월 23일 ; "雜報-四人被捉,"「皇城新聞」 1904년 3월 25일.

28 "報告書 第五十九號,"『司法稟報(乙)』 제43책, 1904(광무 8)년 6월 4일. 당시 국사범은 일반적으로 평리원에서 재판을 담당했다.

29 원문은 다음과 같다. "本院在囚훈 同福前郡守 崔俊相 逃躲之由는 業已報明이온바 現에 該崔俊相이 悔過自現ᄒᆞ얏삽기 仍爲還囚ᄒᆞ옵고 玆에 報告ᄒᆞ오니 査照ᄒᆞ심을 爲望." "報告書 第十號,"『司法稟報(乙)』 제22책, 1900(광무 3)년 1월 8일

30 '본원재수(本院在囚)'에 대해서 최기영은 이준이 평리원에 수감되었던 것으로 해석하고 있다.

받으며 미결수로 한성감옥서에 수감되어 있는 죄수를 의미하는 것으로 볼 수도 있다.

앞에서 이미 언급했지만 「황성신문」의 기사 중에 한성감옥서의 미결수를 재판 및 관할 기관별로 분류한 기사에서도 알 수 있듯이 미결수들은 수감되어 있으면서 평리원, 법부, 경무청, 한성재판소 등에서 재판을 받거나 조사를 받고 있는 중이었다.[31] 따라서 평리원에서 지칭한 '본원재수'는 한성감옥서에 수감되어 평리원에서 재판을 받고 있는 미결수를 의미하는 것으로 보는 것이 타당할 것이다.

결국 국사범으로 수감된 사람들은 평리원에서 재판 중이거나, 재판 예정인 미결수로 한성감옥서에 수감되어 있었고, 그중에 이승만처럼 태형 100대와 종신형을 선고받아서 기결수로 복역하는 사람도 있었다는 것을 알 수 있다.

최기영, "한말 李儁의 정치·계몽활동과 민족운동," 457, 각주 55.

31 "雜報-未决囚의 調査," 「皇城新聞」 1900년 2월 13일; "雜報-監獄未决囚," 「皇城新聞」 1900년 2월 21일; "雜報-未決囚調査," 「皇城新聞」 1901년 4월 27일.

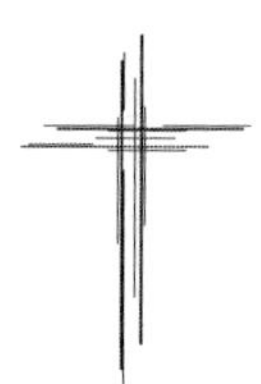

2. 감옥서 학교와 도서실

한성감옥서의 수감 시설 개선과 수감자에 대한 처우 개선은 일찍부터 제기된 문제였다. 한성감옥서가 옛 서소문옥 자리에 있을 때인 1896년 7월 7일에 내부대신 서리 신석희(申奭熙)가 법부대신 한규설(韓圭卨)에게 보낸 조복(照覆) 제34호에 의하면 옥사에 차양을 설치하는 문제를 다음과 같이 의논하고 있다.

> 貴 第三十五號 照會를 接ᄒᆞ온바 新設 監獄署에 遮陽이 無ᄒᆞ와 暑日이 暴照ᄒᆞ야 在囚ᄒᆞᆫ 人民이 難耐ᄒᆞᄂᆞᆫ 境에 至ᄒᆞ니 遮陽를 造成ᄒᆞ야 衛生의 道에 合케ᄒᆞ믈 要ᄒᆞ신바 此를 査ᄒᆞ오니 在囚人의 情況이 一時 難耐ᄒᆞᆯ깃기 監獄署에 이믜 申飭ᄒᆞ야 遮陽를 不日 造成케 ᄒᆞ왓기 玆에 照覆ᄒᆞ오니 照亮ᄒᆞ시믈 望홈.[32]

이 조복에서는 법부에서 보낸 제35호 조회(照會)를 받아보니, 새로 설치한 감옥서에 차양이 없어서 뜨거운 햇빛으로 인해 수감되

32 "照覆 第三十四號,"『司法照牒』 제3책, 1896(건양 1)년 7월 7일.

어 있는 죄수들이 견디기 어려운 지경이 되었으므로 차양을 제작하여 위생의 도리에 합당하게 하기 바란다는 내용이어서 이에 대하여 살펴보니, 수감자의 상황이 견디기 어려울 것 같아서 감옥서에 이미 명령을 내려 차양을 수일 내에 제작하게 하였다고 밝히고 있다. 그리고 1896년 12월 24일자 「독립신문」에서도 감옥서의 상황에 대해서 다음과 같이 언급하고 있다.

> 거쳐ᄂᆞᆫ 넓은 공히를 네간으로 ᄒᆞᆫ간을 만드러 죠희로 바르지 안코 막힌 간이 ᄯᅩᄒᆞᆫ 그러ᄒᆞᆷ미 바람이 드러오며 찬 긔운이 어리이고 쳥우희 다만 돗 자리만 펴고 셔편 벽에 살챵이 잇서 바른 죠희가 ᄯᅮᆯ니고 ᄶᅵ어진 고로 그 연고를 물은즉 더러운 내암식가 시여 나가기를 위홈이라 ᄒᆞ며 죄인의 음식은 ᄣᆡ가 밋지 못ᄒᆞ야 자셰 슯피지 못ᄒᆞ고 닙은 옷슨 예산에 비교ᄒᆞ면 샹당ᄒᆞᆫ듯 ᄒᆞ고 여러 죄인의 병과 고싱은 다 그 형샹을 말ᄒᆞ니 엇지 골ᄋᆞᄃᆡ 불샹치 안타 ᄒᆞ리오.[33]

이 기사의 내용은 내부(內部)의 지방국장 김중환이 감옥서의 상황을 살펴보고 내부대신에게 보고한 것인데, 계절이 겨울인데도 옥사는 마룻바닥에 돗자리만 편 상황이었고, 벽은 종이를 모두 바르지 않아서 바람이 들어오며 찬 기운이 어려 있는 상태였다. 그나마 죄수들이 입은 옷은 양호한 편이라고 보고하고 있으며, 환자들의 상태를 살핀 것을 보고하고 있다.

---

33 "잡보," 「독립신문」 1896년 12월 24일.

이렇게 한성감옥서의 시설 상태는 개선해야 할 부분이 많이 있었던 것으로 보인다. 이런 상황에서 1900년 2월 12일에 한성감옥서의 서장으로 김영선(金英善)이 임명되면서 여러 면에서 변화를 맞이하게 되었다. 김영선은 1899년 10월 27일에 판임관 6등 정3품 감옥서 간수장에 임명되어[34] 재임하다가 1900년 2월 12일에 김주경(金周卿) 서장의 후임으로 감옥서장에 임명되었다.[35] 그가 감옥서장이 된 이후로 감옥서의 상태가 개선된 것에 대해서 1900년 5월 22일자 「황성신문」에서는 "監獄署長 金英善氏가 察職 以來로 罪囚의 監守 保護와 房間의 衛生 等節을 務遵 章程홈이 罪囚 間에 感服ᄒᆞᄂᆞᆫ 情이 多ᄒᆞ다더라."[36]고 보도하고 있다. 이 기사는 김영선이 감옥서장이 된 이후로 수감자에 대한 처우가 개선되고 옥사의 위생 상태도 나아져서 수감자들이 감동한다는 내용을 알려주고 있다.

1) 학교의 개설과 운영

김영선은 수감자들을 위해서 감옥서 안에 학교와 서적실도 설치했다. 학교는 1902년 10월에 개설하였고, 서적실은 1903년 1월에 개설하였다. 학교의 개설은 이승만이 김영선에게 건의하여 이뤄진

---

34 "敍任及辭令,"「官報」 제1405호(1899년 10월 30일), 50.

35 "通牒 第二十八號,"『內部來文』 제13책, 1900(광무 4)년 2월 12일 ; "通牒 第三十三號,"『內部來文』 제13책, 1900(광무 4)년 2월 21일.

36 "雜報-金署長의 遵章,"「皇城新聞」 1900년 5월 22일.

것이다. 이승만이 김영선에게 보낸 "감옥서장에게 부치는 글(寄本署長書)"에 보면 다음과 같은 내용이 있다.

> 바라건대 각하께서는 이러한 정황을 가엽게 여기시고, 겸하여 학교를 세워 학문을 권장하는 훌륭한 뜻을 본받으십시오. 특별히 한 칸의 방을 허락하시어 학문에 뜻을 둔 사람들을 골라서 한 곳에 모아 수업을 받게 하고, 아울러 등에 불을 켜는 것을 허락하여 주십시오. 필요한 화구(火具)는 모두 자력으로 준비하고 주야로 권면하여 절차(切磋)의 보람을 구할 수 있을 것이며, 겸하여 심심풀이로 하는 방편으로도 삼고 또한 책을 번역하고 물건을 만들어 비용을 충당하겠습니다. 그렇게 되면 후일 감사하다는 말씀은 모두 각하께서 내려주신 것이 될 것입니다.[37]

김영선은 이승만의 건의를 받아들여 간수장 박진영(朴鎭英),[38] 이중진(李重鎭)[39]과 함께 학교를 개설했다. 이승만은 「신학월보」 1903년 5월호에 게재한 "옥중전도"에서 학교의 개설과 운영에 대해서 이렇게 기록하고 있다.

---

37 「국역 옥중잡기」, 유영익, 『젊은 날의 이승만: 한성감옥생활(1899-1904)과 옥중잡기 연구』, 276-277.

38 박진영은 1902년 5월 22일에 한성감옥서 간수장에 임명되었다."彙報-官廳事項," 「官報」 제2209호(1902년 5월 26일), 66.

39 이중진은 1902년 3월 31일에 한성감옥서 간수장에 임명되었다. "彙報-官廳事項," 「官報」 제2165호(1902년 4월 4일), 7.

다행히 본 서장 김영선씨와 간수장 리중진 박진영 량씨가 도임한 이후로 옥정도 차차 변하여 진보한 거시 만커니와 총명한 아해들을 교육할 일로 종종 의론하다가 작년 음력 구월에 비로소 각간에 잇는 아해 수십여 명을 불너내어 한 간을 치우고 가갸거겨를 써서 닑히니 혹 웃기도하고 혹 흉도보고 혹 책망하는 자도 잇는지라 됴흔 일에 의례히 이러한 줄을 아는 고로 여일이 일심하여 지금 반년이 못 되엿는대 국문은 다 잘보고 잘 쓰며 동국력사와 명심보감을 배화 글시 쓰기와 뜻 알기에 어려서붓터 배혼 아해들만 못하지 아니하며 영어와 일어를 각기 자원대로 가라처 성취함이 가장 속히 되엿스매 외국교사가 시험하여 보고 대단 칭찬하엿스며 산학은 가감승제를 매우 잘하며 디도와 각국에 유명한 일과 착한 행실을 듯고 감화한 표적은 여러 가진대 다 말할 수 업스며 신약을 여일히 공부하야 조석 긔도를 뎌의 입으로 하며 찬미가 사오가지는 매오 들을만하게 하며 언어와 행동이 통히 변하야 새사람 된 자 여러히매 어린 마음이 장래에 엇더케 변할넌지는 알수 업스나 지금 밋을 만한 사람은 이중 몃 아해만 한 사람이 만치 못한지라 배호기를 원하는 어룬이 여러힌고로 한 간을 또 치우고 좌우를 분하야 영어와 디지와 문법을 공부하야 성취함이 대단 속하니 이는 다 전에 한문과 외국 언어에 연숙한 선배들이라 그 공효의 속함을 리상히 넉일 바 아니라 이 어룬의 방은 신흥우씨가 거하여 가라치며 아해들의 방은 양의종씨가 거하야 가라치는대 공부 여가에는 성경 말삼과 올흔 도리로 주야 권면하며 나는 매일 한시를 분하야 두 군대를 가라치매 관계되는 일이 불소하야

> 자연히 분주하나 성취되여 가는 거시 자미로어 괴로온 줄을 깨닷지 못할너라 매 토요일은 본 서장이 대청에서 친히 도강을 밧은 후에 우렬을 보아 조희로 상급을 주며 불하는 자는 절로 벌을 행하며 매주일은 정학하는대 벙거목사가 와서 공부한 거슬 문답도 하며 성경 말삼도 가라치시매 그 효험이 더옥 대단한지라 그동안 내외국 친구들의 연조한 것도 만흔 중 제물포 사시는 엇던 친구는 제국신문사로 성명 업시 편지를 하고 지폐 이원으로 보태여 아해들에 의복을 곳처 닙히니 참 감동할만한 일이라.[40]

당시 한성감옥서에 수감되어 있던 성락준(成樂駿)[41]이 1902년 음력 10월 중순에 쓴 "한성감옥서 학당의 내력([成樂駿]本署學堂序)"에서도 학교의 개설과 운영에 대하여 다음과 같이 기록하고 있다.

> 어느 날 [김영선씨는] 좌우의 동료 관원들인 박진영(朴鎭英), 이중진(李重鎭)씨와 함께 많은 의연금을 내어 학당을 설립할 계획을 확정하였다. 이에 굴속 같은 집을 청소하여 붉은 강장(絳帳)을 치고, 질곡(桎梏)을 풀어 연참(硯塹)에 나가게 하였다. 교과용 도서는 국한문 이외에도 서양 여러 나라의 역사에서 나라를 이롭게 하고 백성을 편하게 할 수 있는 책과 천문, 지리, 의방(醫方), 산학(算學)

---

40 이승만, "옥중전도," 「신학월보」 제3권 제5호(1903. 5), 185-186.

41 성락준은 1901년 5월 11일에 만인계(萬人稧) 인허장(認許狀)을 위조한 혐의로 평리원에서 태(笞) 100대와 종신징역형을 선고 받고 복역하다가 1902년 12월 30일에 감형되어 석방되었다. "質稟書 第十號," 『司法稟報(乙)』 제29책, 1901(광무 5)년 5월 11일 ; "彙報-司法," 「官報」 제2409호(1903년 1월 14일), 25.

> 등 세상에 행해질 수 있는 것들을 택하였다. 게다가 당대의 복사(腹笥)인 이추관(李樞管)이 그들의 스승이 되었으니 무엇인들 미치지 못하겠는가? [교수방법은] 1주일에 한 번 면강(面講)하는 방식을 택하였고, 상벌의 규약이나 먹고 마실 물건이나 종이와 필기구의 비용 등은 모두 관에서 지급하였다.[42]

이승만과 함께 한성감옥서에 수감되어 있던 신흥우의 아버지인 신면휴(申冕休)가 쓴 "옥중개학전말(獄中開學顚末)"에도 학교의 개설과 운영에 대한 기록이 있다.

> 본 監獄署長인 金英善씨가 그들이 배움에 힘쓰는 것을 가상하게 여겨서 특별히 撫恤을 베풀었으니 … 동료 관리끼리 의논을 거듭 끝에 옥중에서 학교를 세우게 하고 교사를 골라서 개과천선하는 방도를 가르치기로 작정하고 그네들이 자기 봉급에 얼마씩을 떼어서 돈을 모아 課程을 짜고 序文과 자세한 기록을 남겼으니 … 옥중에다 학교를 세운다는 것은 그때 처음으로 생각해 낸 일이며, 특별히 署長 영감이 사사로이 하는 일이지 公的으로 하는 일은 아니었다. 다행히 聖時를 만나서 文으로써 治世하게 되어 城內·城外에는 공·사립학교가 수백으로 셀 수 없게 되니 양반 자식이나 노비 자식의 구별이 없이 다 배움에 들어가게 되는 터이라. 聖化가 여기까지 미치고 감옥서장이 학교를 세워서 죄수들로 하여

42 「국역 옥중잡기」, 유영익, 『젊은 날의 이승만: 한성감옥생활(1899-1904)과 옥중잡기 연구』, 279.

금 다 배우는 도리를 알게 되었다. 죄수 중에는 李南山, 金德成이라는 자가 있었는데, 죄를 짓고 징역살이를 하는 罪名을 부끄러이 여겨서 이름과 성을 바꾸어 쓰고 있었다. 그런데 감옥 안의 학교에 입학한 지 얼마 안 되어서 자기 죄를 뉘우쳐 깨닫고 한성재판소에다 그 본 이름을 대기도 하였으니, 교화가 그만큼 미치게 되었던 것이다. 며칠 전에는 외국 사람들이 옥중에 학교가 설립되었다는 소문을 듣고 기뻐하면서 西洋 開明한 나라에도 그러한 일이 없다고 하면서 서적과 식품을 많이 가지고 들어가서 여러 학생들을 모아놓고 일장 연설을 하고, 극구 찬양도 하고 갔으니, 이 일은 또한 해외 여러 나라에까지 자랑거리가 되었던 것이다.[43]

1903년 1월 19일「황성신문」기사에서도 감옥서 학교의 운영에 대해서 다음과 같이 보도하고 있다.

監獄署長 金永善氏가 人民의 教育이 無ᄒᆞ야 近日에 犯科 處役ᄒᆞᆫ 者 甚多홈을 慨歎ᄒᆞ야 月前븟터 監獄署 內에 學校를 設立ᄒᆞ고 罪囚를 教育ᄒᆞᄂᆞᆫᄃᆡ 教師ᄂᆞᆫ 李承晩 梁義宗氏오 教課書ᄂᆞᆫ 改過遷善ᄒᆞᆯ 冊子오 英語 筭術 地誌 等書로 熱心 教導ᄒᆞᄂᆞᆫ 故로 英人 房巨氏가 每日 一次式 來ᄒᆞ야 教課를 贊務ᄒᆞ고 書冊을 多數 購給홈으로 竊盜罪로 處役ᄒᆞᆫ 兒 二名이 受學ᄒᆞᆫ 지 數朔에 悔過ᄒᆞ야 漢城

43 "獄中開學顚末"은 신면휴가 쓴「잠훈편등(箴訓編謄)」의 일부로 전택부가 발굴하여 번역, 소개하였다. "獄中開學顚末"의 한글 번역문과 한자 원문은 전택부,『人間 申興雨』(서울: 대한기독교서회, 1971), 60-62, 401에 수록되어 있다.

府에 請願ᄒᆞ되 處役 時에 他人이 知ᄒᆞᆯ가 ᄒᆞ야 姓名을 變易ᄒᆞ얏더니 今來 思量ᄒᆞᆫ 則 悔之莫及이라 役丁簿에 本姓名으로 還錄ᄒᆞ라 ᄒᆞ얏더라.[44]

이승만, 성락준, 신면휴의 글과 「황성신문」 기사를 종합해서 학교의 개설과 운영에 대한 내용을 파악해 보면 다음 [표 4]와 같다.

[표 4] 감옥서 학교의 개설과 운영 상태

개설일	1903년 10월(음력 9월)				
개설자	서장 김영선, 간수장 박진영, 이중진				
운영비	감옥서 운영비 중 일부 지원, 서장과 간수장 등 직원들의 의연금, 내외국인 및 선교사의 후원금				
교과 운영	도강(都講)	총괄	아동반	어른반	주일반
	김영선	이승만	양의종	신흥우	벙커
	매주 토요일에 본관 대청에서 암기 시험을 보고 점수에 따라 상벌을 줌	하루에 한 번씩 어린이반과 어른반에서 강의	교과목: 한글, 동국역사(東國歷史), 명심보감(明心寶鑑), 영어, 일어, 산수, 지리, 각국 역사, 성경(신약), 찬송가 등	교과목: 영어, 지리, 문법, 천문, 의방(醫方) 등	성경, 학습문답

감옥서 학교의 개설과 운영에 대해서는 수감자들의 호응도 좋았을 뿐만 아니라, 외부적으로도 알려져서 선교사들의 호평과 후원, 일반 독지가들의 후원도 이어졌음을 알 수 있다. 또한 절도죄로 수

44 "雜報-獄囚敎育," 「皇城新聞」 1903년 1월 19일.

감되어 있던 이남산과 김덕성은 수감될 당시에는 다른 사람들에게 알려지는 것을 꺼려서 가명을 사용했는데, 감옥서 학교에서 공부하는 중에 죄를 뉘우치고 징역인 명부(役丁簿)에 본명으로 기록해 줄 것을 한성재판소에 청원하는 사례도 있었음을 알 수 있다.

2) 서적실 개설과 운영

학교에 이어서 1903년 1월에는 서적실도 개설되었다. 서적실이 개설된 내력에 대해서 이승만은 "옥중전도"에서 다음과 같이 기록하고 있다.

> 서적실을 설시하야 죄수들로 하여금 임의로 책을 엇어보게 하려하매 성서공회에서 깃거히 찬조하야 지폐 오십 원을 위한하고 보조하기를 허락하매 사백 양 돈을 들여 칙장을 만들고 각처에 청구하야 서칙을 수합하매 지어 일본과 상해에 외국교사들이 듯고 서칙을 연조한 자-무수한지라 영서 한문 국문의 모든 서책이 방금 잇는 거시 이백 오십여 권인대 처음 십오일 동안에 칙본 사람이 통히 이백 육십 팔인이오 지난달은 일삭 동안에 통히 이백 사십 구인이라 뎐문 산학 경제 등 모든 정치상 관계되는 칙이 더 잇스면 보는 사람이 더욱 만흘터인대 방장 구하여 오는 칙이 쏘한 불소하다 하는지라 국민의 유조할 일이 업슬 듯하도다.[45]

45 이승만, "옥중전도," 188.

이승만이 「신학월보」 1903년 5월호에 게재된 "옥중전도"를 쓴 시기는 1903년 3월 8월인데,[46] 이 글에서 서적실 대출자의 수를 말하면서 처음 십오 일 동안에는 268명, 지난달(2월)은 한 달 동안에 249명이라고 한 것으로 봐서 서적실의 정확한 개설 시기는 1903년 1월 중순임을 알 수 있고, 서적실의 도서 대출장부가 1903년 1월 17일부터 작성된 것으로 봐서 이날을 전후하여 개설된 것으로 보인다.

서적실을 개설하는 일에는 성서공회가 오십 원을 찬조하였고, 일본과 상해의 선교사들은 서적을 보내서 도움을 주었다. 개설 당시의 장서는 265권이었는데, 계속 늘어나서 1904년 8월 말에는 한글 서적 52종 165권, 한문 서적 223종 338권, 영문 서적 20종 20권으로 전체 294종 523권을 소장하게 되었다.[47] 한글 서적은 『ᄉ민필지』, 『긔국오백ᄉ년팔월ᄉ변보고서』, 『국문독본』, 『초학언문』, 『심산초학』, 『산슐신편』, 『라병론』 등의 지리서 및 역사서와 교과서를 제외하면 기독교 서적들이 대부분이었다. 한문 서적은 약 70권 정도의 일반서적을 제외하고는 대부분 기독교 서적이었다.[48] 한문 일반서적은 『만국통사(萬國通史)』, 『태서신사람요(泰西新史攬要)』, 『중동전기본말(中東戰紀本末)』, 『인도사람요(印度史攬要)』, 『아국정속통고(俄國政俗通考)』, 『지구일백명인전(地球一百名人傳)』 등과 같은 역사서와 전기(傳記)류, 『만국통감(萬國通鑑) 부(附) 만국지도(萬國地圖)』, 『천하오주각대국

---

46 이승만, "옥중전도," 189.

47 유영익, 『젊은 날의 이승만: 한성감옥생활(1899-1904)과 옥중잡기 연구』, 86.

48 유영익, 『젊은 날의 이승만: 한성감옥생활(1899-1904)과 옥중잡기 연구』, 87.

지요(天下五洲各大國地要)』, 『열국지설(列國地說)』 등의 세계지리서, 『공법편람(公法便覽)』, 『만국공법요략(萬國公法要略)』 등의 국제법 서적, 『자서조동(自西徂東)』, 『중국변신책(中國變新策)』, 『중서사대정(中西四大政)』, 『광학흥국설(廣學興國說)』, 『시사신론(時事新論)』, 『대동학(大同學)』, 『부국진리(富國眞理)』, 『중국탁지고(中國度支考)』, 『신정책(新政策)』 등 중국의 제도개혁 관련서적 등이 소장되어 있었다.[49] 영문 서적은 *The New Testament, Introductory English, Closer Walk, English Grammar and Composition, The Two Servants* 등의 서적이 있었다.[50]

서적실에는 운영을 담당하는 관리가 있었는데, 1903년 1월부터 1904년 5월까지는 정위(正尉)인 유경근(柳京根)이 관리자였고, 6월 이후에는 주사(主事) 송○○가 관리자였다. 이승만을 비롯한 수감자들은 서적 대출과 회수 업무를 담당했는데, 매일 2-7명이 이 업무를 담당했다.[51]

서적실에서 책을 대출한 사람들은 간수장을 비롯한 감옥서 관리들과 수감자들 뿐 만 아니라 평리원의 관리, 감옥서 순검의 자녀와 친척, 배재학당의 학생 등 감옥서 밖의 사람들도 있었다. 1903년 1월부터 1904년 8월까지 작성한 서적실 도서대출장부에 근거해서[52]

49 유영익, 『젊은 날의 이승만: 한성감옥생활(1899-1904)과 옥중잡기 연구』, 88-92.

50 유춘동, "한성감옥서(漢城監獄署)의 <옥중도서대출부(獄中圖書貸出簿)>연구," 121 ; 유영익, 『젊은 날의 이승만: 한성감옥생활(1899-1904)과 옥중잡기 연구』, 66-67.

51 유춘동, "한성감옥서(漢城監獄署)의 <옥중도서출부(獄中圖書貸出簿)>연구," 114.

52 현존하는 도서대출장부는 1903년 1월 17일부터 1904년 8월 31일까지 작성한 것으로 전체 74장의 필사본으로 되어 있으며, 처음 작성자는 이승만으로 추정되지만 후에는 서적실 운영자들이 함께 작성한 것으로 보인다. 유춘동, "한성감옥서(漢城監獄署)의 <옥중도서대출부(獄中圖書貸出簿)>연구," 108.

도서 대출 경향을 살펴보면 다음 [표 5]와 같다.

[표 5] 서적실 도서 대출 경향과 인기 서적[53]

연도	월별	장서의 구분		인기 서적 목록	
		한글	한문	한글	한문
광무(光武) 7년 (1903)	1월	165	108	국문독본, 텬로력뎡, 샛별전, 신약젼셔, 찬미가	天地奇異志, 牖蒙千字, 九九新論, 孝敬父母, 中西四大政, 經學不厭精
	2월	131	118	ᄉᆞ민필지, 신약젼셔, 국문독본, 텬로력뎡, 샛별전, 초학언문	廣學類編, 印度史攬要, 俄國政俗通考, 牖蒙千字
	3월	74	63	그리스도신문, 신약젼셔, 신학월보, 초학언문, 국문독본	牖蒙千字, 俄國政俗通考, 新政策, 經學不厭精, 廣學類編
	4월	28	88	그리스도신문, 국문독본, 텬로력뎡, 신약젼셔	格物探原, 自歷明證, 廣學類編
	5월	46	98	그리스도신문, 샛별전, 장원량우상론, 신약젼셔	經學不厭精, 萬國通史, 泰西新史攬要, 泰西十八周史攬要
	6월	46	25	신약젼셔, 그리스도신문, 조션형님께 드리노라	泰西新史攬要, 中東戰記本末, 萬國通史
	7월	22	36	그리스도신문, ᄀᆡ국오백ᄉᆞ년팔월ᄉᆞ변보고셔, 샛별전, 신약젼서	萬國通史, 中東戰記本末, 泰西新史攬要, 俄國政俗通考
	8월	19	36	신약젼셔, 그리스도신문, 신학월보, 을미사변보고서	中東戰記本末, 中國變新策

53 유춘동, "한성감옥서(漢城監獄署)의 <옥중도서출부(獄中圖書貸出簿)>연구," 120-121에 수록되어 있는 "<표 4> 대출책의 경향과 인기순"을 인용했는데, 책 이름을 일부 수정했다.

연도	월별	장서의 구분		인기 서적 목록	
		한글	한문	한글	한문
광무(光武) 7년 (1903)	9월	8	8	국문독본	泰西新史攬要, 中東戰記本末
	10월	38	10	텬로력뎡, 신학월보, 장원량우상론, 그리스도신문, 신약젼셔	新約全書, 天地奇異志
	11월	23	32	신약젼셔, 텬로력뎡, 국문독본	泰西新史攬要, 中東戰記本末
	12월	20	76	신약젼셔, 국문독본, ᄉᆞ민필지	新約全書, 泰西新史攬要, 中東戰記本末, 經學不厭精
광무(光武) 8년 (1904)	1월	21	68	신약젼셔, 국문독본	救世敎益, 救主行述, 格物探原
	2월	21	48	신약젼셔, 초학언문	格物探原, 性海淵原, 新約全書
	3월	26	67	신약젼셔, 텬로력뎡, ᄉᆞ민필지, 국문독본	德慧入門, 時事新論, 舊約全書, 新約全書
	4월	72	94	텬로력뎡, 인가귀도, 국문독본, ᄀᆡ국오백ᄉᆞ년팔월ᄉᆞ변 보고셔, 방탕한 ᄌᆞ식이 아비게로 도라온 것, 요한복음젼	牖蒙千字, 時事新論, 天地奇異志, 自西徂東
	5월	74	73	찬미가, 국문독본, 신학월보, 텬로력뎡, 그리스도신문	聖會史記, 泰西新史攬要, 新政策, 救世敎益
	6월	46	22	그리스도신문, 텬로력뎡, 신학월보	敎士列傳, 廣學類編, 政治書
	7월	15	38	신약전셔, 국문독본, 장원량우상론	牖蒙千字, 自西徂東, 新約全書
	8월	32	33	신약전셔, 천로역정, 찬미가, 국문독본	救世敎益, 新約全書, 萬國通監

한글 책 중에는 『국문독본』, 『초학언문』, 『ᄉᆞ민필지』 등의 책과 『신약젼서』, 『찬미가』, 『텬로력뎡』, 『샛별전』, 『장원량우상론』 등과 같은 기독교 서적을 많이 대출해서 읽었던 것으로 파악된다. 또한 「그리스도신문」이나 「신학월보」를 대출하는 사람들도 많았음을 알 수 있다.

한문 서적은 게일이 1901년에 출판한 『유몽천자(牖蒙千字)』와 같은 교과서를 포함하여 『태서신사람요(泰西新史攬要)』, 『중동전기본말(中東戰記本末)』, 『만국통사(萬國通監)』 등의 역사서, 그리고 『신약전서(新約全書)』 등을 많이 대출해서 읽었음을 알 수 있다.

한성감옥서 안에 개설된 학교와 서적실은 수감자들에 대한 교정(矯正)의 효과 뿐 아니라 서양 문물과 사상을 접하는 통로가 되었다. 나아가 수감자들이 기독교 신앙을 갖게 되는 중요한 통로의 역할도 했다.

> 하나님의 거룩하신 뜻스로 세상 죄인들을 감화식히는 교가 아니면 불소한 재정으로 서적실을 졸디에 설시하엿슬 수 업섯슬지라 이거시 나의 입은바 하나님의 은혜를 감사함이니 이 깨달음과 감사함으로 여일히 힘쓰면 오날 심으는 계자씨에서 가지가 생겨 공중에 나는 새가 깃들이게 될 줄을 밋겟나이다.[54]

이승만의 이와 같은 말 속에서도 서적실을 통한 기독교 전도(傳

---

54 이승만, "옥중전도," 189.

道)의 열의를 확인할 수 있다. 특히 김정식, 유성준, 이상재, 이원긍, 홍재기 등은 서적실의 책들을 탐독하면서 자신들의 정치 개혁 사상을 심화시키는 한편 기독교를 자신들의 신앙으로 받아들이는 결정을 하기에 이르렀다.

3장 · 옥중 생활: 복당(福堂)의 시간

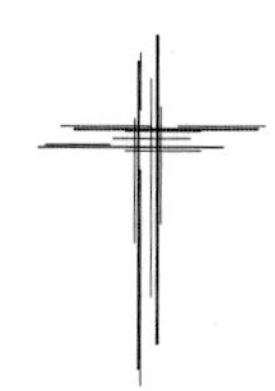

1. 신앙 체험과 기독교 입교(入教)

김정식, 이상재, 이승만이 1903년 1월부터 1904년 6월까지 서적실에서 대출해서 읽은 책들을 살펴보면 다음 [표 6]과 같다.

[표 6] 김정식·이상재·이승만의 대출 서적 목록[1]

시기	김정식	이상재	이승만
1903년 1월	牖蒙千字		德慧入門, 近代教師列傳, 西方歸道, 張袁兩又相論, 廟祝問答, 三要錄, 天地奇異志, 九九新論, The Boatman's Daughter
2월	印度史攬要, 天地奇異志, 新約全書, 신약젼셔, 국문독본	米克列夫紀略, 聖經問答, 英興記, 經學不厭精, 九九新論, 教化階梯洐義	Stories by A.L.O.E, The Closer Walk, Love Thy Neighbor as Thyself, The Two Serbants, 興華新義

1 이 표는 서정민, "구한말 이승만의 활동과 기독교," 14 ; 유영익, 『젊은 날의 이승만: 한성감옥 생활(1899-1904)과 옥중잡기 연구』, 66-68 ; 이덕주, "이승만의 기독교 신앙과 국가건설론: 기독교 개종 후 종교활동을 중심으로(1899-1913)," 53 ; 이덕주, "김정식: 경무관 출신 평신도 전도자," 『새로 쓴 한국 그리스도인들의 개종이야기』, 154 ; 이덕주, "이상재: 성경에서 부국강병책을 찾은 민족운동가," 『새로 쓴 한국 그리스도인들의 개종이야기』, 202 등에 수록된 표를 인용하여 재구성한 것이다.

시기	김정식	이상재	이승만
3월		經學不厭精	그리스도신문, 신학월보
4월	텬로력뎡, 敎士列傳, 耶蘇聖敎入華, 그리스도신문	列國變通興盛記, 聖經要道, 古敎彙參	그리스도신문, 耶蘇實蹟, 路得改敎記略, 古敎彙參, 醒華博義
5월	敎士列傳	大同學, 格物探原, 路得改敎記略, 維廉振興荷蘭記, 正學啓蒙	그리스도신문, 신학월보, 地球一百名人傳
6월	신학월보, 基督實錄 그리스도신문, 신약젼셔	性學擧隅, 古敎彙參, 安仁車, 經學不厭精, 新約全書	그리스도신문
7월	그리스도신문, 舊新約全書, 敎士列傳	基督實錄	그리스도신문, 萬國公報
8월	신학월보, 신약젼셔, 그리스도신문	신학월보, 天論詩, 格物探原	그리스도신문
9월	국문독본, 텬로력정	新約全書, 泰西新史攬要, 中東戰記本末	
10월	신학월보, 신약젼셔	印度史攬要, 新約全書	그리스도신문, 신학월보
11월			舊新約全書
12월	新約全書, 耶蘇山上垂訓, 天國振興記, 신약젼셔, 十戒註解, 譬喩要旨, 城徨九神編, 性理探原, 耶蘇教要旨, 眞道辯正, 耶蘇敎要理問答, 語不肯求, 鄕訓, 敎會政治, 望問耶蘇, 眞理易知, 主禱文註釋, 救靈先路, 德慧入門, 安仁車, 국문독본		舊新約全書
1904년 1월	聖敎功效論略, 西方歸道, 敎化階梯衍義, 大同學, 太平洋島受通記, 新約全書, 自歷明證, 廣學類編, 신약젼셔, 그리스도신문	萬國通監	舊新約全書

시기	김정식	이상재	이승만
2월	新約釋義, 新約全書, 국문독본	基督實錄	舊新約全書
3월	신약젼셔		
5월			찬미가
6월			신학월보

대체로 세 사람 모두 한글 서적보다는 한문 서적을 많이 대출했는데, 이것은 내용의 이해나 지적 욕구를 충족시키는 면에 있어서 자신들에게 익숙한 한문 서적을 애용했음을 알 수 있다. 또한 이승만은 영문 서적도 많이 대출해서 읽었다. 그리고 성경이나 그리스도 신문, 신학월보 등과 같이 여러 번 대출한 책도 있다.

김정식은 60회 정도 책을 대출해서 읽었는데, 그중 1903년 12월과 1904년 1월에는 31회에 걸쳐 30권의 책을 집중적으로 읽었다. 두 달 동안 읽은 30권 중에는 신약성서를 포함한 기독교 서적이 많이 있어서 이 시기에 기독교에 대한 탐구에 심취했음을 알 수 있다. 이상재는 31회 정도 책을 대출했는데, 『태서신사람요(泰西新史攬要)』, 『중동전기본말(中東戰記本末)』, 『인도사람요(印度史攬要)』 등의 역사서와 『경학불염정(經學不厭精)』과 같이 서구적 관점에서 유교 경전을 분석한 책도 읽었다. 그리고 기독교 관련 서적은 10여 권 정도 대출해서 읽었고 신약전서는 여러 번 대출해서 탐독했음을 알 수 있다. 이승만은 23권 정도의 책을 대출해서 읽었는데, 그중에는 여러 번 대출한 책도 있으며, 그리스도 신문과 신학월보도 꾸준히 읽었다. 1903

년 11월부터 1904년 2월까지는 신구약성서를 집중적으로 읽었다. 결국 세 사람의 도서 대출 경향이 그들의 기독교 입교와 밀접한 관련이 있음을 알 수 있다.

이들 외에도 유성준은 1903년 1월부터 1904년 4월까지 94회에 걸쳐 80여권의 책을 대출해서 읽었다. 초기에는 『천지기이지(天地奇異志)』, 『영흥기(英興記)』, 『구구신론(九九新論)』, 『인도사람요(印度史攬要)』, 『아국정속통고(俄國政俗通考)』, 『지구일백명인전(地球一百名人傳)』, 『자서조동(自西徂東)』, 『태서신사람요(泰西新史攬要)』, 『태서십팔주사람요(泰西十八周史攬要)』, 『중동전기본말(中東戰記本末)』 등과 같은 정치, 역사 서적을 많이 읽었는데, 1903년 3월부터는 『덕혜입문(德慧入門)』, 『수망책언(守望責言)』, 『격물탐원(格物探原)』, 한문 『신약전서(新約全書)』, 한글 『신약젼셔』, 「그리스도신문」, 「서회월보(書會月報)」 등과 같은 기독교 서적들을 읽기 시작했다. 시간이 지날수록 『텬로력뎡』, 『기독본기(基督本紀)』, 『이약석의총서(二約釋義叢書)』, 『기독실록(基督實錄)』, 『구주행술(救主行述)』, 『구세교익(救世教益)』, 『성교공효논략(聖教功效論略)』, 『성경류서(聖經類書)』, 『정도계몽(正道啓蒙)』, 『안인거(安仁車)』, 『구세교성전유교(救世教成全儒教)』, 『성사탐원(聖史探源)』 등 기독교 서적을 많이 읽었다. 특히 신약전서는 13회나 대출해서 통독하기도 했다.[2]

안국선은[3] 1904년 1월에 『텬로력뎡』을 대출한 이후로 1905년 3

---

2 이덕주, "유성준: 개화기 양반 출신 기독교 정치인," 『새로 쓴 한국 그리스도인들의 개종이야기』, 139-140.

3 한성감옥서 수감 당시 안국선의 이름은 안명선(安明善)이었으며 1907년 4월에 국선(國善)으로 이름을 바꿨다. "廣告," 「皇城新聞」 1907년 4월 10일 ; "廣告," 「大韓每日申報(대한미일신보)」 1907년 4월 12일.

월까지 약 1년 2개월 동안 전체 27회에 걸쳐 책을 대출했다. 그는 『텬로력뎡』, 『흥화신의(興華新義)』, 『열국변통흥성기(列國變通興盛記)』, 『노득개교기략(路得改敎記略)』, 『중동전기본말(中東戰記本末)』, 『근대교사열전(近代教師列傳)』, 『신약젼서』, 『위렴진흥하란기략(威廉振興荷蘭紀略)』, 『주복담도(主僕談道)』, 『태평양전도록(太平洋傳道錄)』, 『시사신론(時事新論)』, 『구세교성전유교(救世教成全儒教)』, 「그리스도신문」 등을 대출해서 읽었다. 그중 『중동전기본말』은 8회 대출했으며, 기독교 서적도 많이 대출하여 읽었다. 특히 『신약젼서』는 4회에 걸쳐 57일간 대출해서 읽었다.[4]

옥중에서 기독교에 입교한 사람들 중에 입교 과정이나 신앙적인 체험을 기록으로 남긴 경우는 현재까지 김정식, 유성준, 이상재, 이승만, 이원긍, 홍재기 등의 글에서 확인할 수 있다. 이 기록들은 시간적으로 수감 중에 남긴 기록과 출감 이후 가까운 시기에 남긴 기록, 출감 후 상당한 시간이 흐른 후에 기록된 것 등으로 분류할 수 있으며, 당사자의 기록과 전언(傳言) 형태의 다른 사람의 기록 등이 있다. 특이하게 당시 사실소설(事實小說)이라는 형태로 소개된 사례도 있다.

이상재, 이원긍, 김정식, 홍재기 등은 수감 중에, 감옥서 서적실을 개설하는 데 도움을 준 성서공회에 편지를 보낸 적이 있다.[5] 이 편지에서 신앙 체험에 대한 언급들을 찾아볼 수 있다. 네 사람은 감옥

4 최기영, “한말 안국선의 기독교 수용,” 「한국기독교와 역사」 제5호(1996. 9), 33-34.

5 4명의 편지는 숭실대학교 한국기독교박물관 학예팀 편, 『共嘯散吟 월남 이상재 선생 옥사기록(獄舍記錄)』, 32-42에 수록되어 있다.

서에 개설된 학당과 서적실을 통해서 힘든 수감생활 중에 시름을 달래고 나아가 기독교 신앙을 갖게 되었다고 공통적으로 언급하고 있다.

먼저 이상재가 성서공회에 보낸 편지 중 신앙적인 변화에 대해서 언급하고 있는 부분은 다음과 같다.

> 옥사 가운데에 갑자기 오천년 동안 없던 학당을 설치했고, 또 정동성서공회에서 수백 종류의 신학문의 서적을 제공하여 국문과 한자로 된 책들을 차례로 갖추고 있어 비로소 눈을 붙여 울적함을 배제할 수 있었고, 계속하여 잠심(潛心)하여 탐구하기를 하루 이틀 하니 깊이 빠져듦이 물이 점점 젖어들 듯, 자기 마음을 스스로 묻고 자기의 죄를 스스로 인정하여 뚜렷이 어떤 사상과 이념을 깨달으니, 이전과 같지 않음이 다소 있었다. 그러니 이 감옥에서 해를 넘긴 뭇 사람들이 기약하지 않은 재앙이 아니라고 말할 수 없고, 학당의 설치와 새로운 서책이 들어오고, 이것들에 눈을 붙이고 탐구함의 경우 또한 기약하지 않은 기쁜 일이 아니라고 말할 수 없다. … 진실로 지극히 어질고 지극히 덕스럽고 지극히 전능하고 모든 것을 아는 유일하여 둘도 없는 하늘 아버지가 빚어내고 다듬어 녹여낸 것이 아니면 어찌 쉽게 이에 이르겠는가? 또한 자비로운 아버지가 그 아들을 독실히 사랑하여 옷을 입혀 춥지 않게 하고 먹이고 마시게 하여 배고픔과 목마름을 면하게 할 뿐 아니라 또한 반드시 그 허물 있음을 책망하여 허물이 없게 하니, 그 꾸짖음의 사랑이 옷을 입히고 먹이고 마시우게 하는

사랑보다 도리어 크다.[6]

이상재는 "자기 마음을 스스로 묻고 자기의 죄를 스스로 인정하여 뚜렷이 어떤 사상과 이념을 깨달으니, 이전과 같지 않음이 다소 있었다"고 하면서 신앙적인 변화가 있었음을 밝히고 이런 변화가 하늘 아버지(天父), 자비로운 아버지(慈父) 때문에 가능했음을 인정하고 있다.

이원긍의 편지에는 자신의 신앙 체험에 대한 직접적인 언급은 없지만, 자신이 죄수가 아니었다면 복음을 얻을 수 있는 길이 없었을 것이며 복음이 아니었다면 죄를 뉘우치는 마음이 없었을 것이라고 하여 자신이 감옥에서 기독교인이 된 것을 말하고 있다. 그리고 다른 사람들이 기독교의 복음을 받아들이지 않는 것에 대한 안타까움과 유학자로서 유학이 천도(天道)를 밝히는 데 있어서 기독교보다 미흡함을 언급하고 있다. 이원긍의 편지는 그가 옥중 입교에 대하여 언급한 유일한 기록이기도 하다.

> 감옥에 학교가 있는 것은 우리나라에서 처음 만들어낸 일이다. 구세교의 목사 방거씨가 이 소식을 듣고 즐거워하며 매번 주일날에 몸소 감옥에 와서 힘써 선한 길을 말하고 어리석은 선비와 곁에서 듣는 뭇 죄수들에게 가르치고, 또 성서공회가 낸 돈으로 신

---

6 숭실대학교 한국기독교박물관 학예팀 편, 『共嘯散吟 월남 이상재 선생 옥사기록(獄舍記錄)』, "與聖書公會書 月," 33-34.

학문 서적을 구입하여 학당에 장서로 비치하고 이를 죄수들이 보고 읽게 하였다. 세상을 권면하여 진리에로 돌아가게 하려 함이니 사람들에게 선을 행하게 하려는 그 수고로운 입과 염려하는 마음이 이와 같이 지극하구나! 이제 여러 죄수들을 대신하여 목사에게 감사하려 함이 옳은가? 그렇지 않다. 서양 교사들이 열심히 전도하는 것은 곧 예수의 뜻이다. … 만약 죄수가 아니었다면 복음을 얻을 수 있는 길이 없었을 것이요. 복음이 아니라면 죄를 뉘우치는 마음이 없었을 것이다. 나는 여기에서 속으로 느끼는 바가 있다. 슬프다! 우리나라 모든 사람들의 여러 가지 죄악을 저지름과 일체의 미혹과 속박에 갇혀 있음을 하늘에서 보면 감옥에 있는 죄수들과 다르지 않을 것이다. 상제께서 인애의 도로써 긍휼히 여기고 널리 구제하려 하시니 곧 복음의 기쁜 소식을 우리나라 사람들에게 전파하여 알린 것이 이미 여러 해가 되었는데, 아직도 아득하게 몽매하여 깨닫지 못하는 것은 다른 까닭이 없다. … 우리 유학의 천도를 밝힘은 서양 학자들의 명확함만 같지 못하고, 유교에서 헛된 글을 숭상함이 서교의 진실한 보편적 소망에 미치지 못한다.[7]

김정식은 존 번연(John Bunyan)의 『천로역정』(*The Pilgrim's Progress*, 1678)을 읽으면서 감동을 받은 후에 신약성서를 두세 번 읽는 중에

7 숭실대학교 한국기독교박물관 학예팀 편, 『共嘯散吟 월남 이상재 선생 옥사기록(獄舍記錄)』, "上同 知非齋 李源兢," 35-36.

기독교 신앙을 받아들인 것에 대해서 증언하고 있는데, 그는 예수 그리스도의 십자가의 죽음에 따른 속량과 중보를 인정하고 자신이 예전과 전혀 다르게 변했음을 말하고 있다.

> 이 무슨 행운인가! 상제께서 불쌍히 여기시어 정동 성서공회를 통해 신학문의 서적 수백 종류를 구입하여 도와주었으니, 상제의 뜻을 준행하여 뭇 죄수들을 부지런히 가르쳐서 선한 길로 이끌어 들이려는 것이다. 나 역시 갖추어 읽으며 소일하다가 『천로역정』 한 권의 책을 읽게 되었는데, 이는 200여 년 전 영국의 요한 번연이 12년 동안 옥중에서 저술한 것이다. … 요한 번연이 진리를 알고 믿으며 실천하고 지켰다는 것과 그가 상제의 참 종이요, 예수의 신도임을 알 수 있다. 요한 번연이 고통을 달게 여기고 화를 즐거워한다는 것의 의도가 어떤 것인지 알고자 하여 나는 『신약성서』를 두세 번 읽었는데, 비록 그 오묘한 뜻은 상세히 알지 못했지만 마음에 남몰래 느낀 바가 있었으니 이를 간략하게 말한다. … 또한 예수는 세상 사람들이 죄를 짓고 어떻게 해도 속량 받을 수 없음을 긍휼히 여겨 자신이 뭇사람을 대신하여 한 번 십자가에 죽음으로써 죽음의 권세를 없애고, 하늘과 사람 사이에서 중보자가 되었다. 세상 사람들이 만약 예수의 중보가 아니면 어찌 상제의 은총을 받기를 바라며, 받을 수 있겠는가? … 돌이켜 생각하니 자신의 마음이 어떻게 바뀔지 스스로 알지 못해도 사상은 전일과 조금 달라지니 『성경』에서 사람을 깨닫게 함이 이와 같다. 출옥하는 날 이 마음이 어떻게 바뀔지 모르지만 현재의 생각

은 옛날과 전혀 다르다는 것을 나는 스스로 인증한다.[8]

홍재기의 편지에서는 그가 성경과 다른 책들을 읽는 중에 심경의 변화가 있었음을 말하고 있다. 특히 성경을 수개월 동안 읽으면서 감동을 받은 것에 대해서 이렇게 기록하고 있다.

> 임인(1902)년 봄 갑자기 죄를 뒤집어쓰고 여러 달 포승줄에 묶여 감옥에서 보냈는데, 무슨 행운인가? 감옥을 관리하는 부서에서 옥에 학교를 세워 뭇 죄수들을 교육하였다. 성서공회에서 이를 듣고 즐거워하여 신구약 성경과 여러 사상가들의 교습책을 많이 가져와 배울 것을 권면하여 읽어볼 수 있게 되었는데, 여러 달 침잠하여 공부하니 뒤덮은 띠 풀이 홀연히 걷히듯 갑자기 생각이 일어나 본원을 탐구하여 끝없는 경지를 회복하니, 하루라도 이 책이 없으면 안 되고 하루라도 이 가르침이 없으면 안 되었다. 모든 말씀 말씀이 측은히 여기고 애달파하는 마음과 따뜻한 사랑이니 하늘이 비추는 곳에 빛이 없는 곳이 없다. 항시 경외의 마음을 지니고 선을 행하고 악을 범하지 않으니 대 주재이신 상제와 그리스도 예수께서 거울같이, 형체를 따라다니는 그림자같이 감찰하신다.[9]

---

8 숭실대학교 한국기독교박물관 학예팀 편, 『共嘯散吟 월남 이상재 선생 옥사기록(獄舍記錄)』, "上同 三醒 金貞植," 38-40.

9 숭실대학교 한국기독교박물관 학예팀 편, 『共嘯散吟 월남 이상재 선생 옥사기록(獄舍記錄)』, "上同 斗庭 洪在箕," 42.

편지에 나타나는 홍재기의 신앙적 체험은 급격한 감정적 변화를 동반하는 회심(悔心) 체험과는 차이가 있는 듯하다. "뒤덮은 띠 풀이 홀연히 걷히듯 갑자기 생각이 일어나 본원을 탐구하여 끝없는 경지를 회복하니"라는 문구에서 느낄 수 있듯이 진리를 탐구하는 지성적 구도자의 면모가 엿보인다. 이런 모습은 "대 주재이신 상제와 그리스도 예수께서 거울같이, 형체를 따라다니는 그림자같이 감찰하신다. 하늘에는 현존하는 도가 있어 선을 행하면 복이 되고 악을 범하면 재앙을 받으니, 나의 동포들이여! 발분하여 선을 행하고, 손을 잡고 이 진리를 함께 즐길 것을 진실로 바란다"고 다른 사람들에게 기독교 신앙을 권고하는 문구 속에서도 드러난다. 이 편지 외에 홍재기의 수감 중 신앙 체험에 대한 기록이 현재까지 발견된 것이 없으므로 그의 신앙 체험에 대한 더 자세한 내용을 파악하는 데는 어려움이 있다.

이 기록들은 수감 당시에 편지 작성자들이 직접 자신의 신앙 체험을 언급하고 있다는 점에서 의미가 있다.

위의 4명 중 이상재와 김정식의 옥중 신앙 체험에 대한 기록은 다른 자료에서도 찾아볼 수 있다. 이상재에 대해서는 황성기독교청년회 협동간사와 조선기독교청년연합회 총무를 지냈던 브로크만(Frank M. Brockman)의 글에서 다음과 같이 언급했다.

> 그는 당시 자신의 인생에서 가장 이상한 경험을 했다고 기록하고 있다. "위대한 왕이 보낸 사자"가 자신에게 이렇게 말했다는 것이다. "나는 몇 년 전 당신이 워싱턴에 있을 때 성경을 주어 믿을 수

있는 기회를 주었지만 그대는 이를 거절했다. 이것이 첫 번째 죄다. 또 나는 그대가 독립협회에 있을 때도 기회를 주었지만 당신은 반항했을 뿐만 아니라 다른 이들이 믿는 것까지도 방해했다. 이렇게 당신은 인민들이 앞으로 나아갈 길을 막았으니 이것이 더 큰 죄다. 나는 그대의 생명을 보존하여 그대를 감옥에 두었는데, 이것은 내가 그대에게 믿음을 가질 수 있도록 하는 또 다른 기회를 주는 것이다. 만약 그대가 지금도 회개하지 않는다면, 그 죄는 이전보다 더욱 큰 것이 될 것이다." 그는 이후로 주님을 두려워하게 되었고 성경 읽기를 게을리하지 않았다.[10]

브로크만이 1911년에 쓴 이 글은 이상재가 꿈에서 경험한 것을 브로크만이 듣고 언급한 것인데, 위대한 왕이 보낸 사자가 이상재를 책망하는 내용은 이상재가 성서공회에 보낸 편지에서 "자비로운 아버지가 … 반드시 그 허물 있음을 책망하여 허물이 없게 하니, 그 꾸짖음의 사랑이 옷을 입히고 먹이고 마시우게 하는 사랑보다 도리어 크다"고 말한 것과 상통하는 측면이 있다. 위대한 왕이 보낸 사자가 책망한 내용 중에 "나는 몇 년 전 당신이 워싱턴에 있을 때 성경을 주어 믿을 수 있는 기회를 주었지만 그대는 이를 거절했다. 이것이 첫 번째 죄다."고 한 것은 이상재가 1888년 1월부터 11월까지 초대 주미조선공사관의 서기관으로 워싱턴에서 근무할 때 주미청국공사관의 직원으로부터 성경을 받아서 읽기는 했지만 믿지 않

10 Frank M. Brockman, "Mr. YI SANG CHAI," *KMF*, 7/8(Aug 1911), 218.

은 일을 말한 것이다.[11]

김정식이 성서공회에 보낸 편지 외에 옥중 신앙 체험을 스스로 증언한 기록은 그가 도쿄 조선기독교청년회(YMCA) 총무로 있던 1912년 10월 12일에 작성한 것으로, 1937년 5월에 「성서조선(聖書朝鮮)」에 게재된 글이 있다. 그는 이 글에서 억울하게 수감된 것에 대한 분노, 회환과 좌절, 방탕한 생활과 가족에 대한 죄책감, 특히 고아원에 보낸 딸에 대한 죄책감과 고통 등을 "예수 형님께" 토로하며 울부짖을 때에 그로부터 용서와 위로를 받은 경험을 다음과 같이 기록하고 있다.

> 슬프다. 나는 우리 임금의 미워함을 받아 이 肉身이 벌서 이 世上을 떠난 物件이라 다만 깨끗한 마음으로 우리 예수를 따러가는 것이 나의 맛당한 本分으로 생각하니라. 그 後 한밤 고요하고 잠들지 아니할 때에 스사로 이 肉身의 불상한 地境을 생각하며 轉轉反側할 때에 예수께서 내 누은 요에 함께 앉으신지라. 그 무릅을 붓잡고 하는 말이, 「나는 肉身의 父母도 없고 兄弟도 없으니 내 불상한 事情을 告할 곳이 없으니 나를 至極히 사랑하시고 至極히 親切하시고 至極히 불상히 녁이시는 예수 兄님께 告하옵내다. 내가 前日에 酒色에 沈弱하야 先朝에게 不孝함과 妻子에게 薄情함과 親舊에게 驕慢한 罪가 많고 더욱 나의 사랑하는 딸 鶯

---

11 Frank M. Brockman, "Yi Sang Chai's Services to the Y.M.C.A.," *KMF*, 23/6(Jun 1927), 116.

似의 나이 十歲에 未滿하고 두 눈이 멀어 앞을 보지 못하는 것을 羅馬教堂 養育院에 보내엿스니 때때로 父母를 부르짓을 생각을 하면 뼈가 저리고 五臟이 녹는 듯 하도다. 許多한 罪狀과 許多한 懷抱를 다 告할 때에 두 눈에 눈물이 비오듯 벼개를 적시더니 예수께서 손으로 내 등을 어루만지며 慰勞하시되 네 悔改함을 내 아나니 너무 서러마라. 그 말삼이 귀에 들릴 때에 그 불상이 녁이시는 音聲에 感動하여 自然 마음이 洒落하여저서 무슨 큰 짐을 벗은 모양도 같고 물에 빠졌다가 나온 것도 같으매 혼자 생각하기를 이 世上에는 나와 같은 惡한 罪人도 없엇고 只今 이같이 깨끗한 맘을 얻은 사람은 나 혼자뿐이로다. 此後로는 엇던 地境에 處할지라도 이 恩惠를 잊지 아니하기로 作定하고 細細히 생각함애 前日에 지은 罪로 오늘 이 같은 矜恤을 받기는 眞實로 뜻밖이로다.[12]

김정식의 옥중 신앙 체험 내용은 그를 주인공으로 한 소설을 통해서도 널리 알려졌다. 재(在)일본 조선 유학생 단체인 태극학회가 1906년 8월에 창간한 기관지 「태극학보」에 실린 "다정다한(多情多恨)"이라는 소설이 그것이다. "다정다한(多情多恨)"은 백악춘사(白岳春史)라는 필명을 쓴 장응진(張膺震)이 1907년 「태극학보」 제6호(1월 24일)와 제7호(2월 24일)에 연재한 소설로 '사실소설(寫實小說)'이라고 소

12 김정식, "信仰의 動機," 「聖書朝鮮」 100호(1937년 5월), 6.

개하고 있다.[13] 이 소설에서는 김정식의 호인 삼성(三醒)을 가져와 주인공을 삼성선생이라고 부르면서 그의 행적을 소개하고 있다. 소설 속에서는 삼성선생이 존 번연의『천로역정』과 신구약 성경을 읽으면서 신앙을 갖게 된 내용을 이렇게 묘사하고 있다.

> 하루는 같은 시기 옥중에서 징역하는 모 지사의 인연으로 예수교 책 수 백부를 들여왔단 말을 듣고 무료한 나머지 소설 보는 셈으로 혹 세상 근심을 잊을까 하여 친근한 부탁으로『천로역정』한 권을 구해오니, 이는 영국인 존 버니언이 눈먼 여식을 데리고 12년간 옥중에서 고생하며 저작한 것이었다. 선생은 같은 처지에 대해 동정의 눈물을 금치 못하여 밤낮 쉬지 않고 꾸준히 읽으니 은연중에 일종의 쾌미를 차차 느끼고, … 다만 들어본즉 저이는 예수교를 믿었다 하니 실로 예수교에 저런 능력이 있는 것인가. 이에 동지 몇 사람이 마음을 결단하고 신구약 몇 부를 구해와 이때부터 밤낮 여념 없이 점차로 읽어나가니, 그중에 천고의 난해한 진리가 감추어져 있고 말로 표현하기 어려운 일종의 쾌미를 감득하겠더라. 몇 달을 열심히 파고들어 겨우 다 읽으니 심안(心眼)이 활짝 열려 일종의 활로를 새로 얻은듯하여 상의 후에 모두 예수 믿기를 확정하고 한편으로는 각기 본가에 통지하여 예수 믿기를

13 장응진과 "다정다한(多情多恨)"을 비롯한 그의 기독교 소설에 대한 자세한 내용은 다음 연구를 참고하라. 김경완, "開化期小說「多情多恨」에 나타난 基督教精神,"「숭실대학교 논문집」 제28집(1998), 1-19 ; 최호석, "장응진 소설의 성경 모티프 연구-일본 유학 시절 작품을 대상으로,"「동북아문화연구」 제22집(2010), 21-36 ; 표언복, "한국 근대소설 속의 기독교 조명] 05: 계몽기 소설 속 교회사 풍경 두 장면,"「기독교사상」 통권738호(2020. 6), 142-154.

간권(懇勸)하며 한편으로는 성경 연구 외에는 여념이 없더라.[14]

이 소설 속에서는, 김정식이 성서공회에 보낸 편지에서 『천로역정』을 읽으면서 감동을 받은 후에 신약성서를 두세 번 읽는 중에 기독교 신앙을 받아들인 것에 대해서 언급하고 있는 내용과 유사하게 서술하고 있다. 김정식은 특히 『천로역정』과 저자 존 번연의 생애에서 많은 감동을 받았다는 것을 공통적으로 언급하고 있다.[15] 김정식이 감옥에서 읽은 한글 『천로역정』은 게일과 부인 해리엇 깁슨(Harriet E. Gibson)이 공동으로 번역하고[16] 김준근(金俊根)이 그린 42개의 삽화를 첨부하여 1895년에 출간한 『텬로력뎡』을 말한다.[17] 『텬로력뎡』은 감옥서 서적실의 인기 대출 서적 중 하나였을 만큼 김정식을 포함하여 많은 사람들이 애독했다.

---

14 백악춘사(白岳春史), "多情多恨(寫實小說) (前號續)," 『태극학보』 제7호(1907. 2), 신지연, 이남면, 이태희, 최진호 역, 『완역 태극학보 2』(파주: 보고사, 2020), 154-155.

15 김정식은 "信仰의 動機,"에서도 이 내용을 언급하고 있다. 김정식, "信仰의 動機," 5.

16 김은정, "선교사 해리엇 깁슨에 대한 연구: 헤론 부인, 그리고 게일 부인," 「한국기독교와 역사」 46호(2017. 3), 22.

17 게일 부부가 번역한 『텬로력뎡』에 대해서는 다음 연구를 참고하라. 강희정, "기산 김준근의 텬로력뎡 삽화 연구"(명지대학교 석사학위논문, 2012), 1-110 ; 권정은, "삽입시와 삽화를 통해 본 『텬로력뎡』의 정체성," 「고전문학연구」 45(2014), 3-30 ; 김동언, "텬로력뎡의 서지적 고찰," 「한남어문학」 20(1995), 27-63 ; 김성은, "선교사 게일의 번역 문체에 관하여: 천로역정 번역을 중심으로," 「한국기독교와 역사」 31호(2009. 9), 199-227 ; 박정세, "게일의 텬로력뎡과 김준근의 풍속 삽도," 「신학논단」 60(2010), 63-91 ; 전영주, "19세기말 서양선교사 게일의 텬로력뎡 한글번역과 김준근 텬로력뎡 삽도의 의미 고찰-근대번역문학의 출현과 한국전통회화의 변용양상을 중심으로," 「문화와 융합」 40/8(2018), 665-684.

[그림 12] 『텬로력뎡』 속표지와 삽화[18]

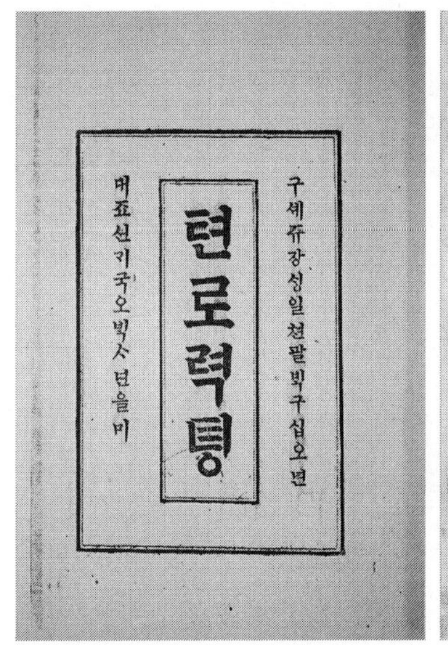

한글 『텬로력뎡』은 영어본이나 중국어 번역본과는 다르게 성경 구절이 빠지고 삽화가 극대화된 것이 특징인데,[19] 이것은 게일이 원산에서 기산(箕山) 김준근을 만났기 때문에 가능한 일이었다. 원산 출신의 김준근은 당시 유명한 풍속화가로 그의 작품은 개화기에 원산과 제물포 등 개항장을 통하여 외교관, 세관, 군인, 학자 등에 의하여 외국에 전해졌다. 이들이 가져간 김준근의 풍속화는 현

18 삽화 "텬국에 들어가다"는 마지막 42장 삽화로 계시록 5:13-14에 근거한 것이다. 이 삽화에서는 머리에 관(冠)을 쓰고 예복을 입은 사람들과 피리를 부는 동자(童子)의 모습을 그렸다.

19 중국어본 『天路歷程 官話』(上海: 美華書館, 1869)에는 10개의 삽화가 있지만 『텬로력뎡』에는 상권에 26개, 하권에 16개 전체 42개의 삽화가 있다.

재 미국, 영국, 독일, 러시아, 프랑스, 오스트리아, 네덜란드, 덴마크 등의 유명 박물관에 소장되어 있다.[20] 김준근은 1894년에 원산에서 게일을 만나서 기독교인이 된 것으로 여겨지는데,[21] 이렇게 게일과 김준근의 만남을 통해서 한국적인 풍속화가 삽입된 『텬로력뎡』을 출간할 수 있었으며, 많은 사람들이 이 책을 애독하고 기독교 신앙을 가지게 되었다.

김정식은 『천로역정』 외에도 무디(D. L. Moody)의 설교집을 읽으면서 감동적인 체험을 한 것을 게일에게 진술했다는 기록도 있다.[22]

유성준의 신앙 체험에 대한 내용은 출감 후 시간이 상당히 지난 1928년 6-8월에 7회에 걸쳐 「기독신보」에 연재한 글에서 다음과 같이 서술하고 있다.

> 그해 十二월 어느 날 긔도하는 지음에 졸연히 가슴이 터지는 것 갓고 눈물이 비 오듯 하며, 四十 평생에 경과한 일절 행동이 정직 렴결 공평한 줄노 자신하고 자랑한 것이 다만 자긔를 위하는 명예와 공리심 쑨인 이 죄를 황연히 깨닷고 그날에 마태 七쟝 九절로 十一절을 닑다가 하나님 아바지의 은춍과 구쥬의 공덕을 더욱 감격하야 이후부터는 하나님을 원망하며 사람을 원망하는 마음

---

20 정병모, "箕山 金俊根 風俗畵의 國際性과 傳統性," 「강좌 미술사」 26호(2006. 6), 966.

21 Annie Heron Gale, "Down in the Land of Morning Calm," *MQR*(Winter 1946), 154. 전택부의 증언에 의하면 김준근은 원산 창전(倉前)교회의 창립 교인 중 한명이며, '원산 병풍집 할바이'라고 불렸다고 한다. 김준근의 손자 김진칠(金鎭七)은 정주 오산고보 졸업생으로 원산에서 이름난 축구선수였다고 한다. 전택부, 『토박이 신앙산맥 1』(서울: 홍성사, 2015), 138-139.

22 전택부, 『토박이 신앙산맥 1』, 98.

은 전혀 소멸되고 다만 구쥬의 넓고 크신 은덕을 감샤하며 마음 이 평안하야 무한한 즐거움이 자연히 생기엿다.[23]

유성준은 1903년 12월 어느 날 기도하는 중에 자신의 죄를 깨닫고 눈물로 회개한 후에 하나님의 은총과 예수를 구원자로 믿게 되었다고 고백하고 있다. 그는 처음 연동교회 교인 이창직을 통해서 성경을 접했을 때는 "구구절절이 다 허언(虛言)과 환슐(幻術)"로 여겼다가, 1년 동안 성경을 일곱 번 이나 읽으면서 "아름다온 말과 션한 행실이 론맹용학(論孟庸學)과 비슷한 뎜을 발견하야 예수의 셩(聖)이 공자와 비등하다는 사샹이" 생겼고,[24] 그 후에 기도하는 중에 회심 체험을 통해서 예수를 구주로 고백하게 되었다. 그의 기독교 입교 과정을 보면 척사(斥邪)의 단계→예수와 공자의 윤리적 동등성을 인정하는 단계→참회(懺悔) 과정을 통해서 예수를 구주로 인정하는 단계에 이르게 되는데, 이런 과정은 당시 성리학적 지식인들이 기독교에 입교하는 중에 많이 겪게 되는 과정이라고 할 수 있다.

이승만의 신앙 체험 기록은 몇 가지 기록이 확인되는데, 「신학월보」를 통해서 발표한 글과 에비슨의 회고록 속에 있는 투옥경위서, 1919년 「신한민보」의 기사 등에 그의 신앙 체험에 대한 내용이 포함되어 있다. 1903년 5월에 「신학월보」에 게재한 "옥중전도"는 이승만이 수감 중에 쓴 글이라서 기독교에 입교한 일과 시기상으로

23 유성준, "믿음의 動機와 由來," 「기독신보」 1928년 7월 11일.

24 유성준, "믿음의 動機와 由來," 「기독신보」 1928년 7월 4일.

가장 가까운 기록이다.

> 혈육의 연한 몸이 오륙 년 역고에 큰 질병이 업시 무고히 지내며 내외국 사랑하는 교중 형제 자매들의 도우심으로 ᄒᆞ도 보호을 만히 밧엇거니와 성신이 나와 함ᄭᅴ 계신 줄을 밋고 마음이 졈졈 굿게 하여 령혼의 길을 확실히 차젓스며 작년 가을에 괴질이 옥중에 몬저 들어와 사오일 동안에 륙십여 명을 목전에서 쓸어내일새 심할 ᄯᅢ는 하로 열닐곱 목숨이 압헤서 쓸허질 ᄯᅢ에 죽는 자와 호흡을 상통하며 그 수족과 몸을 만저 곳 시신과 함ᄭᅴ 석겨 지내엿스되 홀로 무사히 넘기고 이런 긔회를 당하여 복음 말삼을 가라치게 되매 깃붐을 익의지 못할지라 작년 예수 탄일에 우리도 다행히 구속하심을 엇는 사람이 되어 깃분 졍셩도 칙량 업거니와[25]

이승만은 이 글에서 신앙 체험이나 입교 과정에 대하여 직접적으로 언급하지는 않지만 감옥이라는 열악한 환경에서 몇 년을 지내는 동안 선교사를 비롯한 기독교인들로부터 도움을 받은 일과 성신(성령)이 자신과 함께 계신다는 것을 믿게 된 것과 전염병이 돌아서 많은 사람들이 사망할 때도 자신은 무사히 살아남은 것에 대해서 감사하고 있다. 이승만의 신앙 체험에 대해서는 에비슨의 회고록에 있는 "이승만의 투옥경위서(Mr. Rhee's Story of His Imprisonment)"에서 좀 더 분명하게 확인할 수 있다.

---

25 이승만, "옥중전도," 「신학월보」 제3권 제5호(1903 .5), 187.

감옥에서는 책이 없어 양서가 줄 수 있는 위안도 얻을 수가 없었다. 그러나 최소한 성경과 사전은 허용될 것이라 생각하고 에비슨 박사에게 연락하여 보내달라고 했다. 감방에 혼자 있을 때 언제나 성경을 읽었는데, 선교학교에 다닐 때 별 의미가 없어 보이던 내용이 이제는 심금에 깊이 와 닿았다. 그러던 어느 날, 선교학교의 선생님이 우리가 하나님께 정성으로 기도하면 우리의 기도를 듣고 응답하신다고 한 말이 머리에 떠올랐다. 나는 감방에서 하나님께 난생처음으로 마음에서 우러나오는 기도를 했다. "오! 하나님, 내 영혼을 구원해 주십시오. 오! 하나님, 내 조국을 구해 주십시오." 그러자 갑자기 감방이 빛으로 가득 찬 것 같고 마음속에 즐거운 평화가 깃들어, 나는 순간 다른 사람으로 변했다. 선교사들과 그들이 신봉하던 종교에 대해 갖고 있던 증오심과 그들에 대한 나의 불신감이 모두 사라졌다. 나는 그들이 자기들이 고귀하게 여기는 것을 우리들에게 주려고 왔다는 것을 알았다.[26]

이승만은 옥중에서 성경을 읽는 중에 배재학당에 다닐 때에 선교사가 하나님께 기도하면 응답하신다고 말한 것이 생각나서 기도를 하는 중에 "감방이 빛으로 가득 찬 것 같고 마음속에 즐거운 평화"가 깃드는 체험을 했다. 그리고 선교사에 대한 불신과 증오가 모두 사라졌다. 이렇게 일종의 회심 체험을 통해서 기독교인이 된 것을

26 Oliver R. Avison, 황용수 역, 장의식 편, 『구한말 40여년의 풍경』(경산: 대구대학교출판부, 2006), 282-283.

증언하고 있다. 이승만은 시간이 많이 지난 1919년에도 수감 당시의 신앙 체험에 대해서 다음과 같이 회고하기도 했다.

> 그 후에는 그전에 ᄂᆡ가 뎌 예수교학교에셔 듯던 니약이들을 ᄉᆡᆼ각하엿나니 그 니야기를 드를 그ᄯᆡ에는 ᄂᆡ가 그 니야기로 말미암아 나의 맘을 영향 쥬지 못하게 하려 하엿으나 그러나 그것들은 다 나의 긔억에 인상되여 있엇도다. 나의 목에는 무거운 칼이 나려누루고 발은 착고에 씨우고 ᄂᆡ가 그 곧에 ᄆᆡ달려 안졋을 ᄯᆡ에 예수교의 원만한 의미가 ᄂᆡ게 도라와 나에게 ᄉᆡ 희망을 쥬니 ᄂᆡ가 그졔는 하눌님ᄭᅦ 긔도하여 나의 령혼과 우리 국가를 건지리라고 하여 그 모양으로 나는 령혼샹 위안을 얻엇으니 비록 이 셰샹에는 아모 희망이 업셧지마는 다음 셰샹의 희망으로 나에게 무한한 위로가 되더라. 그졔는 악형을 곤란을 견대기에 一층 만흔 능력을 얻엇노라.[27]

이승만의 투옥경위서와 1919년 「신한민보」에서는 공통적으로 이승만이 기도하는 중에 자신의 영혼과 국가의 구원을 동시에 간구했다는 것을 말하고 있다. 그는 이런 기도의 과정을 통해서 신앙적인 체험을 하게 되고 기독교에 입교하게 되었음을 밝히고 있다.

---

27 "리승만 박사의 경력담," 「新韓民報」 1919년 9월 23일.

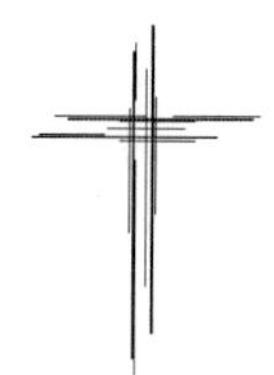

2. 옥중 입교인들의 기독교 신앙

1) 기독교에 대한 인식의 변화

옥중 입교인들의 기독교에 대한 인식의 변화를 크게 세 가지 단계로 구분할 수 있다. 첫 번째는 기독교를 사교(邪敎)로 보고 성리학, 즉 공맹(孔孟)의 도(道)를 적극적으로 지키려는 척사(斥邪)의 단계이다. 두 번째는 예수와 공자의 윤리적 동등성을 인정하고 예수를 공자와 비슷한 성인(聖人)으로 보는 단계이다. 세 번째는 신비한 신앙적 체험이나 자신의 죄를 깨닫는 회심(悔心) 체험 과정을 거쳐서 기독교에 입교하게 되는 단계이다.

이승만의 경우에도 이와 같은 인식의 변화 과정이 있었음을 알 수 있다. 그는 처음 기독교에 대해서 가졌던 적대적인 인식에 대해서 이렇게 술회했다.

> 당시 나는 아주 젊은 사람이었고 한문학에 대한 통상적인 교육을 받았는데 이것으로는 서양의 여러 방식이나 외국의 사상이

어떻게 작용하는가를 이해하는 데 도움이 되지 못했다. 이러한 나의 마음속에는 선교사에 대한 강한 불신감과 그들의 종교나 모든 외국의 것에 대한 적개심이 일어났다. 이리하여 나는 서울로 가서 선교학교에 입학하여, 서구 열강의 비밀을 캐낼 수 있는 모든 것을 배우는 동시에 선교사들이 무슨 의도를 가지고 우리나라에 와서 어린이와 젊은 사람들을 위한 학교를 개설하는가를 알고 싶었다.

이 일을 위해 나는 돈이 필요했다. 돈을 벌기 위해 선교사에게 조선어를 가르치는 일을 맡았는데, 이 때문에 내가 가르친 부인은 물론 에비슨 박사와 그의 많은 동료들과 가까이 접촉할 수 있었다. 나는 그들이 오로지 우리 백성에 대한 명백한 호의만을 갖고 있음을 알고 놀랐으나, 여전히 그들을 믿지 않았다. 그들이 우리나라에 오게 된 진정한 동기가 무엇일까라는 시각에서 볼 때 이 호의마저도 한낱 위장에 불과하다고 생각했다.[28]

이승만은 기독교뿐만 아니라 선교사에 대한 인식도 적대적이었고, 모든 외국의 문물에 대해서도 적대감을 가지고 있었다고 말하고 있다. 이승만과 같이 기독교를 척사의 대상으로 보는 적대적인 인식은 유성준에게서도 찾아볼 수 있다. 그는 일본에 망명 중이던 1896년에 윤치호의 사촌동생인 윤치오(尹致旿)를 만난 자리에서 윤치오가 선교사 동네로 알려진 도쿄 쯔쿠지(築地)에 거처를 정한 것

28 Oliver R. Avison, 황용수 역, 장의식 편, 『구한말 40여년의 풍경』, 280-281.

이 기독교와 관련이 있는 것을 알고 다음과 같이 비난했다.

> 윤씨의 대답이 이곳은 셔양인 그리스도교 선교사들이 거쥬하는 촌인고로 선교사를 사괴여 그리스도교를 밋고 영어를 좀 배홀 경영이 잇다 하기로 나는 별안간 분이 나셔 술잔을 던지고 소래 질너 말하기를 우리가 冗愚하야 나라를 위하는 목뎍을 일우지 못하고 명을 도망하야 구챠히 사는 것도 붓그려운 일이니 스사로 근신하야 긔회를 기대리는 것이 士子의 당연한 도리어늘 외인을 사괴여 샤교를 밋고 우리 선죠의 젼하여 오는 공맹의 졍도를 배반코져 하니 진실노 한심한 일이로다. 만일 이 비루한 사샹을 바리고 이곳을 떠나지 아니하면 나 개인이 絶交할 뿐 아니라 동경에 잇는 우리들 즁에서 일졔히 배쳑하리라 하고 무수히 말을 하면서 좌석에서 니러셧다.[29]

유성준의 기독교에 대한 적대적인 인식은 한성감옥서에 수감되어 있을 때에도 그대로 유지되었는데, 이런 척사적인 인식은 그의 회고에서도 확인할 수 있다.

> 하로는 련디동교회 교우 리창직 씨가 슌한문 셩경 한 권을 보내엿다. 글 닑을 욕심이 팽챵하던 중에 다른 서젹은 업슬 뿐더러 그 무지한 사람들과 접어(接語)하기가 슬혀서 마태복음 일쟝에서 시작

29 유성준, "밋음의 動機와 由來," 「기독신보」 1928년 6월 27일.

하야 아참부터 저녁까지 닑어 지내가나 그 뜻을 깨닷지 못할 쁜더러 구구절절이 다 허언(虛言)과 환슐(幻術)에 불과한즉 우리 유교에 대하여는 참 이단이라 아니할 수 업다고 생각하엿다. 때때로 의사에 불합하야 한 구석에 던져 두웟다가 것헤 사람의 슈쟉을 방지(防止)하기 위하야 다시 잡아단기여 보기를 달이 넘도록 하엿다.[30]

1887년 8월에 초대주미조선공사관의 서기관으로 임명되어 1888년 1월부터 11월까지 박정양 공사와 함께 워싱턴에 주재했던 이상재도 미국 체류 초기에는 성리학 중심의 척사적 관점이 강했는데, 그가 1888년 6월에 아들에게 보낸 서신에서도 그런 인식을 보여주고 있다.

현금 천하가 분분하여 총칼로 정치를 삼고 이해로서 풍속을 삼아, 전자가 아니면 후자로, 후자가 아니면 전자로서 일을 삼아 서로 강령을 숭상하여, 바다에는 기선이 있고 육지에는 철로가 있어 만 리를 지척으로 보고 사해를 이웃으로 여기고 있는데, 그들의 문화가 아니며, 그들의 도덕은 다 사학(邪學)이다. 그러므로 우리 유가의 전통이 거의 다 말살될 지경이 되었으니, 이것이 어찌 글을 읽어 도덕을 배우는 자가 크게 두려워할 바가 아니며, 크게 분발할 바 아니랴.[31]

---

30 유성준, "밋음의 動機와 由來," 「기독신보」 1928년 7월 4일.

31 이상재, "光龍三兄弟及長春妙一同見," 월남 이상재선생 동상건립위원회 편, 『월남 이상재 연구』(서울: 로출판, 1986), 366.

이렇게 이상재는 미국 체류 초기에는 성리학의 도(道)만을 인정하여 성리학적 도덕 윤리를 변하지 않는 것으로 파악하고 미국의 가치 체계에도 그대로 적용될 수 있는 것으로 인식했다.[32] 그는 주미 청국공사관의 관리로부터 한문 신약성경을 받은 후에 부강한 미국 문명의 비결을 파악하기 위해서 기대감을 가지고 성경을 읽은 적이 있었다. 그러나 그는 성경 속에 있는 이야기들이 어리석게 생각되었고, 따라서 기독교를 문명의 근원적인 도(道)로 보는 것은 한계가 있다고 생각하기도 했다.[33]

그 다음은 척사의 단계를 넘어 예수와 공자의 윤리적 동등성을 인정하고 예수를 공자와 비슷한 성인(聖人)으로 보는 단계, 즉 기독교도 도(道)로 인정하는 단계라고 할 수 있는데, 이상재의 경우에는 미국 사회를 본격적으로 경험하면서 기독교에 대한 인식의 변화를 갖게 된 것으로 보인다. 그는 미국을 이끌어가는 뚜렷한 정신적 가치체계와 기준이 있다고 보기 시작했다. 그가 본 미국은 서도(西道)의 바탕에서 나오는 서기(西器)로 도덕 문명의 근간이 외연(外延)되는 사회였으며,[34] 따라서 미국이 갖고 있는 서도는 동양의 도와 일정 부분 공유할 수 있다고 인식했다.[35] 이런 인식은 성리학 중심의 동양의 도를 우위에 두는 것이지만 기독교를 척사의 대상에서 공유할 도가 있는 대상으로 보는 것으로 인식의 변화가 일어났음을 알

32 Frank M. Brockman, “Mr. YI SANG CHAI,” 217.

33 Frank M. Brockman, “Yi Sang Chai’s Services to the Y.M.C.A.,” 116.

34 김명구, 『월남 이상재의 기독교 사회운동과 사상』(서울: 도서출판 시민문화, 2003), 72.

35 김명구, 『월남 이상재의 기독교 사회운동과 사상』, 76.

수 있다.[36]

이런 인식의 변화는 유성준에게서도 찾아볼 수 있다. 유성준은 감옥서에서 1년 동안 성경을 일곱 번 정도 읽으면서 마음이 점차 변한 것을 다음과 같이 회고했다.

> 또 원두우(元杜尤) 쌩커(房巨) 량 션교사는 쥬일마다 오후이면 번가러 옥에 드러와 사람들의게 젼도하고 또 리승만(李承晩) 씨의 쥬션으로 신약셩경 외에도 다른 한문 셔젹을 만히 보내여 주어 간간히 열남하며 마태 一쟝으로 묵시 씃쟝까지 一 년 간에 무릇 닐곱 번이나 내리 닑어 쟝구는 닉숙하나 참 뜻을 아지 못하고 옥즁에셔 엄금하는 술을 현가(現價) 三四배 이샹을 옥졸의게 주고 사드려 비밀히 먹으며 담배는 옥리의 압헤셔도 것침업시 먹고 자긔의 죄악은 조곰도 깨다름이 업시 당국을 져주하는 마음만 점점 더 하엿다. 그러나 셩경을 만히 닑음으로 간간히 아름다온 말과 션한 행실이 론맹용학(論孟庸學)과 비슷한 뎜을 발견하야 예수의 셩(聖)이 공자와 비등하다는 사샹이 니러낫다.[37]

이승만도 배재학당에서 공부하면서 점차 예수와 공자를 비슷한

36 기독교에 대한 이런 인식의 변화는 이상재의 상관인 박정양에게서도 나타나는데, 그는 미국으로 부임해 가는 선상에서 크리스마스 이브를 맞아 파티에 참석하자는 요청을 받았지만 병을 핑계 삼아 거절했다. 그러나 그가 미국을 경험한 후 집필한 『미속습유(美俗拾遺)』에서는 기독교의 교회와 예배에 대해서 언급하면서 "그 내용은 모두 선을 권하고 악을 징계하여 선으로 이끄는 규범이다."라고 평가하고 있다. 박정양, 한철호 역, 『미행일기(美行日記)』(서울: 푸른역사, 2015), 50 ; 박정양, 한철호 역, 『미속습유(美俗拾遺)』(서울: 푸른역사, 2018), 105.

37 유성준, "밋음의 動機와 由來," 「기독신보」 1928년 7월 4일.

성인으로 평가하기 시작한 것에 대해서 이렇게 증언하고 있다.

> 나에게 가장 기이했던 것은 1900년 전에 죽은 사람이 나의 영혼을 구할 수 있다는 생각이었다. 나는 나 자신에 대하여 '우리에게 이런 이야기를 해주는 이 모든 이상한 일을 하는 사람들이 과연 이와 같은 어리석은 信條를 믿을 수 있을 것인가?' 하고 물어보았던 것이다. … 내가 선교사들이 경영하는 학교에 간 것은 英語를 배우자는 욕심에서였으며, 오로지 영어만을 배우려는 것이었다는 것을 알아 두어야만 할 것이다. … 나는 조금씩 예배당에서 아침 예배도 듣게 되었고 내가 예배에서 설교를 들을 때에 예수가 단지 후세에서의 구원만을 의미하고 상징하는 것 이상의 그 무엇이라는 것을 알아듣게 된 것이다. 예수는 또한 同胞愛와 희생의 계시를 가져다주는 위대한 교사이기도 했다. 그리고 나 자신의 마음속에서는 예수를 공자와 대개 같은 위치에 있는 사람으로 여기게 되었던 것이다. 그러나 그 이상으로 생각할 수는 아직 없었던 것이다.[38]

이렇게 예수를 공자와 비슷한 성인으로 보거나 서양의 도를 동양의 도와 일정 부분 공유할 수 있다고 인식하더라도 기독교를 신앙으로 받아들이는 것에 대해서는 능동적이거나 긍정적이지 않았다.

---

38 R. T. Oliver, *Syng Man Rhee: The Man Behind the Myth*, 박마리아 역, 『리승만박사전: 신비에 싸인 인물』(서울: 合同圖書, 1956), 109-112.

이승만이 말한 것처럼 아직 그 이상으로 생각할 수는 없었던 것이다. 따라서 개화파에 속하는 양반 관료 출신들도 비록 척사의 관점에서 벗어나 기독교에 대한 호감을 가졌다고 해도 대부분 이런 인식의 범위에서 기독교를 이해하고 있었다.

그런데 국사범으로 한성감옥서에 수감된 사람들처럼 감옥이라는 특수한 상황 속에서 신비한 신앙적 체험이나 자신의 죄를 깨닫는 회심(悔心) 체험 과정을 거쳐서 기독교에 입교하게 사람들이 생겨나게 되었던 것이다. 물론 기독교를 신앙으로 받아들였다고 해도 그 신앙의 성격이나 특징에 있어서는 차이가 있었던 것도 발견된다.

2) 기독교 신앙의 성격

양반 관료 출신 수감자들이 신앙적인 체험을 통하여 기독교인이 되었을 때 그들의 신앙은 어떤 성격을 가지고 있었을까? 그리고 기존의 성리학적 사유에 대해서는 어떻게 생각했을까?

옥중 입교인들의 입교 동기에 대하여 기독교 문명론적인 이유, 즉 개신교를 믿는 나라가 가장 높은 문명을 지니고 있으므로 그와 같은 문명을 달성하기 위해서 나라 안의 모든 사람들이 개신교를 믿어야 한다는 이유 때문에 기독교에 입교한 경우와 자신의 개인적인 죄의 자복을 통해서 신앙적인 이유로 기독교에 입교한 경우

로 구분하기도 한다.[39]

그러나 옥중 입교인들 중 특수한 신앙 체험을 통하여 기독교에 입교한 사람들은 두 가지를 통합한 입교 동기를 가지고 있었다고 보는 것이 타당할 것이다. 또한 입교 후의 신앙적인 특징에 있어서도 두 가지를 통합한 신앙 유형을 가지고 있었다고 볼 수 있다. 이것을 개인 영혼의 구원 의식과 기독교 문명론(Christian Civilization Theory)이 혼재해 있었다고 평가할 수도 있지만,[40] 한편으로는 개인 구원과 국가 변혁을 동시에 추구하는 신앙을 가지고 있었다고 평가할 수도 있다. 다시 말하면 이 사람들은 직접적 복음 전도를 통한 개인 구원을 강조하는 동시에 직간접적 선교 활동과 신앙에 입각한 정치, 사회 개혁 활동을 통해서 기독교의 보편적인 가치가 실현되는 나라를 만들어야 한다는 의식을 동시에 가지고 있었다는 것이다.

---

39 장석만, "초기 개신교 신자의 개종이 지닌 성격: 1900-1910년을 중심으로," 『한국 근대종교란 무엇인가』, 124-135. 장석만은 이승만과 안국선을 기독교 문명론적 동기로 기독교에 입교한 사람으로, 김정식과 유성준을 죄의 자복을 통한 신앙적인 동기로 입교한 사람으로 구분하고 있다.

40 초기 한국 기독교 역사에서 복음전도를 통한 개인 영혼 구원과 기독교 문명화에 대한 문제는 선교사들의 복음주의 선교 및 기독교 문명화 전략, 한국 기독교인들의 기독교 문명화에 대한 이해 등이 중첩되어 있다. 초기 선교 전략 중 하나였던 기독교 문명화(론)에 대한 선교사들의 입장이 동일하지 않았다는 것과 한국 기독교인들이 기독교를 통한 '개인 영혼 구원'과 '문명 입국(立國)'을 이해하는, 혹은 수용하는 정도의 편차가 있었다는 것을 고려해야 한다. 이와 같은 주제에 대해서는 다음 연구를 참고하라. 류대영, "한말 기독교 신문의 문명개화론," 「한국 기독교와 역사」 22호(2005. 3), 5-43 ; 이만형, 『계몽적 선교와 '평양대부흥'의 발명: 복음주의와 계몽주의의 상관관계 연구』(서울: 역락, 2016), 138-147 ; 고훈, "이만형의 초기 한국 근대 복음주의 선교와 계몽주의와의 상관관계 연구에 대한 비판적 재검토-기독교 문명화, 계몽, 그리고 일방적 선교," 「복음과 선교」 50집(2020. 6), 85-113 ; 옥성득, "초기 한국 북감리교의 선교 신학과 정책-올링거의 복음주의적 기독교 문명론을 중심으로," 「한국 기독교와 역사」 11호(1999), 7-40.

옥중에서 “오! 하나님, 내 영혼을 구원해 주십시오. 오! 하나님, 내 조국을 구해주십시오”라고 기도했던 이승만은 개인 구원과 국가 변혁에 대하여 「신학월보」 1903년 9월호에 게재한 “두 가지 편벽됨”에서 이렇게 말하고 있다.

> 대한사람들의 새 물줄기는 예수교회라 이 교회가 날로 흥왕함은 더 말할 것 업스러니와 아직까지도 저 불상한 사람들을 다 긔회를 주어 우리와 갓치 생활 새암으로 나오지 못하게 함은 실노 다 우리의 신이 부족함이오 사랑이 부족함이라 맛당히 이 뜻슬 더욱 널니 알도록 전파하여야 될 터인대 이 뜻슬 전파하기에 두 가지 방해가 잇스니 하나흔 정치상에 조급히 생각함이오 하나흔 교화에 편벽되히 주의함이라 정치상 조급한 생각으로 말함진대 우리가 항상 닐컷기를 대한에 장래는 예수교에 달엿다 한즉 듯난 사람들이 혹 헤아리되 그 교회에 들어가면 곳 정사가 바로 잡히고 나라히 문명되는 도리가 잇는 줄로 알고 들어갓다가 … 그 연고를 캐여 보지 아니하고 곳 돌아서 물너나며 말하되 그중에도 아모 뜻 업고 다만 교에만 혹할 뿐이니 대한 장래가 달녓다 함이 불과 사람을 속임이로다 하나니 이는 교회의 효력과 국민의 정형은 생각지 못하고 일조일석에 사단이 생기기를 경영하는 자이니 이거시 한 가지 흠절이오 … 교회에 편벽되히 주의하는 자로 말할진대 … 내 일신이나 도라 보아 교회 중에 륙신의 부탁하여 가지고 세상 시비에 상관하지 말며 밋음으로써 일후에 영원한 복이나 구하리라 하야 전국 동포가 다 죽을 고초를 당하엿다 하여도 조

금도 동심치 아니하며 일국 강토가 엇지 될넌지 알 수 업다 하여도 들은 체 아니 하며 다만 긔도하는 말은 나의 몸을 구제 하소서 나의 집안과 나의 부모 처자와 친척 친구를 복 만히 주소서 할 뿐이라 이 엇지 예수의 본의며 하나님의 깃비 들으시난 바-리요 이는 널은 바 교에 편벽되히 주의함이라.[41]

이승만은 개인 구원은 무시하고 국가의 변혁만을 위하여 기독교에 입교하는 사람들과 개인 구원에만 치중하는 사람들을 모두 비판하고 있다. 그는 이런 편벽된 생각을 해결하기 위한 방법을 다음과 같이 제시하고 있다.

이상 두 가지는 다 널니 생각하지 못하는 대서 생김이라 그 두 가지 통치 못하는 뜻슬 대강 설명할진대 대개 예수교는 이 세상을 화하야 천국 갓치 깃부고 사랑하고 자유하는 한 복지를 만들어 그 안에 사람이 하나도 구원 엇지 못하는 자-업스며 하나도 복 엇지 못하는 자-업도록 하는 거시 그 마자먹 원하는 결과-라 그럼으로 이 효력이 밋치는 대로 완악한 자이 유순하여지며 패악한 자-인자하여지며 어두은 곳시 밝어지며 근심하는 곳시 즐거워지나니 온 천하이 필경 다 변하고 화하려면 하물며 나라의 부패함과 인심의 패리함을 엇지 곳치기 렴려하리오마는 이거시 교회 중 힘으로 자연히 화하여야 할거시지 만일 다른 힘을 빌어 속히 자라

41 이승만, "두 가지 편벽됨," 「신학월보」 제3권 9호(1903. 9), 391-393.

기를 도모하면 그 화하는 거시 장구치도 못하려니와 항상 폐단이 쌀어 단니나니 자고로 천주교의 무수한 폐가 생김이 다 일노 인연함이라 이럼으로 예수교회에서는 정치와 교화를 특별히 구별하야 함씌 혼잡되는 폐단이 업도록 만들엇슴매 외양은 서로 도음이 업는 듯하나 실상은 피차에 다 편리하고 유조함을 즐거하나니 이는 교회에서 맛당히 정치상 관계를 갓가히 아니 할 근본이라 그러나 정치는 항상 교회 본의로서 쌀녀 나는 고로 교회에서 감화한 사람이 만히 생길사록 정치의 근본이 스사로 바로 잡히나니 이럼으로 교화로써 나라를 변혁하는 거시 제일 순편하고 순리한 연괴라 이거슬 생각지 안코 다만 정치만 곳치고저 하면 정치를 바로잡을 만한 사람도 업스려니와 설령 우연히 바로잡는다 할지라도 썩은 백성 우에 맑은 정부가 엇지 일을 할 수 잇스리오 반다시 백성을 감화식혀 새사람이 되게 한 후에야 정부가 스사로 맑어질지니 이 엇지 교회가 정부의 근원이 아니리요.[42]

이승만은 백성을 감화하여 새로운 사람이 되게 하는 교화(敎化)를 통하여 개인구원과 국가변혁을 성취해야 한다고 주장한다. 그는 예수께서 세상 사람들의 세 가지 결박, 즉 율법의 결박, 예식의 결박, 죄악의 결박을 모두 풀어 놓으신 것처럼[43] 동포와 나라를 한꺼번에 구원하기 위하여 성경의 진리를 전파하는 교화를 통하여 사

42 이승만, “두 가지 편벽됨,” 391-394.

43 이승만, “대한 교우들의 힘쓸 일,” 「신학월보」 제4권 8호(1904. 8), 337-338

람의 마음을 풀어 놓는 일이 가능하다는 것을 모든 동포들이 알 수 있도록 예수교인들이 힘써야 한다고 강조하기도 했다.[44] 그는 교화의 중요성을 이렇게 강조하기도 했다.

> 그러므로 "나라를 다스리고 천하를 태평케 하는 것은 다 사람의 마음을 바로잡는 데서 시작한다"고 하셨으니, 마음을 바로잡지 못하고서 무슨 일을 다시 의논할 수 있겠는가? 사람의 마음이란 세상의 법률로써 바로잡지 못하는 것이며, 다만 교화를 통해서만 바로 잡을 수 있다. 이는 세상의 법률이 사람의 육신으로 행하여 드러난 죄악만 다스릴 뿐이며 보이지 않는 마음에 의한 죄는 다스릴 수 없기 때문이다.[45]

또한 옥중에서 쓴 한문 논설인 "나라를 세움에 있어서는 교화로 근본을 삼아야 함(立國以敎化爲本)"에서는 교화가 융성한 나라는 미국이고 정법(政法)을 교화보다 중시하는 나라는 일본이며 교화에 전혀 힘쓰지 않는 나라는 러시아라고 하면서 교화를 근본으로 삼아야 함을 다음과 같이 강조했다.

> 교화(敎化)가 융성한 나라에서는 백성이 정권을 장악하기 때문에 반란·침어(侵漁)·기만(欺瞞)·시기(猜忌) 등의 폐단이 없다. 지금의 미

44 이승만, "대한 교우들의 힘쓸 일," 340.

45 우남이승만전집발간위원회·연세대학교 이승만연구원 편, 『우남 이승만 전집 1 독립정신』(서울: 연세대학교 대학출판문화원, 2019), 412.

국이 그러한 예이다. 정법(政法)을 교화보다 중시하는 나라에서는 임금과 백성이 모두 정치를 하는 셈이다. 그래서 무릇 각구의 양법(良法)과 미규(美規)를 찬란하게 두루 갖추고는 있지만, 이따금 뇌물과 청탁이 성행하여 투표할 때에 돈을 주고 사람을 사는 등의 갖가지 더러운 일들이 생겨난다. 오늘의 일본이 그러한 예이다. 심지어 전연 교화에 힘쓰지 않는 나라도 있으니, 천하를 웅시(雄視)하고 해외에 국위를 떨치고는 있지만 정변이 자주 일어나 국보(國步)에 어려움이 많다. 오늘의 러시아가 그러한 예이다. 이것이 어찌 정법은 교화를 근본으로 삼아야 한다는 것을 쉽게 깨닫게 하는 분명한 증거가 아니겠는가?[46]

이승만이 주장하는 교화를 통한 개인구원과 국가변혁의 일치적(一致的) 신앙은 어디에서 영향을 받았을까? 이승만은 한성감옥서에 수감되어 있을 때 미국 회중교회의 목사이며 사회복음주의자인 라이먼 애벗(Lyman J. Abbott)[47]이 발행하던 초교파적 주간지인 「전망」

46 유영익, 『젊은 날의 이승만: 한성감옥생활(1899-1904)과 옥중잡기 연구』, 부록 국역 「옥중잡기」, "나. 한문논설: 19. 나라를 세움에 있어서는 교화로 근본을 삼아야 함(立國以敎化爲本)," 320.

47 라이먼 애벗(1835-1922)은 사회 복음 운동의 선구적 인물로 "종교적 이상은 반드시 당대 사회의 시대적 요구를 반영해야 한다"는 관점을 확산시켰던 헨리 비처(Henry W. Beecher, 1813-1887)의 뒤를 이어 뉴욕 브루클린(BlooKlyn Heights)의 플리머스 교회(Plymouth Church)의 담임목사로 재직했으며(1887-1899), 1881년부터 헨리 비처가 1870년에 창간한 *The Christian Union*의 편집인이 되었다. 1893년에는 *The Christian Union*을 *The Outlook*으로 개명하여 발행했다. 그는 데어도어 루즈벨트(Theodore Roosevelt) 대통령의 밀접한 조언자 중 한명이었다. 박우룡, "20세기 초 미국 진보주의 전통의 종교적 토대: 사회 복음 운동이 혁신주의의 발생에 끼친 영향," 「역사문화연구」 69집(2019. 2), 265-266.

(*The Outlook*)과 글을 기고하던 「독립」(*The Independent*)을 읽으면서 영향을 받았는데,[48] 그는 "미국 잡지에서 읽은 정치적, 사회적인 개혁에 대한 여러 논설들이 기독교의 신앙 안에서 해석되지 않는다면 아무 의미가 없다고 느꼈다"[49]고 말하기도 했으며, 「전망」의 기사들을 면밀히 읽었기 때문에 그는 종종 저녁에 눈을 감고 기억에 의존하여 그 잡지의 기사들을 암송하기도 했다.[50] 그리고 아펜젤러가 1897년 2월에 창간한 「죠션(대한)크리스도인회보」와 언더우드가 1897년 4월에 창간한 「그리스도신문」에는 기독교의 진리가 백성의 마음을 개명(開明)하는 교화의 기능을 담당해야 한다는 내용의 기사가 일찍부터 게재되는 사례가 많이 있었다.[51] 이승만은 옥중에서 「그리스도신문」을 탐독했으므로 당연히 교화와 관련한 내용들을 읽고 영향을 받았을 것이다.

이승만은 창조주 하나님, 영혼의 존재, 예수 그리스도의 대속적 죽음, 회개를 통한 믿음과 구원, 사후 심판 등과 같은 개인 구원과 관련된 전통적인 기독교 신앙의 내용을 자신의 신앙으로 받아들였

---

48 R. T. Oliver, *Syng Man Rhee and American involvement in korea, 1942-1960: a personal narrative*, Seoul: Panmun Book Company Ltd, 1978, 54 ; 이정식, 『이승만의 구한말 개혁운동: 급진주의에서 기독교 입국론으로』(대전: 배재대학교 출판부, 2005), "제5부 이승만의 글 모음-7. 李承晩을 말한다: 신흥우(申興雨)와 올리버의 대담. 1949년 4월 12일," 397. 이승만의 『옥중잡기(獄中雜記)』에 있는 수감 중에 "읽은 책들의 목록(所覽書錄)"에는 『전망』(*The Outlook*)은 기록되어 있지 않다. 유영익, 『젊은 날의 이승만: 한성감옥생활(1899-1904)과 옥중잡기 연구』, 부록 국역 「옥중잡기」, "가. 신변노트: 1. 읽은 책들의 목록(所覽書錄)," 260-262.

49 R. T. Oliver, *Syng Man Rhee and American involvement in korea, 1942-1960: a personal narrative*, 113.

50 이정식, 『이승만의 구한말 개혁운동: 급진주의에서 기독교 입국론으로』, 112.

51 류대영, "한말 기독교 신문의 문명개화론," 37-38.

다.[52] 아울러 「전망」과 같은 잡지를 통하여 교화를 통한 국가 변혁의 신앙을 가지게 된 것으로 보인다.

이승만의 개인 구원과 국가변혁의 일치적 신앙에는 사회진화론에 근거한 문명론을 인정하는 경향도 있다. 『옥중잡기(獄中雜記)』에 수록되어 있는 한문 논설인 "도움을 구하려면 배움에 능한 사람을 귀하게 여겨야 함(求益貴能學人)"에서는 세계를 문명과 야만으로 구분하고 교화를 널리 펴는 문명인과 만물을 이용하지 못하는 야만인을 비교하고 있다.

> 지금 세상 사람에게는 문명과 야만의 구별이 있다. 저들 문명인들은 대공(大公)과 무아(無我)의 도리를 행하고, 인애(仁愛)와 자비(慈悲)의 마음을 행하고 있다. 학교를 세우고 병원을 설치하며 교화를 널리 펴는 등의 갖가지 좋은 일과 기선(汽船)·전차(電車)·전선(電線)·매등(煤燈) 등 여러 새로운 제도는 모두 마음으로 생각하고 지혜로 터득한 결과이다. 야만인들은 풀 자리에서 잠을 자고 초목을 뜯어먹고 나무껍질로 옷을 해입고, 기타 많은 사용품도 모두 태초(太初)에 저절로 얻은 것과 별다른 차이가 없으나 끝내 개량하여 발전시킬 것을 생각지 않고 있다. 이는 그 마음과 지혜를 버리고 생각하여 알아내려고 노력하지 않기 때문이다. … 문명인은 만물을 그들의 이용물로 만들어 사람의 정교한 솜씨를 지극히

52 우남이승만전집발간위원회·연세대학교 이승만연구원 편, 『우남 이승만 전집 1 독립정신』, 413-415.

하고 자연의 오묘함을 발휘한다. 그러나 야만인은 성질의 근원을 연구하지 않고 물리(物理)에도 어둡다. 그리하여 만물을 이용하지 못할 뿐 아니라 도리어 일월(日月)·성신(星辰)·조수(鳥獸)·어별(魚鼈) 등과 같은 종류나 사람의 손으로 빚어 만든 목우(木偶)와 토상(土像) 앞에 나아가 절하고 숭상하면서 받든다.[53]

그리고 기독교의 가르침을 인류사회의 근본으로 삼아서 나라와 백성이 다 같이 높은 도덕적 수준에 이른 나라들은 상등 문명국이 되었다고 보았다.[54] 따라서 조선도 기독교를 모든 일의 근원으로 삼아서 영국, 미국 등과 동등한 문명국가가 되도록 노력해야 한다고 강조하고 있다.[55]

그러면 옥중 입교인들은 기독교와 성리학의 관계를 어떻게 생각했을까? 이광린은 유교 출신의 개신교인들이 유교와 기독교를 서로 모순되는 것으로 보지 않았고, 기독교가 유교 사상을 보완하거나 완성시키는 것으로 보았다고 파악했다. 따라서 그들은 기독교 신앙을 이전의 유교 사상과 단절된 것이 아닌 연속적인 적으로 보았다는 것이다.[56] 하지만 옥중에서 기독교인이 된 후에 기존에 자

---

53 유영익, 『젊은 날의 이승만: 한성감옥생활(1899-1904)과 옥중잡기 연구』, 부록 국역 「옥중잡기」, "나. 한문 논설: 18. 도움을 구하려면 배움에 능한 사람을 귀하게 여겨야 함(求益貴能學人)," 313-314.

54 우남이승만전집발간위원회·연세대학교 이승만연구원 편, 『우남 이승만 전집 1 독립정신』, 416.

55 우남이승만전집발간위원회·연세대학교 이승만연구원 편, 『우남 이승만 전집 1 독립정신』, 416.

56 Harvey Fred Harrington, 이광린 역, 『開化期의 韓美關係』(서울: 일조각, 1973), 237.

신들이 가지고 있던 성리학적 사상과 기독교의 관계를 보는 관점은 사람마다 차이가 있었던 것 같다. 가령 이승만은 둘 사이를 단절의 관점에서 보는 경향이 강했던 것으로 파악되고, 이상재는 둘 사이를 연속(連續)의 관점으로 보는 경향이 강했다고 할 수 있다.

이승만은 유교를 인도(人道)로 규정하고 동방에서 수천 년 동안 교화를 담당해 온 유교의 한계를 이렇게 지적하고 있다.

> 우리 동방에서는 유교가 실로 인도를 밝혀 극히 선미한 수준에 이르렀기 때문에 수천 년 동안 유교로써 인륜을 정하고, 풍기를 열고, 나라를 다스리고, 천하를 평안케 하는 근본으로 삼았던 것이다. 그러나 인도라는 것은 시대에 따라 변하기 때문에 그것이 인심에 부합할 때도 있고 부합하지 않을 때도 있다. 가령 옛날의 성인들은 왕천하하는 대도로서 세상을 다스렸으나, 세상이 차차 변하여 패도가 행해졌으니, 이것이 그 한 가지 증거이다. 또한 인도는 당장 눈앞에 보이는 것만 말하고 죽음 이후 세상이 어떠한가에 대해서는 말하지 않기 때문에 육신을 버려서 더 큰 것을 구할 줄을 모른다.[57]

유교는 시대에 따라 변하기 때문에 그 가르침이 변질될 수 있다는 것과 죽음 이후의 문제에 대해서 가르치지 않아서 '육신을 버려서 더 큰 것을 구하는 것', 즉 영혼을 구원하는 문제에 대해서는 알

---

57 우남이승만전집발간위원회·연세대학교 이승만연구원 편, 『우남 이승만 전집 1 독립정신』, 413.

지 못한다고 지적하고 있다.

반면에 기독교를 천도(天道)로 규정하여 천도인 기독교가 인도인 유교를 대신하게 된 것을 이렇게 말하고 있다.

> 다만 천도가 있어서 지극히 광대하고 지극히 장원한데, 사람들이 이 진리를 깨달아 실천한다면, 천지 만물을 만들어 홀로 다스리시며 만국의 만민을 다 굽어 살피시는 하나님이 계시다는 것을 직접 보는 듯이 알 수 있을 것이다. 또한 사람에게는 이 세상에서 잠시 있다가 없어지는 육신만 있는 것이 아니라 영원히 죽지도 않고 썩지도 않는 영혼이 있다. 사람들은 이 세상을 떠난 후 각자가 살아있는 동안 지은 죄악에 따라 영혼이 무한한 벌을 받게 된다는 것을 의심하지 말고 믿어야 한다. 어찌 꿈결 같은 백년 인생에 헛된 부귀영화를 탐하여 대자대비하신 천부 앞에 죄를 범하고 멸망을 스스로 취하겠는가? … 저 순한 인민들이 다 죄를 범해 멸망에 들어가는 것을 어찌 어지신 하나님께서 슬피 여기시지 않겠는가? 이에 하나님께서 예수 그리스도를 세상에 보내시어 인간을 구원할 길을 열어 주셨다. 예수께서는 천도의 오묘한 이치를 드러내고, 평생 남에게 곤욕과 곤란을 받다가 끝내는 세상 인민들의 죄를 대신하여 목숨을 버리셨다. 그 결과 수많은 사람들로 하여금 예수님을 믿고 돌아와서 죄를 자복하고 다시는 악에 빠지지 않고 용서를 받고 복을 받게 하셨으니, 순전히 사랑하심이 아니면 어떻게 남을 위하여 몸을 버리기까지 하셨겠는가?[58]

58 우남이승만전집발간위원회·연세대학교 이승만연구원 편, 『우남 이승만 전집 1 독립정신』, 413-414.

이승만은 모든 사람들이 죄로 인해서 영혼이 심판을 받고 파멸할 수밖에 없는 상황에서 하나님께서 예수 그리스도를 세상에 보내어 대신 죽게 하심으로 구원을 얻을 수 있게 하셨다고 말한다. 따라서 천도인 기독교를 근본으로 삼아야 개인도 구원하고 쓰러진 나라도 다시 일으킬 수 있다고 보았다.[59] 이렇게 이승만의 의식 속에는 기독교와 유교를 천도와 인도로 구분하는 단절 의식이 많이 드러난다.

이상재는 기독교와 성리학의 관계를 단절보다는 기독교가 유교를 보완하는 보유론적(輔儒論的) 이해를 가진 것으로 파악된다. 이상재는 옥중에서의 회심과 기독교에 대한 탐구를 통해서 기독교 속에 동도(東道)의 원형과 실천, 완성이 있다는 것을 발견했다. 따라서 그는 기독교가 동도 즉 성리학의 세계관을 완성시켜 줄 수 있다고 생각했다.[60]

그것은 동도에서 말하고 있는 인륜(人倫)의 기초에 뿌리를 두고 있는 원초적인 질서가 기독교 속에 원형으로 간직되어 있고, 기독교 세계 안에서만 발휘되었다는 것을 의미한다. 따라서 이상재는 기독교를 동도의 완성으로 보았다.[61] 그러므로 그의 인식 속에는 기독교와 성리학의 단절보다는 둘 사이의 연계가 두드러지게 나타난다.

其一件이란 何인고. 卽 平和이니 一邦國이나 一家庭이나 一社

59 우남이승만전집발간위원회·연세대학교 이승만연구원 편, 『우남 이승만 전집 1 독립정신』, 416.

60 김명구, 『월남 이상재의 기독교 사회운동과 사상』, 105.

61 김명구, 『월남 이상재의 기독교 사회운동과 사상』, 106.

會나 平和가 업고는 그 結果가 破滅하고 말 쑨이니 馬太 十二章 二十五節「國마다 스사로 分爭하면 滅亡할 것이요 城이나 家이나 스사로 分爭하면 立치 못한다」하얏고 東洋 先聖이 日 天時不如地利요 地利不如人和라 하얏스니 天下萬事가 和平이 아니고는 하나도 될 슈 업나니라 ... 眞正한 平和이란 무어인가 첫째 仁愛요 둘째 容恕이니 하나님은 항상 우리 人類를 仁愛하시며 容恕하시나니 우리 人類도 하나님의 仁愛와 容恕를 仰軆하야 人과 人이 서로 愛하며 서로 恕하야 他人의 權威 勢力 金錢 名譽을 我에 有한 것과 갓치 尊重視하야 우리 基督이 自己를 犧牲하야 人의 罪를 代贖하신 眞意를 不忘할지니 眞平和의 本源은 愛와 恕에 在하다 하노라 東洋 先聖도 夫道는 仁恕쑨이라 하셧나니라[62]

이상재는 참된 평화에 대하여 말하면서 마태복음 12장 25절 "예수께서 그들의 생각을 아시고 이르시되 스스로 분쟁하는 나라마다 황폐하여질 것이요 스스로 분쟁하는 동네나 집마다 서지 못하리라"는 내용과 『맹자(孟子)』 공손추(公孫丑) 하편에 있는 "하늘이 주는 때는 지리적인 이로움만 못하고, 지리적인 이로움도 사람의 화합만 못하다"는 말을 인용하여 예수의 말과 맹자의 말이 다르지 않음을 말한다. 또한 진정한 평화의 핵심을 인애와 용서라고 말하고 예수 그리스도의 대속적인 사랑을 잊지 말 것을 강조하면서 동양 성

62 이상재, "眞平和,"「新生命」 제10호(1924. 4), 31-32.

현의 인서(仁恕, 어짊과 용서)에 대한 가르침도[63] 함께 강조하고 있다. 이렇게 이상재의 인식 속에는 기독교와 성리학의 핵심들이 충돌 없이 연계되어 있음을 알 수 있다.

이상재는 동도의 완성인 기독교의 핵심을 도덕과 윤리로 보았다. 그는 성리학의 도덕과 윤리가 기독교 신앙 안에서 그 의미를 더욱 깊이 발견할 수 있고, 기독교의 중심매체인 윤리와 도덕의 가치 속에서 통합, 완성되었다고 파악했다.[64] 나아가 그는 도덕적인 가치를 시공을 초월하는 고유하고 본연적인 가치로 생각하여 다음과 같이 강조하기도 했다.

> 도덕과 윤리는 인류의 고유한 본연적인 것이다. 이것을 풀이나 나무에 비유하자면, 싹이 틀 때 싹이 트고 잎이 무성할 때 잎이 무성하며, 꽃이 필 때 꽃이 피고, 열매를 맺을 때 열매를 맺는 것과 같다. 그것의 변화의 과정이 각각의 그 시기를 따라서 변화해 가지만, 그 뿌리에서 떠나지 않는다. 계절이 바뀌는 순서에 비유하자면, 따뜻해질 때 따뜻한, 시원해질 때 시원한, 추워질 때 추운, 더워질 때 더운, 시간 변화에 대한 바뀌지 않는 응답이 있지만, 태양은 본래 그 자리에 있는 것이다. 인류의 도덕과 윤리는 초

---

63 이상재가 말한 "東洋 先聖도 夫道는 仁恕뿐이라 하셧나니라"는 내용은 『논어(論語)』「이인(里仁)」의 "子曰 參乎 吾道一以貫之. 曾子曰 唯. 子出, 門人問曰 何謂也 曾子曰 夫子之道 忠恕而己矣", "공자가 말했다. 삼(증자의 이름)아! 나의 도는 하나로 관통되어 있다. 증자가 대답했다. 그렇습니다. 공자가 나가고 제자들이 물었다. 무슨 뜻입니까? 선생님의 도는 충(인-어짊)과 서(용서)일 따름입니다." 라는 내용을 축약 인용한 것으로 보인다.

64 김권정, "한국기독교 초기 유교지식인의 기독교 사회윤리 연구: 월남 이상재를 중심으로," 「기독교사회윤리」 20집(2010), 117.

목에게 있어서는 뿌리와 같고 계절의 변화에 있어서는 태양과 같다. 따라서 아무리 시대의 주의가 변화한다 하더라도 그 고유한 본연적인 것은 변화할 수 없다.[65]

그는 이렇게 불변의 가치를 지닌 도덕과 윤리의 근원을 종교로 보고, 종교로부터 나오는 도덕적인 힘이 사회에 전반적으로 발휘되어야 함을 강조했다.

뜻있는 여러 사람들이 이것에 분개하여 물질을 발달시키는데 과학이 급선무임을 깨닫고 과학 통신사를 설립하였으니, 이것에 대해 찬성하는 의사를 표한다. 그러나 슬픈 곡조의 한 마디를 덧붙이고자 하니, 굽은 것을 바로잡으려다가 곧은 것에 허물함은 옛사람이 경계한 바이다. 만일 도덕문명이 쇠약을 스스로 취하였다고 하여 물질적 과학에만 치중하여 전속력으로 급히 나아가고 도덕을 경시한다면 뿌리 없는 초목과 기초 없는 가옥과도 같아져, 결국은 엎어지고 부패하는 화에 이르게 될 것이다. 잠시의 사나움을 스스로 믿고 재앙과 독을 세계에 보급하다가 이미 망한 어떤 나라와 장차 망할 무슨 무슨 민족으로 거울삼아 돌아본다면, 우리 민족의 무궁한 행복과 영원한 문명이 여기에 있다고 할 것이니, 도덕은 종교 밖에 있지 않다.[66]

---

65 이상재, "청년이여(1)," 윤소영 편, 『월남 이상재 민족운동 자료집』(천안: 독립기념관 한국독립운동사연구소, 2021), 150.

66 이상재, "문명의 해석," 윤소영 편, 『월남 이상재 민족운동 자료집』, 185.

결국 이상재는 기독교 신앙을 통하여 성리학의 전통적 사유를 근대적 의미로 재해석하여 통합한 것으로 볼 수 있다. 물론 이상재가 기독교의 핵심을 도덕과 윤리로 보고 도덕적 힘을 강조했다고 해서 그의 신앙이 단순히 도덕적 기독교 차원이라고 생각할 수는 없다. 그의 도덕 담론은 창조주 하나님과 중보자 예수 그리스도에 대하여 분명히 인식하고, 그에 근거한 초월적 사랑과 용서, 자기희생을 강조한 것이기 때문이다.

유성준에게서도 기독교와 성리학을 연속의 관점으로 보는 경향을 발견할 수 있다. 그는 「청년」 1921년 7-8월호에 쓴 "심사(深思)하자"라는 글에서 "기독의 지(旨)와 공자의 여(廬)와 은왕(殷王)의 근(勤)과 화옹(華翁)의 명(明)과 이문성(李文成)의 지(智)와 정충무(鄭忠武)의 능(能)으로 양감(良鑑)을 작(作)할 것이나"라고 하면서 사람들이 구습에서 벗어날 수 있도록 하기 위하여 다음과 같이 해야 한다고 강조하고 있다.

> 舊慣에 中毒되고 俗習에 痲醉한 心神들을 무엇스로 治療하야 蘇醒케 할고. 吾人의 靈性을 善養하야 宗教의 眞理로 基礎를 定하고 哲人의 良規로 門路를 作할 것이 아닌가. 思할지어다. 思하여도 深思하자. 思하면 得하나니 得할 것은 무엇인가. 萬障을 排하고 上帝께셔 畀付하신 萬物 中에 貴且靈한 吾人의 地位를 回復하야 狂風怒濤에 屹然特立할 것이다. 深思하자 우리 동포여.[67]

---

67 유성준, "深思하자," 「青年」 제1권 5호(1921. 7-8), 3.

이렇게 유성준은 하나님께서 사람에게 부여하신 만물 중에 귀하고 신령한 지위를 회복하기 위해서 종교의 진리, 즉 기독교의 진리와 철인의 규범, 즉 동양 성현들의 가르침이 함께 필요한 것으로 보고 있다. 결국 예수와 공자의 관계도 서로 배타적일 필요가 없는 것이다.[68] 유성준은 1905년 유배에서 풀려난 후 1906년에 내부 경무국장에 임명되어 관직에 복귀하여 1929년까지 관직생활을 했다. 그는 관직에 있을 때 각종 연회에 참석해서도 기독교 신앙을 이유로 술을 마시지 않았으며 충청북도 참여관(參與官)으로 재직하던 시기(1910-1916년)에는 데라우치 총독이 주최한 연회에서도 총독이 주는 술잔을 거부한 적도 있었다.[69] 그리고 조상에 대한 제사도 지내지 않았다. 이렇게 당시의 기독교 윤리에 철저한 모습을 보이기도 하지만 여전히 공자를 대성인으로 숭앙하며 그의 가르침을 따르고자 하는 모습을 동시에 가지고 있기도 했다.

---

68 장석만, 『한국 근대종교란 무엇인가?』, 132.

69 유성준, "밋음의 動機와 由來," 「기독신보」 1928년 8월 1일.

Jesus

2부

기독교 신앙과 교육운동

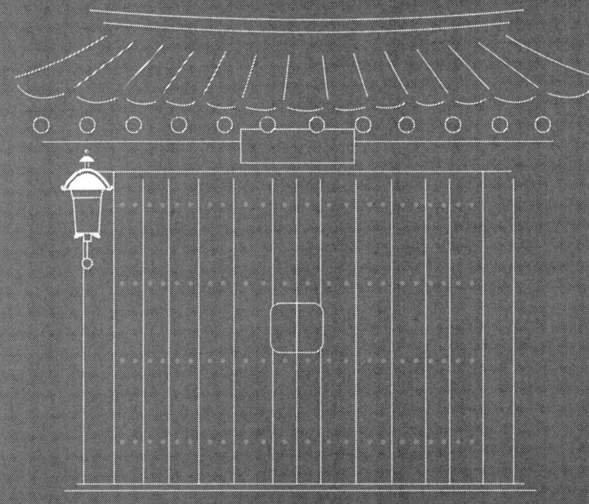

4장 · 연동교회와 교육활동

faith

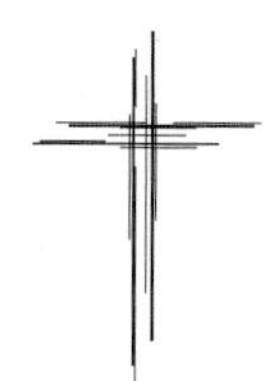

1. 옥중 입교인들은 왜 연동교회로 갔을까?

옥중 기독교 입교인들 중에 김정식, 이상재, 이원긍, 홍재기 등은 1904년 3월 20일에 석방되었다. 김정식은 1904년 2월 25일에 석방되었다고 기록했지만,[1] 이 기록은 착오로 보인다. 1904년 3월 20일에 의정부 참정(參政)과 법부대신이 평리원 검사 홍종억(洪鍾檍)의 보고서에 근거하여 김정식, 이상재, 이원긍, 홍재기 등의 무죄 방면을 상주(上奏)하고 봉행했다는 기록이 있으므로,[2] 이들의 석방은 3월 20일로 봐야 할 것이다. 이승만은 같은 해 8월 4일에 석방이 결정되고,[3] 8월 8일에 풀려났다.[4] 이상재의 아들 이승인은 1904년 3월 20일에 태(笞) 100대, 징역 10년을 선고받아서[5] 계속 수감되어 있다가 1905년 10월 5일에 석방되었다.[6] 유성준은 1904년 3월 20일에 2

1 김정식, "信仰의 動機," 7.

2 "彙報-司法,"「官報」제2785호(1904년 3월 28일), 71.

3 『고종실록』1904(고종 41)년 8월 4일 ; "彙報-司法,"「官報」제2912호(1904년 8월 23일), 55.

4 박미경 역, 『국역 윤치호 영문 일기 5』(과천: 국사편찬위원회, 2015), 1904년 8월 9일, 55.

5 "彙報-司法,"「官報」제2785호, 71.

6 "彙報-司法,"「官報」제3265호(1905년 10월 9일), 18.

년 반의 유배형을 선고받아 황해도 황주군 철도(鐵島)에 유배되었다가[7] 1905년 5월 9일에 풀려났다.[8] 안국선은 1904년 3월 20일에 종신 유배형을 선고받고 전남 진도군 금갑도(金甲島)에 유배되었다가[9] 1907년 3월 20일에 석방되었다.[10]

이렇게 석방된 사람들 중 1904년 11월 4일에 미국으로 가기 전까지 상동교회에서 활동한 이승만을 제외하고, 상당수의 사람들이 연동교회에 출석하기 시작했으며,[11] 세례를 받았다.[12] 그들은 왜 연동교회를 선택했을까? 이에 대해서는 그들이 먼저 감리교회에 갔지만 거절당하고 게일에게 갔다는 것과 수감자에 대한 게일의 선

---

7 "彙報-司法,"「官報」 제2785호, 71.

8 유성준은 "밋음의 動機와 由來"에서 1905년 4월 중순에 특사로 석방되는 꿈을 꾼 후 다음 날 특사령을 전하는 전보를 받았다고 했지만 『승정원일기』와 『고종실록』에 의하면 1905년 5월 9일(음 4월 6일)에 유배 중에 있는 유성준, 김봉석, 국기춘, 김기세, 박희병, 이선재 등을 석방하라는 조령(詔令)이 내려졌다. 유성준, "밋음의 動機와 由來,"「기독신보」 1928년 7월 25일 ; 『승정원일기』 1905(고종 42)년 5월 9일(음 4월 6일) ; 『고종실록』 1905(고종 42)년 5월 9일 ; "宮廷錄事,"「官報」 제3137호(1905년 5월 12일), 22.

9 "彙報-司法,"「官報」 제2785호, 71.

10 "彙報-司法,"「官報」 제3724호(1907년 3월 27일), 71.

11 한성감옥서 수감자 중 출옥 후 연동교회에 출석한 사람들의 명단에 대해서는 자료마다 차이가 있다. 게일은 5명(이원긍, 이상재, 김정식, 홍재기, 장은복)의 이름을 언급했고, 이능화는 9명(이원긍, 이상재, 조종만, 윤치호, 신흥우, 유성준, 박승봉, 김정식, 홍재기), 차재명은 5명(이원긍, 이상재, 유성준, 김정식, 홍재기), 연동90년사에서는 6명(이원긍, 이상재, 유성준, 김정식, 홍재기, 안국선), 연동100년사에서는 5명(이원긍, 이상재, 유성준, 박승봉, 김정식)을 언급하고 있다. 여러 자료에서 모두 언급되는 사람은 이상재, 이원긍, 유성준, 김정식, 홍재기 등 5명이다. J. S. Gale, "Church, Prison, and School," *KF*(Nov 1904), 219-220 ; 이능화, 『朝鮮基督教及外交史』, 203-204 ; 차재명, 『朝鮮예수教長老會史記』(경성: 조선기독교창문사, 1928), 122 ; 『연동교회90년사: 1894-1984』(서울: 연동교회, 1984), 77 ; 『연동교회100년사: 1894-1994』(서울: 대한예수교장로회 연동교회, 1995), 159-160.

12 연동교회에 출석한 옥중 입교인들의 세례 날짜를 정확히 알 수는 없다. 김정식은 "信仰의 動機"에서 자신이 1904년 10월 23일에 담임목사인 게일에게 세례를 받았다고 했고, 유성준은 "밋음의 動機와 由來"에서 유배에서 풀려난 후 김정식, 이상재, 이원긍, 홍재기 등의 권유로 연동교회에서 세례를 받았다고 기술하고 있다. 김정식, "信仰의 動機," 7 ; 유성준, "밋음의 動機와 由來,"「기독신보」 1928년 7월 25일.

교, 게일이 당시 황성기독교청년회 회장으로 있었다는 것이 선택 이유로 제시된 바 있고,[13] 또한 그들의 거주지가 주로 연동 부근인 중서(中署)와 북서(北署)에 위치해 있어서 지리적으로 가까운 연동교회를 선택했을 가능성과 게일이 선교사들 중 한국에 대한 지식과 이해가 깊었다는 점이 선택 이유로 제시되기도 했다.[14] 이에 근거하여 옥중 입교인들이 연동교회를 선택한 이유에 대해서 좀 더 보완하여 살펴보고자 한다.

먼저, 옥중 입교인들이 출석교회를 선택하려고 했을 때 처음부터 교파적인 인식을 가지고 선택하기보다는 옥중 선교를 했던 선교사들과의 관계, 자신들의 신분이나 교회의 특성(위치, 구성원, 신앙적 경향 등), 교회 내에서 장차 자신들의 활동 등을 고려했을 것이다.

이런 전제하에서 당시 한성부 안에 있는 교회들 중 고려할 수 있는 교회들은, 감리교회는 정동교회, 상동교회, 동대문교회 정도였을 것이고,[15] 장로교회는 정동교회(새문안교회), 연동교회, 중앙교회(승동교회의 전신) 정도였을 것이다. 감리교의 정동교회는 아펜젤러가 1902년 6월에 사고로 사망하여 최병헌이 뒤를 이어 담임자로 있었고, 상동교회는 스크랜턴(W. B. Scranton)이 어머니 스크랜턴 부

---

13 한규무, "게일(James S. Gale)의 한국 인식과 한국 교회에 끼친 영향-1898~1910년을 중심으로," 「한국기독교와 역사」 제4호(1995), 168-169 ; 한규무, "1900년대 서울지역 기독교회와 민족운동의 동향-정동·상동·연동교회를 중심으로," 16.

14 최기영, "한말 국민교육회의 설립에 관한 검토," 54.

15 미국 남감리회의 자골(資洞)교회가 있기는 했지만 여성들과 부인들이 주를 이뤘고, 1902년 9월부터 하운셀(C. G Hounshell)이 담임자가 되고, 1903년 가을에 하디를 강사로 부흥회를 하면서 남성교인들이 늘어나기는 했지만 1904년 3월 당시까지도 여성 중심의 교회로 인식되었을 것이다.

인의 치료 때문에 1901년 7월 말부터 1904년 9월까지 미국에 있었고, 1903년부터 전덕기가 본처 전도사로 시무하고 있었다. 동대문교회는 배재학당장 벙커가 담임하고 있었다. 장로교의 정동교회는 언더우드가 담임목사였고, 연동교회는 게일이 담임목사로 있었으며, 1904년 당시 구리개 제중원에 있던 중앙교회는 레널즈(W. D. Raynolds)가 임시 담임목사로, 클락(C. A. Clark)이 동사목사로 시무하고 있었다.

옥중 선교를 했던 선교사들과의 관계를 고려하면 감리교회 중에는 벙커의 동대문교회, 장로교회 중에는 언더우드의 정동교회, 게일의 연동교회가 선택 대상이었을 것이고, 계층(신분)이나 교회의 특성을 고려하면 감리교회 중에는 중류층 이하의 교인들이 많은 동대문교회나 상동교회 대신 정동교회를 선호했을 수 있다. 장로교회 중에는 백정교회로 불렸던 중앙교회 보다는 정동교회나 연동교회를 생각했을 수 있다. 교회와 연계된 정치, 사회 활동을 고려하면 전덕기를 중심으로 상동청년회의 활동이 활발했던 상동교회가 선택 대상이 될 수 있었다. 그런데 옥중 입교인들이 먼저 감리교회를 찾아갔지만 거절을 당했다는 기록이 있다.

> (이들은) 석방 후 먼저 감리교를 찾아갔지만 당시 감리회의 선교사 중에는, 기독교도로서 정치에 관계하는 것을 죄악이라고 하는 자가 많았기 때문에, 氏等은 장로회 게일의 허락으로 세례를 받았다.[16]

---

16 "朝鮮の基督教運動史,"「思想彙報」 제16호(1938. 9), 109. 한규무, "게일(James S. Gale)의 한

이 기록은 1904년 당시의 감리교 선교사들의 성향을 1938년에 조선총독부 고등법원 검사국 사상부의 시각으로 기술한 것일 수도 있는데, 이 글에서는 더 이상의 직접적인 자료를 제시하지 않아서 옥중 입교인들이 3개 감리교회 중에 한 교회를 선택해서 찾아간 것인지, 아니면 지방회(District)를 통한 의사 타진이었는지는 분명하지 않다.[17] 다만 당시 감리교 선교사들 중에 "기독교도로서 정치에 관계하는 것을 죄악이라고 하는 자가 많았"다는 것은 감리교 선교사들만의 입장은 아니었다. 즉 장로교 선교사들도 이미 1901년 9월에 열린 대한예수교장로회공의회 제9회 연례회의에서 "교회와 정부 ᄉᆞ이에 교졔홀 몇 됴건"을 발표하여 정교분리 입장을 공식화했다.[18]

이제 감리교회를 제외하고 장로교회 중에서 연동교회를 선택하게 된 시점에서부터 그 이유를 살펴보고자 한다.

첫째는 당시 연동교회의 담임목사로 있던 게일이 옥중 선교를 통해서 맺은 유대 관계가 긍정적으로 작용했을 가능성이다.

양반 관료들이 옥중에 있을 때 전도한 여러 선교사들 중 게일도 열심히 면회를 하면서 전도했다. 당시 한성감옥서를 직접 방문해

국 인식과 한국 교회에 끼친 영향-1898~1910년을 중심으로," 168에서 재인용.

17 이에 대해서 한규무는 옥중 입교인들이 정동교회를 찾아갔을 것으로 보고 있으며, 이유로는 상류층 출신인 이들이 중류층 이하 교인들이 많았던 상동교회나 동대문교회에 나가려 하지 않았을 것이라고 말하고 있다. 한규무, "1900년대 서울지역 기독교회와 민족운동의 동향-정동·상동·연동교회를 중심으로," 10.

18 선교사들의 정교분리 입장 천명은 국내, 국외적 정세가 격동하는 시기에, 1900년 중국의 의화단 사건, 1900년 11월 국내의 도륙밀지사건(屠戮密旨事件) 등이 발생하자 국내에서도 심각한 반기독교운동이 일어날 수 있다는 염려 속에서 결정한 것이다. 의화단 사건 및 도륙밀지사건과 연관한 선교정책의 변화 등에 대한 내용은 이혜원, 『의화단과 한국 기독교』(서울: 대한기독교서회, 2016), 124-151, 250-288등의 내용을 참고하라.

서 수감자들을 면회하고 전도했던 선교사들은 아펜젤러, 벙커, 존스, 헐버트, 언더우드, 게일, 에비슨 등이었다. 이 중 감리교의 벙커와 장로교의 언더우드와 게일이 감옥 선교를 활발하게 했다. 게일이 옥중 수감자들에 대한 면회와 전도에 열중한 것에 대해서 릴리어스 언더우드는 다음과 같이 기록하고 있다.

> 1904년과 1905년에 언더우드는 기회가 닿을 때마다, 특히 주일 오후에는 감옥을 찾아갔다. 그 당시에는 얼마간 정치적인 문제 때문에 감옥에 갇힌 높은 가문의 사람들이 많이 있었다. 외로움과 절망에 빠져 있던 그들은 옛 친구를 만나 복음의 메시지를 듣는 것을 즐거워했다. 이 일은 언더우드보다도 벙커와 게일 박사가 더 많이 했는데, 그들의 일은 수년 동안 지속되었다. 이때 뿌려진 씨앗들은 높은 한국 양반 가문의 수많은 사람들이 회개하는 것으로 열매를 맺었다. 감옥에서 읽을 것에 굶주려 있는 사람들에게 성경과 소책자와 찬송가를 건넸으며, 그들은 이것을 탐독했다. 이들은 풀려 나자 계속 선교사의 친구로 남았을 뿐만 아니라, 나아가 기독교의 친구가 되었다. 이들 중에 130명이 가족들을 데리고 교회에 나왔다.[19]

릴리어스 언더우드는 선교사들 중 벙커와 게일이 감옥 선교에 열중했음을 강조하고 있다. 따라서 수감자들을 방문한 여러 선교사

---

19 릴리어스 호턴 언더우드, 이만열 역, 『언더우드』(서울: 한국기독학생회출판부, 2015), 277.

들 중 벙커와 게일에 대해서 수감자들이 더 호감을 가졌을 수 있다.

게일은 1899년 9월에 원산에서의 선교를 마무리하고 선교지를 서울로 옮겼으며,[20] 1900년 4월에 사망한 기포드(D. L. Gifford)를 대신하여 연동교회와 기포드의 선교구역을 담당하게 되었다.[21] 그는 언더우드의 부탁으로 1889년부터 번역을 시작한 『텬로력뎡』을 1895년에 출간했는데,[22] 이 책은 한성감옥서 서적실에 비치된 한글책 중 인기가 높은 책이었으므로, 옥중 입교인들이 게일에 대해서 더욱 호감을 가졌을 것이다.

김정식의 경우에서도 볼 수 있듯이 『텬로력뎡』을 읽고 감명을 받거나 기독교 신앙을 갖게 되는 사례가 있었으므로 이 책의 번역자로 자신들을 자주 방문하는 게일에 대해서 호감을 갖는 것은 자연스러운 일이었을 것이다. 따라서 이런 요인들이 출옥 후 교회를 정할 때 게일이 시무하는 연동교회를 선택하는데 긍정적으로 작용했을 것이다.

둘째는 게일이 선교사들 중 한국의 역사와 문화에 대한 지식과 이해가 깊었다는 사실이 옥중 입교인들의 교회 선택에 긍정적인 영향을 끼쳤을 가능성이다.

---

20 게일은 1892년 원산선교를 시작하여 1899년 원산을 떠날 때까지 약 7년여를 원산에서 사역했는데, 실제로는 1895년 12월부터 1898년까지의 안식년 기간을 빼면 약 4년 10개월을 원산에서 지냈다. 유영식, 『착한목자 게일의 삶과 선교 1』, 311.

21 "1900년 5월 22일에 게일이 엘린우드에게 보낸 편지," 김인수 역, 『제임스 S. 게일 목사의 선교편지』(서울: 쿰란출판사, 2009), 127.

22 게일은 원래 언더우드가 미국에 있는 친구들의 부탁으로 천로역정을 번역하려고 했지만, 번역할 시간이 없다면서 자신에게 번역을 부탁했다고 말하고 있다. "조선 선교 보고서(1889)," 유영식, 『착한목자 게일의 삶과 선교 2』(서울: 도서출판 진흥, 2013), 296.

게일은 어학실력이 뛰어나서 한글뿐만 아니라 한문(漢文)에도 능통했다. 그는 1891년부터 한문을 공부해서 1892년에는 한문 성경을 읽을 수 있을 만큼 능통해 있었는데, 하루에 2시간씩 한문 공부를 하고 있었다.

> 저는 매일 아침 2시간씩 한문을 공부합니다. 그리고 공자(Confucius)를[23] 떠듬떠듬 읽습니다. 저는 1년여 전부터 한문을 배우고 있는데 지금은 한문으로 된 성경을 읽을 수 있습니다. 그것이 크게 뽐낼 만한 일은 절대 아닙니다만, 한문을 터득하는 지식은 조선의 문학을 이해하기 위한 조그마한 단계입니다. 완전한 생활용어도 한자를 모르는 상태에서는 불가능하기 때문에, 우리 선교사들이 한자를 배워야 한다고 저는 확신합니다. 어떤 선교사들은 한자가 그렇게 중요하지 않다는 입장을 취하고 있기 때문에, 이 문제는 단지 의견에 불과합니다. 만약 제가 원산으로 가는 경우, 서울에서와 마찬가지로 조선어와 한자 공부를 계속할 것이며 번역사업도 계속할 것입니다.[24]

게일은 1892년 4월 20일에 미국 북장로회 해외선교부 총무 엘린우드(F. F. Ellinwood)에게 보낸 편지에서 말한 것처럼, 1892년 6월 말부터 원산에서 선교사역을 하면서도 한문 공부를 꾸준히 했다. 이

---

23 논어(論語)를 의미하는 것으로 짐작된다.

24 "1892년 4월 20일에 게일이 엘린우드에게 보낸 편지," 유영식, 『착한목자 게일의 삶과 선교 2』, 98.

런 결과로 그는 조선시대에 편찬한 역사서인 『동국통감(東國通鑑)』을 번역하여 1895년에서 1896년 사이에 *The Korea Repository*에 4회에 걸쳐 연재했다.[25] 게일이 한문에 능통하여 유교 경전이나 조선의 고전 서적들을 두루 읽거나 번역까지 한 일은 단순히 그의 뛰어난 어학 실력을 입증하는 것에 그치지 않는다. 그것은 성리학자나 양반 관료들의 입장에서 보면 조선 사대부의 학문과 문화를 공유할 수 있는 자격을 갖춘 사람으로 여겨지는 것을 의미하는 것이다.[26]

게일은 당시 조선의 사대부들이 가지고 있던 학문적, 문화적 자부심에 대해서 잘 알고 있었다. 그는 사대부들이 서예(書藝), 즉 한자의 운필(運筆)이나 필법(筆法)을 배워서 문인(文人, litterateur)이 되는 것이 평생의 제일순위라는 것과, 한국의 선비들이 학문을 성취하기 위하여 쏟은 노력과 시간, 그리고 성취한 업적을 예일, 옥스퍼드, 또는 존스홉킨스대학의 졸업생들과 비교해 보면 한국 선비들이 이

---

25 *KR*(Sept 1895), 321-327 ; *KR*(Jan 1896), 14-19 ; *KR*(Mar 1896), 95-100 ; *KR*(May 1896), 183-188. 『동국통감(東國通鑑)』은 고구려, 신라, 백제 초기부터 고려 말까지의 역사를 기록한 편년사(編年史)로 1458(세조 4)년에 편찬을 시작해서 1484(성종 16)년에 완료했는데, 56권 26책으로 되어 있다. 게일은 이 중에서 고구려, 신라, 백제 등의 역사 부분을 번역하여 소개했다. 게일은 이외에도 성현(成俔)의 『용재총화(慵齋叢話)』나 조선 후기 문신인 김창업(金昌業)의 작품을 번역하기도 했으며, 영국왕립아세아학회 한국지부에서 발행하는 「트랜스액션(*Transactions*)」에도 한국 관련 논문들을 기고했다. 1912년에 출간된 캐나다 인명사전은 그를 '한국을 서양세계에 소개한 제1인자'라고 기록했다. 정치영, "서양인의 눈에 비친 금강산: 게일을 중심으로," 이상훈 외, 『영국왕립아세아학회 잡지로 본 근대 한국 1』(성남: 한국학중앙연구원 출판부, 2019), 24-26.

26 게일은 1893년 3월 18일에 보낸 편지에서도 조선에서는 심지어 중인계층에게조차 존경을 받으려면 구어(한글)뿐만 아니라 문어(한자)도 능통해야 한다고 강조하면서, 선교사들에게 끈기를 가지고 한자를 공부하도록 권유한다고 보고하고 있다. "1893년 3월 18일에 게일이 엘린우드에게 보낸 편지," 김인수 역, 『제임스 S. 게일 목사의 선교편지』, 59.

룬 성과가 더 높다고 평가하기도 했다.[27] 그러므로 옥중 입교인들이 한국의 역사와 문화에 대한 지식과 이해가 깊고 사대부들의 학문과 문화에도 박학(博學)한 게일에 대하여 긍정적으로 생각하도록 했을 것이며, 이런 요인이 연동교회를 선택하는데 영향을 끼쳤을 것으로 보인다.

셋째는 당시 한성부 안에서 선택 가능한 장로교회와 지리적인 이유를 생각해 볼 수 있다. 옥중 입교인들이 장로교회를 선택하고자 했을 때, 1904년 당시 한성부 안에서 선택 가능한 장로교회는 매우 제한적이었다. 도성 안쪽에서는 정동교회(새문안교회), 중앙교회,[28] 연동교회가 전부였고, 도성 밖 성저십리(城底十里)안에서는 양화진과 가까운 북서(北署) 연희방(延禧訪) 세교리(細橋里)에 있는 잔다리교회가 전부였다. 중앙교회는 백정교회, 또는 첩장교회라는 별칭을 가진 교회로 1893년 곤당골교회로 출발하여 신분갈등으로 홍문동교회의 분열 및 재결합, 1902년 출교사건 등을 겪은 교회였으므로 양반 관료 출신인 옥중 입교인들이 선택하기에는 무리가 있었다. 잔다리교회 또한 양화진과 세교리에 사는 선인(船人)이나 상인들인 강 주변 사람(江上之民, 江民)들이 주를 이루는 교회였고, 거리상으로도 너무 멀리 있었다.

---

27 J. S. Gale, *Korea in Transition*, New York: Young People's Missionary Movement of the United States and Canada, 1909, 140-141.

28 1905년 8월 승동으로 이전하기 전의 홍문동교회로 1904년 당시에는 아직 구리개(동현)에 있는 제중원에서 예배를 드리면서 '구리개(동현)회당', '구리개(동현)에배당', '중앙교회(Central Church)' 등으로 부르고 있었다. 김일환, "홍문동교회의 설립과 분열에 관한 연구: 1902년 징계사건을 중심으로,"「한국기독교와 역사」제51호(2019. 9), 30-31.

결국 옥중 입교인들이 선택할 수 있는 교회는 언더우드가 담임목사로 있는 정동교회와 게일이 담임목사로 있는 연동교회뿐이었다. 이런 상황에서 동서(東署) 연화방 연지동에 위치한 연동교회와 중서(中署) 정선방 대묘동과 북서(北署) 양덕방 계동, 안국방 소안동에 있는 이원긍, 홍재기, 유성준, 이준 등의 거주지가[29] 지리적으로 가깝다는 것이 긍정적으로 작용하고, 여기에 앞에서 언급한 게일과의 유대관계까지 생각하면 옥중 입교인들이 연동교회를 선택한 것은 자연스러운 결과라고 할 수 있다.

---

29 이원긍의 집은 중서(中署) 정선방(貞善坊) 금만년계(金萬年契) 대묘동(大廟洞), 홍재기와 유성준의 집은 북서(北署) 양덕방(陽德坊) 계산동계(桂山洞契) 계동(桂洞), 이준의 집은 북서 안국방(安國坊) 소안동계(小安洞契) 소안동(小安洞)에 있었다. 1904년 당시 이상재의 거주지를 파악하는 데는 어려움이 있다. 그는 셋집생활을 많이 했는데, 1927년 3월 29일 별세할 당시의 거주지는 경성부 재동 68번지였다. 국사편찬위원회 편, 『大韓帝國官員履歷書』(서울: 탐구당, 1972), 271, 294, 464-465, 481, 541, 828, 831 ; 조창용, 독립기념관 한국독립운동사연구소 편, 『白農實記』(천안: 독립기념관 한국독립운동사연구소, 1993), 40-41 ; "會況," 「青年」 2권 11호(1922. 12), 60 ; "月南李商在先生長逝," 「中外日報」 1927년 3월 31일.

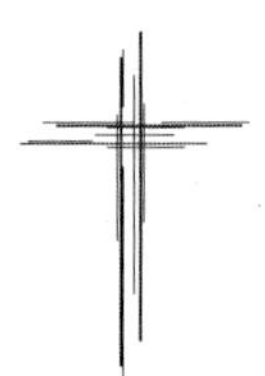

2. 연동교회와 연결된 교육활동

1) 교회 안의 기독교 교육

연동교회에 출석한 옥중 입교인들의 활동은 연동교회, 기독교 학교, 교육단체, 황성기독교청년회 등과 연계되어 있다. 1904년 겨울에 연동교회 소속 교육기관인 부용회(芙蓉會) 조직, 연동여학교와 경신학교의 교육 참여, 1904년 8월에 국민교육회 설립, 황성기독교청년회의 교육부 활동 등을 보더라도 그들의 활동은 교회에서의 신앙생활과 함께 기독교교육과 근대적 교육운동에 집중하는 특징을 지니고 있다. 또한 이것은 교육을 통해서 국민과 국가의 실력을 양성하여 국권을 지키려는 교육구국운동의 성격을 띠고 있다.

연동교회를 중심으로 서울 지역 장로교의 선교활동과 기독교교육 사업이 전환기를 맞이한 계기는 1894년 연지동(蓮池洞)에 연동교회가 설립된 후, 이어서 남녀학교가 정동을 떠나 연지동으로 옮겨오고, 미국 북장로회 서울 선교지부의 주요 건물도 정동에서 연지동으로 이전해 오면서 연지동이 서울 지역 장로교회의 중심지로 변모하면서부터였다.

원래 연지동이 위치한 동서(東署) 연화방(蓮花坊)은 효종대에 하도감(下都監)을 설치하여 명나라 유민들을 군제에 편입시키고 동촌에 군병들이 살도록 하면서 군인들의 주거지역으로 조성되었다. 정조대에는 이현궁(梨峴宮) 터에 장용영을 설치하면서 18세기 말까지 장용영 군사들의 주거지가 형성되었다. 정조의 문집인 『홍재전서(弘齋全書)』에는 장용영의 설치에 대해서 다음과 같이 기록하고 있다.

> 국도(國都)의 동쪽이 텅 비어 있기 때문에 동문(東門)은 그 편액의 글자를 한 자 더 많게 하고 그 성곽을 치성(雉城)으로 설치하였으니, 옛 사람의 은미한 뜻을 볼 수 있다. 효묘조(孝廟朝)에 이미 하도감(下都監)을 설치하고 또 훈국(訓局)의 군병을 동촌(東村)으로 옮긴 것 또한 이러한 뜻이었다. 내가 장용영(壯勇營)을 이현(梨峴)에 설치하고 이어 본 영장(營將)으로 하여금 군교(軍校)를 거느리고 통화문(通化門) 동쪽, 이현 위쪽으로 이거(移居)하여 채우도록 하였으니, 이 또한 장구하고 원대하였던 성스러운 계책을 우러러 이어받으려는 것이다.[30]

이렇게 장용영이 설치되고 주거지가 형성되면서 18세기 말까지 연화방은 장용영의 영내로 관리되었다. 이후로도 원남동과 연지동 일대에 군병들의 주거지가 계속 형성되었고 19세기 말까지도 큰

30 『홍재전서(弘齋全書)』 제168권 「일득록(日得錄)」 8, “정사(政事),” 3.

변화가 없었다.[31]

1903년에 작성한 「광무호적(光武戶籍)」을 살펴보면 당시 연화방에 살았던 호주들의 직업분포를 파악할 수 있다. 훈련도감의 무예별감 46가구, 문기수(門旗手) 1가구, 국출신(局出身) 1가구, 통장(統長) 1가구 등 훈련도감에 근무했던 가구가 49가구로 전체의 20% 이상을 차지했다. 여기에 군영의 대장인 중군(中軍) 출신 1가구, 절충(折衝)장군 2가구, 군직(軍職) 출신 24가구와 경무직(警務職) 출신 27가구를 합하면 군경직 관련 가구는 103가구로 전체의 50%에 이른다. 군경과 일반 관직까지 포함하면 131가구로 전체의 60%에 가까웠다. 연화방은 대부분의 가구가 주변의 궁과 군영 관련 시설에 근무하는 관료들이 주로 살던 지역이었고, 정헌(正憲), 자헌(資憲), 가의(嘉義), 가선(嘉善), 통정(通政)대부, 지사(知事), 특진관(特進官) 등 정, 종2품과 정3품의 고위 관료 출신들도 많이 거주하던 지역이었다. 이외에도 이현(梨峴) 일대에 형성된 이현시장과 관련하여 상업에 종사하는 상인도 19가구가 거주하고 있었음을 알 수 있다.[32]

이런 연화방 연지동에 1894년에 연못골 교회(연동교회)가 시작되었다.[33] 연못골 교회의 시작에 대해서는 1896년에 "京城府 蓮洞敎會가 成立하다. 先是에 宣敎師 閔老雅 助師 金興京이 協力傳道하

---

31 서울역사박물관, 『연지·효제 새문화의 언덕』(서울: 서울역사박물관, 2020), 36.

32 서울역사박물관, 『연지·효제 새문화의 언덕』, 41.

33 연동교회가 처음 시작될 때에는 주로 연못골 교회라고 불렀다. 1897-1899년 「그리스도신문」에서는 주로 '련못골'이라고 부르고 가끔 '련동'으로 부르기도 했다. 선교사들도 'Yun Mot Kol'이라고 불렀다.

야 信者 漸起 함으로 教會가 設立되다"[34]라고 기록한 것과 1894년에 선교사 무어(S. F. Moore, 牟三悅)와 조사(助事) 김영옥(金泳玉)과 천광실(千光實)등에 의해서 설립된 것으로 보기도 한다.[35] 그런데 1894년 12월에 열린 미국 북장로회 한국선교회 연례회의에 보고된 서울 선교지부의 전도 보고서에서는 다음과 같이 보고하고 있다.

> 정동교회 정기 출석 교인 중 상당수가 연못골로 옮겨갔는데, 리 목사가 이미 예배를 시작했습니다. 무어 목사의 상기 청구와 함께 리 씨의 지도하에 있는 연못골 교회 분리 안을 선교회 교회 회기에 검토해 줄 것을 건의하는 바입니다.[36]

이 보고서에서는 연못골 교회가 정동교회의 출석 교인 중 상당수에 의해서 선교사 그래함 리(Graham Lee, 李吉咸)의 지도하에 시작되었다고 기록하고 있다. 여러 기록들을 종합해 보면 연못골 교회의 설립에는 선교사 무어, 그래함 리, 밀러(F. S. Miller, 閔老雅) 등과 조사 김영옥, 천광실, 김흥경, 그리고 정동교회 교인들이 참여했음을 알 수 있다.[37] 이렇게 시작된 연못골 교회는 1899년에 세례교인 59명, 학습교인 20명, 원(願)입교인(입교희망자) 90명이 출석하는 교회로 발

---

34 차재명, 『朝鮮예수教長老會史記』, 33.

35 고춘섭 편, 『사진으로 보는 연동교회110년사: 1894-2004』(서울: 대한예수교장로회 연동교회, 2004), 205.

36 이만열, 옥성득 편역, 『언더우드 자료집 II』(서울: 연세대학교 출판부, 2006), 147-148.

37 연동교회의 창설 년도 고증 문제와 설립 초기 역사에 대한 내용은 고춘섭 편, 『연동교회 120년사: 1894-2014』(서울: 대한예수교장로회 연동교회, 2015), 142-148을 참고하라.

전했다.[38]

1899년 9월에 원산 선교를 캐나다장로회 선교부에 이양하고 서울로 올라온 게일이 연동교회를 담임하게 된 것은 그동안 담임목사로 있던 기포드(Daniel L. Gifford, 奇普)가 1900년 4월에 세상을 떠났기 때문이다. 게일은 기포드를 대신하여 1900년 5월부터 연동교회의 담임목사로 시무하게 되었다. 게일이 담임목사가 되면서 연동교회는 빠르게 성장한 것으로 보인다. 1904년 연동교회의 주일예배 출석 교인수가 163명이었는데, 1906년에는 주일예배 출석 교인이 평균 500명 정도로 늘어났다.[39]

게일이 1908년 8월 19일에 쓴 연동교회의 현황에 대한 글에서는 교회의 상황을 이렇게 기록하고 있다.

> 매주일 아침마다 8백-1천명이 거적때기를 깔고 조선식으로 양다리를 쭈그리고 앉아 예배를 본다. 크기가 60×80피트 공간의 오른편엔 비단 두루마기를 입고, 갓을 쓴 남자들이 앉아 있다. 왼편엔 담색 치마에 쪽 찐 머리의 여자들로 꽉 차 있다. 부인네들과 아이들, 노인과 젊은이들, 양반과 평민, 전직 관리들, 전과범(前科犯) 등 모든 사람들은 그날의 메시지를 기다리며 우리가 예배를 집전할 때 간절한 마음으로 주목하고 있다.[40]

---

38 *General Report of Seoul Station(1898-1899)*, 25.

39 "1906년 3월 10일에 게일이 브라운에게 보낸 편지," 유영식, 『착훈목자 게일의 삶과 선교 2』, 106.

40 게일, "연못골 교회(예배)," 유영식, 『착훈목자 게일의 삶과 선교 2』, 326. 이 글의 영문 제목은

1908년 당시 연동교회는 매주일 예배인원이 1,000명에 이르는 큰 교회로 성장했고, 교인들도 양반, 관리, 평민 등 다양한 계층이 섞여 있음을 알 수 있다.

초기의 연동교회 교인들 중에는 양반이나 군직, 경무직 출신보다는 상인이나 천민 출신들이 많았다. 1896년부터 1911년 사이의 연동교회 세례교인 명부에는 542명이 기록되어 있는데, 이 중 직업을 기록한 사람은 160명이다. 서울선교지부가 정동에서 연지동으로 옮겨오면서 유입된 기독교 학교 학생과 교사, 선교사, 교회 관련 직업을 제외하면 52명의 직업이 기록되어 있다. 이 중 혜공(鞋工)과 양혜공(洋鞋工)으로 표시된 갖바치가 10명으로 가장 많으며, 망건공, 미투리일, 재봉소, 면상(綿商), 피상(皮商), 망건상, 거간상 등 상업에 종사하는 사람들도 많았다.[41]

이런 상황에서 1904년에 양반 관료 출신 옥중 입교인들이 출석하면서 양반 출신이나 관리 출신 교인들의 수도 어느 정도 증가했을 것이다. 1907년 3월 당시 연동교회의 사찰위원(查察委員) 명단을 보면 유성준, 홍재기뿐 아니라 이준(평리원 검사), 김형석(정3품), 김재현(정6품 사과(司果)), 신대균(전 군수), 이주완(부위(副尉)) 등과 같이 관리 출신 교인들이 사찰위원으로 활동하고 있는 것을 볼 수 있다.[42] 특히 옥중 입교인들이 연동교회에 출석하면서 나타나는 두드러진 변

"Lotus Town Cuurch(Service)"이다.

41 서울역사박물관, 『연지·효제 새문화의 언덕』, 133-135.

42 조창용, 독립기념관 한국독립운동사연구소 편, 『白農實記』(천안: 독립기념관 한국독립운동사연구소, 1993), 39-41.

화는 교육적인 활동이 활발해졌다는 것이다.

김정식을 중심으로 1904년 겨울에 연동교회의 청소년을 대상으로 하는 교회학교인 부용회(芙蓉會)가 설립되었다.[43] 이것은 연동교회의 교회학교 교육 측면에서 중요한 발전이라고 할 수 있다. 연꽃을 의미하는 부용이라는 이름은 교회가 있는 연지동(蓮池洞)에서 따온 것으로, 청소년들에게 기독교 신앙에 대하여 가르치고 아울러 애국 사상도 고취하기 위해서 "그가 혹은 사도로 혹은 선지자로 혹은 복음 전하는 자로 혹은 목사와 교사로 주셨으니 이는 성도를 온전케 하며 봉사의 일을 하게하며 그리스도의 몸을 세우려 하심이라"(엡4:11-12)는 성경 구절에 근거해서 설립했다. 부용회에는 처음에 20여 명 정도가 모였는데, 나중에는 80여 명까지 증가했다. 부용회는 가장 오래 된 교회 안의 청소년 단체로 평가되기도 한다.[44]

1906년 3월 5일과 4월 6일자 「황성신문」에는 부용회와 옥성회의 토론회 기사가 게재되었는데, 황성기독교청년회 회관에서 저녁 7시 30분에 시작하여 11시경까지 진행된 토론회에 대한 청중들의 호응이 대단했음을 알려주고 있다.

> 昨日 下午 七点 半鍾에 基督青年會舘에셔 桂山學校 玉成會員과 蓮洞學校 芙蓉會員이 外國人과 交婚ᄒᆞ자는 問題에 對ᄒᆞ야 聯合討論을 開ᄒᆞ얏는ᄃᆡ 可便은 芙蓉會오 否便은 玉成會라 兩便 會員

43 연동교회 80년사 편찬위원회, 『연동교회 80년사』(서울: 연동교회, 1974), 35-36.

44 고춘섭 편, 『연동교회 애국지사 16인 열전』(서울: 대한예수교장로회 연동교회, 2009), 98.

이 正副 演義를 定ᄒᆞ고 一場 討論ᄒᆞᄂᆞᆫᄃᆡ 有理ᄒᆞ고 滋味잇ᄂᆞᆫ 談鋒이 可히 傍聽客을 驚倒케 ᄒᆞᄂᆞᆫ지라 如墻觀者가 嘖嘖稱贊ᄒᆞ야 曰 如玉其人이오 初發芙蓉이라 ᄒᆞ더라.[45]

再昨日 下午 七時 半에 青年會에셔 玉成 芙蓉 兩會가 聯合 討論會를 開ᄒᆞ얏ᄂᆞᆫᄃᆡ 其 問題ᄂᆞᆫ 良將이 勝於賢相인ᄃᆡ 可便은 玉成會요 否便은 芙蓉會라 十餘歲 兒童들이 各其 意見을 提出 確論ᄒᆞᄂᆞᆫᄃᆡ 其 言辞智識이 快有前進之望ᄒᆞ야 有理ᄒᆞᆫ 言論과 快活ᄒᆞᆫ 氣像이 不下於長者ᄒᆞᆷ으로 傍聽人이 讃賞不已ᄒᆞ얏고 十一時量에 閉會ᄒᆞ고 兩會가 敬禮散歸ᄒᆞ얏더라.[46]

부용회에 영향을 받아서 1907년 5월 5일에는 집사 김종상의 주도로 연동소아회(蓮洞小兒會)가 설립되었다. 이것은 주일학교 조직 중 가장 오래된 것이다. 김종상은 정동감리교회 엡웟청년회에서 활동하다가 1904년에 황성기독교청년회 운동부 간사가 되면서 김정식의 전도로 1906년 6월부터 연동교회에 출석했다. 그 후 게일에게 세례를 받고 서리집사가 된 후에 연동소아회를 설립하여 운영한 것이다.[47]

김정식은 게일과 함께 1906년에 '이웃을 사랑하는 집'이라는 의미의 애린당(愛隣堂)이라는 교회 부속 교육관을 건립하기도 했다. 이

45 "雜報-兩校演討,"「皇城新聞」 1906년 3월 5일.

46 "雜報-青會演說,"「皇城新聞」 1906년 4월 6일.

47 서울역사박물관, 『연지·효제 새문화의 언덕』, 156 ; 고춘섭 편, 『연동주일학교 100년사』(서울: 연동교회 역사위원회, 2008), 161.

건물은 교인들과 주민들이 모금한 1백 여원의 돈으로 기존의 한옥을 사서 개축한 것으로 구조는 큰 마루방과 작은방, 부엌과 안방 등으로 되어 있었다. 김정식은 한동안 여기에서 기거하기도 했으며, 교회는 애린당에서 연동 남·여소학교를 운영했다.[48]

원래 연동소학교는 1898년에 설립됐다. 교회 부설로 세워서 초등교육을 실시하고 유지비는 교회가 부담하는 형태였다. 이에 대하여 함태영 목사가 기록한 연동교회 약사에서는 다음과 같이 언급하고 있다.

> 1898년(戊戌)에 남아 10여명을 모집해 연동소학교를 창립하고 이덕준(李德俊)씨가 시무케 되매 이로 말미암아 전도의 길이 더 열리다. 1899년(己亥)에 여자 약간 명을 모집해 여자교육을 시(施)하다.[49]

연동소학교의 수업 기간은 심상과(尋常科) 3년, 고등과 2-3년이었고, 입학 연령은 8살이었다. 교과목은 수신, 독서, 작문, 습자가 공통이고 심상과는 미술, 재봉, 체조 외에 선택 3과목, 고등과는 산술, 역사, 지리, 이과, 도화, 체조 외에 선택 5과목이었다.[50]

1906년에 애린당이 건립되면서 남녀학교를 분리해 연동여소학교와 연동남소학교로 개편했다. 이때 연동교회 교인들뿐만 아니라

48 유영식, 『착훈목자 게일의 삶과 선교 1』, 361 ; 고춘섭 편, 『연동교회 애국지사 16인 열전』, 100.

49 고춘섭 편, 『연동주일학교 100년사』, 51.

50 고춘섭 편, 『연동주일학교 100년사』, 51-52.

주변의 주민들도 자녀들의 초등교육을 바라며 애린당 건립에 지대한 관심을 가지고 모금을 한 것이다. 애린당을 건립하고 남녀소학교로 개편한 후에 학교는 발전을 거듭했다. 1908년 6월 26일에 제1회 졸업식을 거행했는데, 9명이 졸업을 했다. 「황성신문」에서는 연동소학교의 졸업생과 각 학년의 우등생을 소개하는 기사를 다음과 같이 게재했다.

> 去 六月 廿六日에 蓮洞小學校에서 夏期放學 試驗을 經ᄒᆞ고 第一回 卒業禮式을 行ᄒᆞ엿ᄂᆞᆫᄃᆡ 卒業學徒ᄂᆞᆫ 咸秉昇, 朴泳默, 高永益, 金春植, 閔泳珍, 崔載鎬, 劉奉玉, 金泳根, 李丙薰 等 九人이오 五年級 優等, 李光憲 四年級 優等 朴德常 三年級 優等 呂磐石 二年級 優等 李俊珪 一年級 優等 李龍이오 其他 各年級 進級 學徒가 二十名이라더라.[51]

기사에 의하면 제1회 졸업생은 함병승, 박영묵, 고영익, 김춘식, 민영진, 최재호, 유봉옥, 김영근, 이병훈 등 9명이었으며, 1학년 우등생은 이용, 2학년 우등생은 이준규, 3학년 우등생은 여반석, 4학년 우등생은 박덕상, 5학년 우등생은 이광헌이었다. 게일은 "연못골 교회(예배)"에서 "연못골 교회는 교사 4명의 보수를 지급하고 있을 뿐만 아니라, 145명의 학생들을 무상으로 돌보고 있다"고 1908

51 "雜報-蓮校夏試," 「皇城新聞」 1908년 7월 10일. 1908년 7월 8일자 「대한미일신보(大韓每日申報)」에도 동일한 내용의 기사가 게재되었다.

년 당시의 소학교 운영 상태를 언급하기도 했다.[52]

1909년에는 중등교육 기관인 정신(貞信)여학교와 경신(儆新)학교의 이름을 따서 연동여소학교는 정신여소학교로, 연동남소학교는 경신남소학교로 이름을 바꿨다.[53] 1913년에는 두 학교를 통합하여 보영학교(普永學校)로 교명을 바꿨는데, 1913년 1월 14일자 「예수교회보」에서는 보영학교에 대한 내용을 이렇게 보도했다.

> 경성 동부 연동예수교회 내에 있는 경신남소학교 일홈과 정신여소학교 일홈을 고쳐서 보영학교라 하였는데 그 이유는 남녀학교를 병합한 후에 처리상과 공문상과 교제상에 여러 가지 난편(難便)과 번쇄(煩瑣)함을 인함이라더라.[54]

2) 연동여학교와 경신학교

1887년 6월 엘러스(Annie J. Ellers)가 정동의 사택에서 한 명의 고아에게 글을 가르치면서 시작된 정동여학당이 연지동으로 옮겨온 것은 1895년이다. 학교부지는 1894년에 매입했지만 청일전쟁으로 인해 건축자재 구입에 어려움이 있어서 교사 신축이 지연되었

52 게일, "연못골 교회(예배)," 유영식, 『착한목자 게일의 삶과 선교 2』, 327.

53 고춘섭 편, 『연동주일학교 100년사』, 55.

54 「예수교회보」 1913년 1월 14일.

고, 결국 여러 채의 한옥을 개조해서 교사를 마련하고 1895년 10월 20일 이전한 후에 연동여학교로 이름을 바꿨다.[55] 연지동으로 이전한 여학교는 선교사들의 지지와 본국 선교부의 후원 속에서 새로운 발전의 전기를 마련할 수 있었는데, 연동교회의 담임목사인 게일도 연동여학교에 많은 관심을 기울였다. 1896년경에 교장 도티(Susan A. Doty)가 작성한 연동여학교의 시범운영 계획을 보면 다음 [표 7]과 같다.

[표 7] 1896년 연동여학교 시범운영 계획[56]

	1학년	2학년	3학년	4학년
학습	성경수업, 한글 읽고 쓰기, 교리 수업, 예수님의 일생, 훈아진언 등 읽기, 암산 수업	성경공부-누가복음, 복음요사, 시편, 구약 이야기책, 기억에 남는 사건, 글쓰기, 숫자 쓰기와 암산, 덧셈과 뺄셈	성경공부-요한복음, 시편, 주일학교 교리 수업과 교훈책, 『장원량우상론』,『텬로지귀』, 『인가귀도』, 『성전의 문지기』 읽기, 1학년에게 말씀 가르치기, 작문과 편지쓰기, 곱셈, 나눗셈, 분수 암산, 조선지도 그리기	사도행전, 잠언, 창세기, 이사야서, 『천로역정』, 『구세진전』, 주일학교 교리와 교훈책, 선교사역 돕기, 직업 강의, 분수계산, 이자 원리 복습, 작문, 생리학, 위생학, 가정방문, 진료소 돕기(여의사와 동행)
재봉	박음질, 홈질, 감침질	가봉, 수선, 1학년에서 배운 바느질 반복	재단하고 자신의 옷 만들기, 가봉	남성복과 여성복 만들기
가사일	침실, 교실, 식당 일은 2학년과 함께 할 것	1학년과 침실, 교실, 식당 일 담당, 3-4학년과 빨래 기본 교육	4학년과 요리, 빨래하기, 염색, 풀 먹이기, 다림질	요리, 빨래, 다림질, 염색, 풀 먹이기

55 "수잔 도티의 1903년 11월 16일자 편지," 정신여학교사료연구위원회 편, 『장로회 최초의 여학교 선교편지』(서울: 홍성사, 2014), 432 ; 정신여자중·고등학교 편, 『貞信百年史 上卷』(서울: 정신여자중·고등학교, 1987), 132.

56 서울역사박물관, 『연지·효제 새문화의 언덕』, 147, "1896년경 도티 교장의 정신여학교 시범운영 계획" 인용.

	1학년	2학년	3학년	4학년
유희	읽기 쓰기, 교리와 가사 등은 조선 교인 신여사가 담당. 도티 교장은 1주일에 1회 학습 내용 감독			
	강 여사는 빨래와 재봉 담당			

시범운영 계획을 통해서도 알 수 있듯이 연동여학교에서는 여성이 사회에 나가기 위해 배워야 할 학문뿐 아니라 가정에서 여성들이 해야 할 재봉, 세탁, 요리 등을 가르쳤다는 것을 알 수 있다. 이런 교육의 영향으로 연동여학교는 졸업생들의 사회 진출보다는 현모양처로서 가정에서의 역할에 충실하다는 평가를 받기도 했다.[57] 1902년 「그리스도신문」에서는 재학생 20여 명이 공부하고 있는 상황을 이렇게 소개하고 있다.

> 련동 녀학당에 학도가 지금 이십 명인ᄃᆡ 그 학교 규칙인즉 비단 학문만 ᄀᆞᄅᆞ쳐서 발신ᄒᆞ게 ᄒᆞᄂᆞᆫ 거시 아니라 ᄆᆞᄋᆞᆷ으로 ᄒᆞᄂᆞᆫ 공부와 힘으로 ᄒᆞᄂᆞᆫ 공부를 다 ᄒᆞᄂᆞᆫᄃᆡ 음식 ᄆᆞᆫᄃᆞᄂᆞᆫ 일과 바ᄂᆞ질 ᄒᆞᄂᆞᆫ 일과 국문과 국문 습ᄌᆞ와 셩경을 날마다 외오ᄂᆞᆫ 공부와 찬미와 풍류ᄒᆞᄂᆞᆫ 공부와 산술과 디리와 력ᄉᆞ와 한문과 한문 습ᄌᆞ와 화학과 간혹 톄죠 운동ᄒᆞᄂᆞᆫ 공부인ᄃᆡ 국문과 국문 글시와 신약젼셔를 독

57 서울역사박물관, 『연지·효제 새문화의 언덕』, 147.

> 송ᄒᆞᆫ 학도도 만코 디리와 력ᄉᆞ도 잘 알거니와 산술에 등분ᄭᆞ지 알고 한문은 거즌 이천ᄌᆞ 가량이나 아ᄂᆞᆫ거ᄉᆞᆯ 보니 우리 예수교회 즁 ᄲᅮᆫ만 유익ᄒᆞᆫ 거시 아니라 ᄒᆞᆫ 나라헤 크게 유익ᄒᆞᆫ 긔초가 될터히니 이거시 쥬 하ᄂᆞ님 압헤 감샤ᄒᆞᆫ 거시라.[58]

연동여학교는 1903년에 중등과정을 시작했는데, 게일은 현지인 교사와 선교사들을 교사로 채용하여 다양한 커리큘럼을 도입하여 교육의 질을 향상시켰다. 1904년에는 정신(貞信)여학교로 이름을 바꾼 후 1907년에 제1회 졸업생을 배출했다.[59] 1908년 6월 13일에는 제2회 졸업식을 거행했는데, 1908년 6월 10일자 「예수교신보」에서는 졸업 예정 소식을 다음과 같이 전하고 있다.

> 련동 정신(貞信)녀즁학교에서 본월 十三일 하오 이시에 뎨이회로 김함라 손월금 고슉원 박봉륜 김경순 제씨의 졸업 례식을 련동 례ᄇᆡ당에서 힝ᄒᆞᆫ다ᄂᆞᆫᄃᆡ 회쟝은 긔일씨오 본 학도들이 찬미ᄒᆞ고 송순명씨ᄂᆞᆫ 긔도ᄒᆞ고 긔일씨ᄂᆞᆫ 셩경 닑고 유셩쥰시ᄂᆞᆫ 황후 폐하 휘지(徽旨)를 닑고 교쟝 밀부인은 ᄀᆡ식 대지를 셜명ᄒᆞ고 리원긍씨ᄂᆞᆫ 축샤ᄒᆞ고 교감 신마리아씨ᄂᆞᆫ 학교 일을 보고ᄒᆞ고 녀즁학도 즁 몃 명을 ᄐᆡᆨᄒᆞ야 찬미ᄒᆞ고 교쟝과 교감 신마리아씨ᄂᆞᆫ 졸업ᄉᆡᆼ들의게 졸업증서를 주고 경경순씨ᄂᆞᆫ 홈자 풍금 치고 교슉원씨ᄂᆞᆫ 학교

58 "녀학당," 「그리스도신문」 1902년 4월 11일.

59 서울역사박물관, 『연지·효제 새문화의 언덕』, 149.

력ᄉᆞ를 설명ᄒᆞ고 찬미ᄒᆞᆫ 후에 ᄅᆡ빈 권면은 학부대신 리ᄌᆡ곤씨오 학도 김필려 김경슌 졔씨ᄂᆞᆫ 풍금을 아올나 ᄐᆞ고 ᄅᆡ빈 권면은 유길쥰씨오 김함라씨ᄂᆞᆫ 교육 문뎨로 답샤ᄒᆞ고 찬미ᄒᆞᆫ 후에 박봉륜씨ᄂᆞᆫ ᄋᆡ국 문뎨로 답샤ᄒᆞ고 손원금씨ᄂᆞᆫ 젼도 문뎨로 답샤ᄒᆞ고 찬미 합창ᄒᆞᆫ 후에 밀의두씨의 긔도로 폐회ᄒᆞᆫ다더라.[60]

졸업생은 김함라, 손월금, 고숙원, 박봉륜, 김경순 등 5명이었고, 교장 밀러 부인과 교감 신마리아 외에 게일, 밀러, 유길준, 유성준, 이원긍, 학부대신 이재곤 등이 참석 예정이었다. 이원긍은 1908년 4월에 이 학교의 명예 교사로 추천되었으므로[61] 그의 축사는 더 뜻 깊었을 것이다. 정신여학교는 1909년에 사립학교령에 따라 사립 정신여학교로 인가를 받았는데, 게일을 설립자로 등록했다.[62]

언더우드가 1886년 정동에 개설한 고아원에서 비롯된 남학교는 예수교학당, 민로아 학당, 구세학당 등으로 불리면서 운영되었지만 1897년 10월에 폐교되었다. 남학교가 문을 닫은 지 4년 후인 1901년에 게일은 연동교회 예배당 부속 가옥에서 중등과정의 학교를 시작했는데, 예수교중학교로 불렸다. 게일의 기록에 의하면 개교 당시에 남학생 4명이 공부하고 있었는데, 연동여학교 교장 도티가

60 "졍신녀즁학교 졸업식," 「예수교신보」 1908년 6월 10일.

61 "雜報-三高敎師," 「大韓每日申報(대한ᄆᆡ일신보)」 1908년 4월 16일. 기사 내용은 다음과 같다. "蓮동 耶蘇敎 女中학校에셔 該敎 長老 리源兢 氏를 名譽敎師로 推薦ᄒᆞ얏ᄂᆞᆫᄃᆡ 該氏ᄂᆞᆫ 年高 학高 職高 又信敎ᄒᆞ야 女校 敎師資格에 的當ᄒᆞ다고들 ᄒᆞ더라."

62 유영식, 『착ᄒᆞᆫ목쟈 게일의 삶과 선교 1』, 320.

지리를, 의사 필드(Eva H. Field)는 산술을, 한국인 이씨와 김씨는 한문을, 게일은 조선역사와 서양 인물사, 식물학을 가르치고 때로는 일반 상식도 가르쳤다.[63]

이 학교는 1902년에 한옥 두 채를 구입해 교사와 기숙사를 마련했고, 학생이 29명으로 늘어났다. 1905년에는 경신학교로 이름을 정했고 밀러(E. H. Miller, 密義斗)가 교장을 맡았다. 1906년에는 지하 1층 지상 2층의 서양식 본관(존 디 웰즈(John D. Wells) 기념관)을 신축했다.[64]

[그림 13] 존 디 웰즈 기념관(1906년)[65]

63 J. S. Gale, "The Intermediate School for Boys, Seoul," *KF*(Feb 1902), 5 ; J. S. Gale, "The Intermediate School," *KF*(Nov 1902), 68.

64 서울역사박물관, 『연지·효제 새문화의 언덕』, 106-107. 존 디 웰즈(John D. Wells)는 1884년부터 미국 북장로회 해외선교부 회장을 맡아오다가 1903년 10월에 88세의 나이로 사망했는데, 그를 기념하는 기금으로 경신학교의 본관 건물을 건축했다.

65 출처: *Korea Mission Field*, 2/10(Aug 1906), 181.

정동 지역에 있던 미국 북장로회 서울선교지부가 연지동으로 이전한 것은 고종이 경운궁을 확장하면서 선교지부의 부지를 매입하려고 했기 때문이다. 이에 따라 1900년부터 시작된 정동의 선교지부 부지 매각은 1902년까지 진행되었고, 이 과정에서 정동의 선교지부 부지를 6만원에 매도하고 연지동에 선교지부 부지를 5만원에 매입했다.[66] 이렇게 연지동으로 옮긴 선교지부는 도성의 동편, 중앙로 가까이에서 북쪽으로 뻗은 낮은 언덕 위에 여러 채의 건물들이 자리 잡고 있어서 '선교사 언덕(missionary ridge)'이라고 불렸다.[67]

이렇게 연지동에 연동교회, 남녀학교, 선교지부 등이 자리 잡으면서 "남여학교, 교회 사업을 통해 숨길 수 없는 복음의 빛이 이 어두운 수도의 한 지역을 비춰으로써 죄악에 빠진 영혼들이 하나님의 형상을 따르는 인생으로 변화"[68]되는 일이 진행되는 전환기에 옥중 입교인들이 연동교회에 출석하여 게일과 함께 교육활동을 전개한 것이다. 관료 출신인 이들의 출석과 활동은 미국 북장로회 서울선교지부의 기독교 교육 체계, 즉 교회를 통한 교육(신앙교육 및 초등교육)과 중등학교인 연동여학교와 경신학교에서의 교육 과정이 정착하는 데 긍정적으로 기여한 것으로 보인다.

1897년 8월에 열린 미국 북장로회 한국선교회의 제13차 연례회의에서는 선교교육과 관련하여 밀러(F. S. Miller)와 베어드(W. M.

66 해리 로즈, 최재건 역, 『미국 북장로교 한국 선교회사』(서울: 연세대학교 출판부, 2009), 108.

67 E. H. Miller, "The John D. Wells Training School," *KMF*, 2/10(Aug 1906), 181.

68 E. H. Miller, "The John D. Wells Training School," 181-182.

Baird, 裵緯良)가 교육정책에 대한 각자의 견해를 발표했다.[69] 한국선교회는 교육정책과 관련하여 초등학교교육은 현지교회가 담당하고, 중등교육 이상은 선교회가 담당한다는 방침을 가지고 있었던 것으로 보인다.

선교사의 관할 하에 현지교회에 의해 진행되는 초등학교 교육은 선교사가 한국인 교사를 선발하고 커리큘럼을 정하고 평가하도록 했다. 학생들에게 한국인으로서 마땅한 학생이 될 수 있는 기회를 주며, 학생들에게 읽기와 쓰기를 가르치는 것 등은 한국인 교사에게 권한을 맡기도록 했다.[70]

선교사가 직접 가르치는 중등학교 교육은 현지인들의 언어를 사용해야하며 산수, 지리, 철학, 생리학, 역사, 한글 문법, 고등수학, 화학 등과 함께 학생들을 유능하고, 지적이며, 적극적인 기독교인으로 양성하기 위한 학문들을 병행해서 가르치도록 했다. 그리고 성경은 단순히 교재로만 사용하는 것이 아니라 모든 교육이 성경을 의지할 수 있도록 가르쳐야 했다.[71]

---

69 두 사람이 어떤 내용을 발표했는지 공식적인 문서에는 나타나지 않는데, 리처드 베어드(Richard H. Barid)에 의하면 윌리엄 베어드가 발표한 논문은 "우리의 교육정책(Our Educational Polycy)"이며, 이것은 논의를 거쳐 한국선교회의 교육정책으로 채택되었다고 한다. 그러나 한국선교회가 윌리엄 베어드의 논문을 정식으로 채택하지 않은 것으로 보는 견해도 있어서 논란의 여지가 있다. 리처드 베어드, 숭실대학교 뿌리찾기위원회 역, 『윌리엄 베어드』(서울: 숭실대학교 출판국, 2016), 219 ; 류대영, "윌리엄 베어드의 교육사업," 「한국기독교와 역사」 제32호(2010. 3), 138-139.

70 이성전. 서정민, 가미야마 미나코 역, 『미국선교사와 한국 근대교육-미션스쿨의 설립과 일제하의 갈등』(서울: 한국기독교역사연구소, 2007), 68.

71 이성전. 서정민, 가미야마 미나코 역, 『미국선교사와 한국 근대교육-미션스쿨의 설립과 일제하의 갈등』, 68.

게일도 선교회의 이런 선교교육 목표에 따라 경신학교에서 중등 교육을 실시한 것으로 보인다. 1901년의 교과목을 보면 조선역사, 서양 인물사, 식물학, 일반상식, 수공예, 지리, 산술, 한자, 화학 등을 가르쳤다.[72] 연동교회에 출석하기 시작한 옥중 입교인들 중 김정식과 유성준은 이 경신학교의 교사로 교육에 참여한 것을 알 수 있다. 경신학교의 1901-1905년 교과목과 담당교사를 보면 다음 [표 8]과 같다.

[표 8] 1901-05년 경신학교의 교과목과 담당교사[73]

교과목	담당교사	교과목	담당교사
성경	김정삼, 게일	한문	정빈, 김도희, 김정식, 유성준, 이창직
교회사	게일	조선사	이창직
천문	게일	영어	디캠프(Allen F. DeCamp)
국어	김정삼	대수	밀러
산술	정해영	박물	기포드
물리	언더우드	화학	에비슨

72 유영식, 『착혼목쟈 게일의 삶과 선교 1』, 324.

73 경신사편찬위원회 편, 『경신사』(서울: 경신중고등학교, 1991), 208 ; 유영식, 『착혼목쟈 게일의 삶과 선교 1』, 325. 교사 중 영어를 가르친 디캠프(1848-1928, 태감부)는 1910년에 내한하여 1927년까지 사역한 것으로 알려졌고, 박물학을 가르친 기포드는 1900년 4월 16일에 사망했는데, 두 사람이 1901-05년 교과목의 담당교사로 명시되어 있는 것은 의문점이 있다. 미국장로교 한국선교회 편, 『미국장로교 내한 선교사 총람』(서울: 미국장로교 한국선교회, 2020), 54, 68.

당시 경신학교의 교사는 선교사 6명, 한국인 7명이었으며, 게일이 천문학을 소개했음을 알 수 있다.[74] 그리고 평양 숭실학교의 1901년 교과목과 비교해 보면 경신학교는 영어 과목을 개설했는데 숭실학교는 개설하지 않은 것을 알 수 있다.[75] 이것은 영어 교육에 대하여 서울의 게일과 평양의 베어드가 서로 다른 견해를 가지고 있었던 것으로 파악된다. 베어드는 선교학교에서 영어를 사용하거나 가르치면 세속적인 동기를 가진 학생들이 들어와서 학교의 기독교적 분위기를 해치고, 결국 교회지도자를 훈련시키는 데 방해가 될 것이라고 생각했다. 따라서 베어드는 중학교뿐만 아니라 대학에서도 한동안 영어를 가르치지 않았다.[76]

김정식과 유성준은 연동교회에 출석하면서 곧바로 경신학교에서 한문을 가르친 것으로 파악된다. 김정식은 1906년 8월에 도쿄 조선기독교청년회(YMCA) 설립을 위해 일본으로 가기 전까지 가르쳤을 것이고, 유성준은 1906년 1월에 내부 경무국장에 임명되었는데, 내직이었으므로 학생들을 계속 가르쳤을 가능성도 있다.

1907년 10월 12일부터 16일까지 「대한매일신보」와 「황성신문」에 게재한 경신학교의 학생모집 광고를 보면 교육과정과 과목, 담임교사 등을 알 수 있는데, 자세한 내용은 [표 9]와 같다.

---

74 게일은 1901년에 출간한 『유몽천자(牖蒙千字)』 1권으로 천문학을 강의했을 것으로 추정된다.

75 류대영, "윌리엄 베어드의 교육사업," 148.

76 류대영, "윌리엄 베어드의 교육사업," 147.

[표 9] 경신학교의 교육과정과 담임교사[77]

과정	개설 과목	교과서 및 내용
예비과 1년	성경	예수행적(耶蘇行蹟)
	산술	사칙잡제(四則雜題)
	한문	천로역정(天路歷程)
	국어	대한문전(大韓文典)
	작문	국한문공용
	역사	한국사
	지지(지리)	한국 지리
중학과 1년	성경	신구약성경
	산술	분수(分數) 시작
	한문	논어 강의
	역사	신정(新訂) 동국역사(東國歷史)
	지지	사민필지(士民必知)
	어학	영어, 일어 중 선택
	작문	국한문 공용
	이학(理學)	생리위생학
	음악	곡조(曲調)

77 "廣告-學員募集廣告," 「大韓每日申報(대한매일신보)」 1907년 10월 12일 ; "廣告-學員募集廣告," 「皇城新聞」 1907년 10월 12일 ; "廣告-私立儆新學校學員募集廣告," 「皇城新聞」 1907년 10월 16일.

과정	개설 과목	교과서 및 내용
중학과 2년	성경	신구약성경
	산술	백분대수(百分代數)
	한문	맹자(孟子)
	역사	만국사(세계사)
	이학	물리학
	어학	영어, 일어 중 선택
		지문학(地文學, 자연지리학)
	도화(미술)	그림 그리기
	음악	곡조
	작문	국한문 공용
중학과 3년	성경	신구약성경
	산술	대수기하(代數幾何)
	한문	중용(中庸), 대학(大學)
	역사	태서신사(泰西新史)
중학과 3년	이학, 화학	무기화학(無機化學)
	어학	영어, 일어 중 선택
		부기학(簿記學), 국가학(國家學)
	작문	순한문(純漢文)
담임교사	담당 과목	
이상재	한문, 논어, 맹자, 대학, 중용	
최광옥(崔光玉)	성경, 일어, 산술	
오천경(吳天卿)	성경, 지지, 역사, 산술	
밀러(密義斗)	영어, 이학, 화학, 음악	

경신학교의 교육과정은 예비과 1년 과정에 중학과 3년 과정으로 되어 있었으며, 담임교사는 교장인 밀러와 이상재, 최광옥, 오천경 등이었다.[78] 최광옥은 1904년 5월에 숭실학교를 졸업하고 1905년 4월에 일본으로 건너가 메이지학원, 세이소쿠(正則)학교, 도쿄고등사범학교, 메이지대학 등에서 청강생으로 공부한 후 1906년 7월에 귀국하여 관서지방을 중심으로 교육활동을 하던 중에 경신학교의 교사로 초빙되었다.[79] 오천경은 경신학교 제2회 졸업생으로 1903년 경신학교에 입학하여 1906년 6월에 졸업한 후 1907년 10월에 교사로 초빙된 것이다.[80] 이상재는 김정식과 유성준 대신에 한문 교사로 초빙되어 전(全)과정의 학생들에게 한문 『天路歷程』과 논어, 맹자, 대학, 중용 등 사서(四書)를 가르친 것으로 보인다.

이와 같은 교사들과 교과과정으로 1907년 11월 2일에 경신학교가 개학한 상황을 1907년 11월 13일자 「예수교신보」는 이렇게 전하고 있다.

> 본월 이일 하오 이시에 련동 교회 즁학교에서 기학례식을 힝ᄒᆞ엿

78 1907년 10월 9일자 「대한매일신보」에는 경신학교에서 최광옥, 오천경, 이상재 등을 교사로 초빙한 내용을 광고하고 있는데, 그 내용은 다음과 같다. "本校에셔 日本에 留學ᄒᆞ든 崔光玉氏를 總敎師로 吳天卿 氏로 副敎師로 李商在氏로 漢文敎師로 延聘하야 本月 十日 木曜부터 開學ᄒᆞ오니 照亮喜." "廣告," 「大韓每日申報(대한ᄆᆡ일신보)」 1907년 10월 9일.

79 최광옥(1877-1910)의 생애와 활동에 대해서는 다음 연구를 참고하라. 이명화, "韓末 崔光玉의 生涯와 救國運動의 性格," 「한국인물사연구」 5호(2006), 243-324 ; 최기영, "한말 崔光玉의 교육활동과 국권회복운동," 「한국근현대사연구」 제34집(2005. 가을), 37-62.

80 오천경(1886-1969)의 학적부 이름은 오천영(吳天泳)인데, 1924년까지는 이름을 오천경이라고 했다. 오천경의 경신학교 졸업증서가 남아있다. 고춘섭 편, 『사진으로 보는 경신학교 130년사』(서울: 학교법인 경신학원 경신중·고등학교, 2016), 28.

> ᄂᆞᆫᄃᆡ 고찬익씨ᄂᆞᆫ 긔도ᄒᆞ고 셩도들은 찬미ᄒᆞ고 회쟝 유셩쥰씨ᄂᆞᆫ 칙어를 봉독ᄒᆞ고 회쟝 어비신씨ᄂᆞᆫ ᄀᆡ회 대지를 셜명ᄒᆞ고 리목ᄉᆞᄂᆞᆫ 학교 창셜ᄒᆞᆫ 근원을 셜명ᄒᆞ고 교감 민쥰호씨ᄂᆞᆫ 학교 지금 형편을 셜명ᄒᆞ고 교ᄉᆞ 최광옥씨ᄂᆞᆫ 학교 젼졍을 셜명ᄒᆞ고 긔목ᄉᆞᄂᆞᆫ 유고 불참ᄒᆞᆫ ᄃᆡ에 학무국쟝 윤치오씨ᄂᆞᆫ 신학문의 필요ᄒᆞᆷ을 셜명ᄒᆞ고 셩도 심은동 졔씨ᄂᆞᆫ 답샤로 연셜ᄒᆞ고 리샹직 유셩쥰 졔씨ᄂᆞᆫ ᄅᆡ빈을 감샤ᄒᆞ고 리원긍씨ᄂᆞᆫ 츅샤를 랑독ᄒᆞ고 셩도들과 ᄅᆡ빈들이 ᄒᆞᆷ씌 만셰를 부르고 교쟝 밀의두씨가 긔도ᄒᆞᆫ 후에 폐회ᄒᆞ엿더라.[81]

이 개학식에는 이상재, 이원긍, 유성준 뿐만 아니라 연동교회와 경신학교의 관계자들과 학무국장까지 참석한 것을 알 수 있다. 이상재, 이원긍, 유성준은 경신학교를 확장하기 위해 1907년 11월에 선임된 찬무위원으로 함께 활동하기도 했다.[82]

옥중 입교인들 중 교과서를 저술한 사람도 있다. 이원긍은 1907년에 『한문(漢文) 대한지지(大韓地誌)』를 출간했고, 1908년에는 『초등여학독본(初等女學讀本)』을 출간했다. 『한문 대한지지』는 현채(玄采)의 권유로 정약용(丁若鏞)의 『강역고(疆域考)』와 『문헌비고(文獻備考)』를 참고하여 1907년 5월에 집필해서 10월에 출간했다.[83] 구성은 상하권

81 "련동즁학교 ᄀᆡ학," 「예수교신보」 1907년 11월 13일.

82 경신학교 확장을 위해 선임된 찬무위원은 이원긍, 송순명, 이상재, 김규식, 유성준, 서상륜, 고찬익, 김석태, 민준호, 신상민 등 10명이었다. "긔셔-학교를 확쟝ᄒᆞᄂᆞᆫ 취지셔," 「예수교신보」 1907년 12월 11일.

83 이원긍, 『漢文 大韓地誌』(京城: 桂洞, 1907), "大韓地誌序," 1-2. 『한문 대한지지』의 발행자가 현공렴(玄公廉)으로 나와 있는데, 현공렴(1876-1932)은 현채의 아들로 대한제국 시기와 일제시기

2책으로 되어 있고 상권에는 기자조선, 한사군, 삼한, 고구려, 옥저, 예맥, 말갈, 발해, 위례 등의 연혁과 한성지(漢城志), 한성부지(漢城府志), 경기도지, 황해도지, 평안남북도지, 함경남북도지, 충청남북도지, 강원도지, 전라남북도지, 경상남북도지를 서술했다. 하권에는 우리나라의 산과 강을 산경(山經)과 수경(水經)으로 나누었는데, 산경에서는 삼각산, 백두산, 낭림산, 두류산, 금강산, 오대산, 태백산, 속리산, 지리산 등을 비롯한 주요산과 산맥을 다루었다. 수경에서는 한강, 신연강(新淵江), 임진강, 예성강, 금강, 사호강(沙湖江), 섬강(蟾江), 낙동강, 금호강, 황둔강(黃芚江), 진강(晉江), 대동강, 능성강(能成江), 월당강(月唐江), 청천강, 대녕강(大寧江), 용흥강(龍興江), 압록강, 두만강 등에 대해서 설명하였다.[84]

이원긍은 여성교육에 관심을 가지고 여학교용 교과서인 『초등여학독본』을 저술했는데, 현재 확인되는 사립 여학교용 수신교과서는 이원긍의 『초등여학독본』과 장지연의 『녀ᄌᆞ독본』(1908년), 노병선의 『녀ᄌᆞ소학슈신서』(1909년) 등이 전부다. 이원긍은 연동여소학교나 연동여학교에서 교과서로 사용하기 위해서 『초등여학독본』을 집필했을 가능성이 높은데,[85] 1908년 4월에 연동여학교의 명예 교사로 추천되었기 때문이다.[86] 그는 『초등여학독본』 서언에서 책을

에 활동한 저술가이자 출판인이다.

84 이원긍, 『漢文 大韓地誌』, 1-67.

85 『초등여학독본』에 대한 연구로는 다음 논문을 참고하라. 박선영, "근대계몽기 여성교육용 독본과 가치 혼재 양상," 「한국문예비평연구」 제42집(2013. 12), 447-468 ; 김민재, "근대 계몽기 여학생용 초등 수신서의 특징과 한계 연구," 「초등도덕교육」 제43집(2013. 12), 29-60.

86 "雜報-三高敎師," 「大韓每日申報(대한미일신보)」 1908년 4월 16일.

집필하게 된 이유를 다음과 같이 밝히고 있다.

> 女學의 德育이 爲尤要ᄒᆞ니 何則고 我國 女子ᄂᆞᆫ 敎育이 素無ᄒᆞ야 自立ᄒᆞᆯ 쥴을 不知ᄒᆞ고 所學이 다만 縫衣炊飯ᄒᆞ야 供人之具를 事ᄒᆞ고 塗脂抹粉ᄒᆞ야 悅己之容을 作ᄒᆞᆷ에 不過ᄒᆞ니 所謂 德이 烏乎在오 … 遂使 女子로 幽閉ᄒᆞ야 二千萬 民族에 半數ᄂᆞᆫ 無用之人을 作ᄒᆞ니 嗚呼라 現今에 風氣가 大開ᄒᆞ고 女權이 釋放ᄒᆞᄆᆡ 女學이 男學보담 急ᄒᆞ니 入學之初에 修身을 宜先敎之ᄒᆞ야 德育으로 爲基ᄒᆞ고 他日學成에 智育과 體育이 相補以行ᄒᆞ면 女子界 進化가 將與男子로 同權矣리니 不佞이 所以로 女誡와 內訓과 家訓에 女子의 日用常行之道를 採取ᄒᆞ야 女學讀本을 編成ᄒᆞ니 每課所言이 皆切實可行이오 古人에 言行만 呆敍ᄒᆞᆷ이 아니라 固陋를 不揣ᄒᆞ고 女敎의 一助를 窃望ᄒᆞ노라.[87]

이원긍은 여성의 덕을 기르는 것이 중요한데 우리나라 여성은 교육이 전혀 없어서 자립할 줄 모르고 바느질과 음식을 만들고, 화장하는 일이 전부였다고 지적한다. 그리고 여성을 가두어 이천만 민족 가운데 반을 아무 쓸모도 없는 사람으로 만들어 버린 기존의 상황을 비판하고, 여자의 권리가 해방을 맞았으니 수신을 마땅히 먼저 가르쳐야 덕을 기르는 교육으로써 기반이 잡힌다고 말하면서 조선조 사대부가의 부녀자 교재였던 『여계(女戒)』, 『내칙(內則)』, 『가

87 이원긍, 『初等女學讀本』(京城: 普文社, 1908), “序言,” 1-2.

훈(家訓)』의 내용 중에 일상생활에서 지켜야 하는 도리와 관련된 것을 채집하여 독본을 짓는다고 밝히고 있다.

『초등여학독본』은 서언 외에 명륜(明倫), 입교(立教), 여행(女行), 전심(專心), 사부모(事父母), 사부(事夫), 사구고(事舅姑), 화자매(和姊妹)의 전체 8장 51과로 구성되어 있는데, 목차와 내용은 다음 [표 10]과 같다.

[표 10] 『초등여학독본』의 목차와 내용[88]

장(章) 제목	과(課) 제목	내용	기타
서언(序言)		저술 의도와 학습 목표 제시	지육(智育), 체육(體育), 덕육(德育)의 조화
명륜(明倫)	1. 인륜(人倫)	인륜(오륜)	유교와 기독교의 혼합
	2. 상동(上同)	오륜	유교
	3. 인권(人權)	남녀 평등, 인권	유교와 근대사상
입교(入敎)	4. 모교(姆敎)	여성 교육	유교
	5. 정렬(貞烈)	행위 규범	유교
	6. 가본(家本)	여성 교육	근대사상
	7. 학예(學禮)	여성 교육	근대사상
여행(女行)	8. 사행(四行)	행위 규범 일반	유교
	9. 상동(上同)		
	10. 여덕(女德)		
	11. 여언(女言)		
	12. 여용(女容)		
	13. 여공(女功)		

88 박선영, "근대계몽기 여성교육용 독본과 가치 혼재 양상," 457-459에서 인용.

장(章) 제목	과(課) 제목	내용	기타
전심(轉心)	14. 전심(專心)	행위 규범 일반	유교
	15. 상동(上同)		
	16. 내외(內外)		
	17. 수심(修心)		
	18. 수신(修身)		
사부모(事父母)	19. 효경(孝敬)	부모에 대한 도리	유교
	20. 식음(食飮)		유교
	21. 양지(養志)		유교
	22. 독녀(獨女)		유교, 남녀 평등
	23. 유신(有愼)		유교, 기독교
	24. 유책(有責)		유교
	25. 불원(不怨)		유교
	26. 교감(驕憨)		유교
사부(事夫)	27. 부부(夫婦)	부부간의 행위 규범	유교, 기독교, 근대사상
	28. 우귀(于歸)		유교, 기독교
	29. 경순(敬順)		유교
	30. 불경(不敬)		유교
	31. 불순(不順)		유교
	32. 모부(侮夫)		유교, 기독교
	33. 부언(夫言)		유교, 기독교
	34. 부노(夫怒)		유교
	35. 부병(夫病)		유교
	36. 부정(夫征)		유교
	37. 나부(懶婦)	가정 내 여성의 행위 규범	유교
	38. 현부(賢婦)		유교
	39. 유행(有行)		유교
	40. 의뢰(依賴)	남녀 평등	근대사상

장(章) 제목	과(課) 제목	내용	기타
사구고 (事舅姑)	41. 문안(問安)	며느리의 행위 규범	유교
	42. 곡종(曲從)		
	43. 고애(姑愛)		
	44. 여헌(女憲)		
	45. 총부(冢婦)		
	46. 주궤(主饋)		
	47. 학부(虐婦)		
	48. 무례(無禮)		
화숙매 (和叔妹)	49. 숙매(叔妹)	시댁에서의 행위 규범	유교
	50. 체적(體敵)		
	51. 겸순(謙順)		

전체 51과의 내용 중 기독교 사상을 포함하여 근대적인 가치나 행위 규범을 제시한 과는 10과 정도이다. 당시의 여성 수신서들이 근대적인 사고를 내세운 것과 마찬가지로 『초등여학독본』도 남녀의 차이를 인정하고 평등을 주장하고 있다. 하지만 어진 아내와 어진 어머니의 선결 조건을 충족시키기 위해 교육이 필요하다는 논리로 현모양처를 강조하기도 하고, 한편으로는 가문의 훌륭한 며느리상을 강조하기도 한다. 서언에서 『여계(女戒)』, 『내칙(內則)』, 『가훈(家訓)』 가운데 일상생활에서 지켜야 하는 도리와 관련된 것을 채집하여 독본을 짓는다고 밝힌 것에서 알 수 있듯이 전통적으로 유지되어온 여성규범을 토대로 하여 새롭게 등장한 근대적 여성 교육관을 포괄하고 있는 것이 이 책의 특징이라고 할 수 있다. 결국

『초등여학독본』의 내용은 평등사상과 새로운 행위윤리, 가족관계에 있어서 새로운 인식을 반영하는 한편 전통적 관념과 규범을 견지하고 있어서 그 성격이 복합적이다.[89]

89 박선영, “근대계몽기 여성교육용 독본과 가치 혼재 양상,” 467.

5장 · 황성기독교청년회와 국민교육회를 통한 교육운동

faith

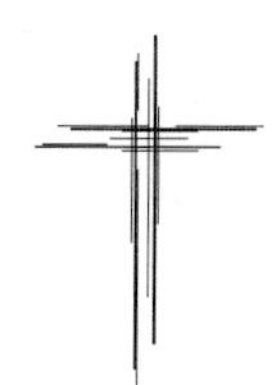

1. 황성기독교청년회 가입과 교육운동

연동교회에 출석한 옥중 입교인들 중에는 석방 직후에 게일이 회장으로 있던 황성기독교청년회에 가입하여 활동한 사람들이 있었다. 김정식, 유성준, 이상재, 이원긍, 홍재기 등이 그들이었다.

1903년 10월 28일 저녁 8시에 서울 유니온(Seoul Union)에서 창립총회를 개최한 황성기독교청년회(皇城基督敎青年會)에[1] 옥중 입교인들이 가입한 것은 1904년 3월 말 이후로 보인다. 그 후 1904년 10월에 한국인 간사를 처음 선출할 때 김정식이 수석간사로 임명되었고, 배재학당 출신인 최재학은 서무간사 겸 통역으로, 김규식, 육정수, 이교승 등은 교육부 간사로, 김종상은 운동부 간사로 임명되었다.[2] 이렇게 한국인으로 실무진을 갖추게 되면서 황성기독교청

---

1 "News Calender," *The Korea Review*, 3/10(Oct 1903), 461. 1908년에 출간한 『大韓皇城鐘路基督敎青年會』에는 "其後 一千九百三年 十月 二十七日 木曜夜에 貞洞 共同書籍室에셔 第一回 開會式을 行ㅎ엿스니 創立員이 四十人이요"라고 기록하고 있다. 『大韓皇城鐘路基督敎青年會』(皇城 : 基督敎青年會, 1908), "本會略史," 7. 이 책에는 원래 페이지 번호가 없다. 필자가 사사부(司事部)를 비롯한 각 부서 명단이 있는 면을 1페이지로 설정해서 임의로 번호를 붙였다.

2 전택부, 『한국 기독교청년회 운동사』(서울: 홍성사, 2017), 90-91. 윤치호의 일기에 의하면 황성기독교청년회가 설립된 후 공식적인 첫 회의는 1904년 10월 11일에 개최되었다. 따라서 이

년회의 활동은 활성화되기 시작했다. 이에 대하여 회장 게일은 다음과 같이 기록하고 있다.

> YMCA 회관이 일반 시민에게 공개되었다. YMCA는 이제 시민 소유가 되었다. 그 회관은 상가와 관가 중심부에 자리 잡고 있고 대지는 훌륭한 것이기에 누구나 쉽게 찾아올 수 있다. 무엇보다 흐뭇한 일은 많은 사람이 이리로 찾아온다는 사실이다. 1년 동안 내처 더 큰 회관의 필요성을 느끼게 된다. 나는 이제 YMCA를 통하여 다년간의 소원이던 청년들을 만나게 되었다. 천민들의 자식, 상인들의 자식, 선비 또는 양반들의 자식이 한자리에 앉게 되었으며, 밤마다 더 많은 사람들이 찾아오고 있다. 질레트 씨가 별도로 각종 교육사업과 강연 등에 관한 보고를 했거니와, 무슨 사업을 하든지 처음 프로그램을 시작할 때는 반드시 기도하고 그리스도를 증거한다. … YMCA는 이 도시 청년들의 유일한 집회 장소이자 실질적인 사교 장소로서 의의가 크다. … 신자들이 이처럼 많이 모여드는 것을 볼 때, 하느님이 이 나라를 버리시지 않으며, 도리어 큰일을 예비하사 YMCA를 통하여 그의 목적을 성취하려 한다는 사실을 우리는 확신하게 된다.[3]

때 한국인 간사들이 임명된 것으로 보인다. 박미경 역, 『국역 윤치호 영문 일기 5』, 1904년 10월 11일, 72.

3 *J. S. Gale's Letter to the International Committee*, YMCA, New York(Jun 1905), 전택부, 『한국 기독교청년회 운동사』, 91-92에서 재인용.

이상재는 1905년 5월 제2회 정기총회에서 교육부장에 임명되었으며, 그해 12월부터는 교육부위원회 위원장으로 활동했다.[4] 황성기독교청년회의 교육사업은 1904년 가을에 김규식, 육정수, 이교승 등이 교육부 간사로 임명되면서 시작되었다. 처음에는 야학(夜學)으로 진행되었는데, 임시 건물에 교실을 마련하고 일주일에 3일 동안 교육을 하는 형태였다.[5] 이상재가 교육부장이 되면서 교육 사업은 더욱 본격화 되었다. 그는 도덕의 향상을 목표로 하는 교육만이 개인적 실력 양성과 함께 국권을 회복하는 첩경이며, 기독교가 그 기초이자 통로라고 인식하고 있었다.[6] 이렇게 뚜렷한 교육 목표를 가지고 있었던 이상재는 황성기독교청년회의 교육사업을 체계화했다.

1906년 10월 11일에 황성기독교청년회 학관(學館)을 개설하고 캐나다 출신의 교육 전문가인 그레그(George A. Gregg, 具禮九)를 초빙한 것이 대표적이라고 할 수 있다. 그레그는 젊은 시절에 기계 제작 수련공이었으며, 다년간 실무 경험을 통하여 하트포드 공업학교(Industrial Institute in Hartfort) 교장을 거쳐 YMCA 국제위원회 산업교육부의 전문가로 일하고 있었는데, 황성기독교청년회의 초빙을 받은 것이다.[7] 1906년 10월 7일자 「대한매일신보」는 학관 개설에 대하여 이렇게 소개하고 있다.

---

4 김권정, 『월남 이상재 평전: 전환시대의 지도자』(서울: 도서출판 이조, 2021), 137.

5 Frank M. Brockman, "Genesis of The Seoul Y.M.C.A.," *KMF* 10/2(Feb 1914), 48.

6 김권정, 『월남 이상재 평전: 전환시대의 지도자』, 138.

7 전택부, 『한국 기독교청년회 운동사』, 112-113.

大抵 人民의 培養홀 바는 古今이 大異ᄒᆞ니 現今 世界 列國으로 互相 交通ᄒᆞᄂᆞᆫ 際에 文明的 新學問에 注意치 아니ᄒᆞ면 他人의 奴隸를 免치 못홀지라 故로 此時에 養民之急務ᄂᆞᆫ 廣設 學校ᄒᆞ야 使此 青年 子弟로 開發 智識하야 吸受 世界 新空氣하며 扶植 國家精神홈에 亶在홈은 世人의 皆知하ᄂᆞᆫ 바이라 今者 青年會에서 青年의 黑暗을 開破코져 하야 擴張 學舘하고 有志 青年을 募集하야 教育에 從事ᄒᆞᆫ다ᄂᆞᆫᄃᆡ 其 要旨 如左

一 人民의 前日 缺点을 以 今日 泰西 新學問으로 補充코ᄌᆞ홈

二 個人 利益에 對ᄒᆞ야 以 工學及商學 上에 新학으로 自身上 利益을 加一層 扶助케 홈

三 人民이 每常 自己上 救護를 窺視ᄒᆞᄂᆞᆫ 바에 對하야 便宜와 歡樂과 安逸에 方便을 供給홈

然而 該會에서 學識이 高明하고 技藝에 熟達하고 教育上에 名譽가 素著ᄒᆞᆫ 교師 八員을 延聘하얏스며 學科ᄂᆞᆫ 二十四科를 四部에 分하야 其 目的에 達하도록 교授ᄒᆞᆫ다ᄂᆞᆫᄃᆡ 今月 本日 日曜븟터 入學請願을 收하야 十一日 木曜에 開學ᄒᆞᆫ다더라.[8]

1906년 10월 11일자 「만세보(萬歲報)」에는 청년회 학관 설립 소식을 전하면서 학관의 장정(章程)을 소개하기도 했다.

本會學館章程

8 "雜報-基督教青年會에 學館要旨," 「大韓每日申報(대한ᄆᆡ일신보)」 1906년 10월 7일.

一 品行이 端正ᄒᆞᆫ 本 會員 中으로 許入 홈,

一 會費ᄂᆞᆫ 每朔 新貨 三十錢式 按月 預納 홈(但 預付 一年則 新貨 三元),

一 凡 會員은 一般 講論 交際 體操 等 會에 無碍 參席ᄒᆞ며 且 設備한 韓 英日漢 書籍의 縱覽ᄒᆞᄂᆞᆫ 特權이 有홈,

一 本館 一千九百六年 學期ᄂᆞᆫ 十月十一日로 起ᄒᆞ야 一千九百七年 二月 九日에 止홈,

一 願入諸員은 十月 九日 內로 報名書를 提呈ᄒᆞ야 同日 入學試驗에 應홈, 但 排班 以後ᄂᆞᆫ 接受를 停止홈,

一 本會에 入學 許可를 得ᄒᆞᆫ 人員은 同朔 會費를 預付ᄒᆞ고 勤實히 出席홈을 要홈,

一 每年 終에 學期 試驗을 經ᄒᆞ야 優等된 諸員은 證書로 表奬홈,

一 卒業 期限은 四個年으로 定ᄒᆞ야 相當한 學力으로 卒業證書를 領有 홈, 但 不得已한 境遇가 有한 人員은 科目 中 擇習홈도 有홈.[9]

학관 개설에 대한 취지에서도 알 수 있듯이 청년회 학관에서는 서양 신학문 중 공학과 상학 즉 실업교육에 중점을 두었다. 「만세보(萬歲報)」 기사에서는 학감에 브로크만, 교사는 이교승(李敎承), 육정수(陸定洙), 질레트(Philip L. Gillett, 吉禮泰)의 여동생, 엘라 루이스(Ella A. Lewis, 劉義善), 소다 가이치(曾田嘉伊智), 박서양(朴瑞陽), 이남식(李南植), 홍석후(洪錫厚), 김규식(金奎植) 등 9명이라고 소개하고 있는데,[10] 따라

9 "雜報-靑年會學館設立," 「萬歲報」 1906년 10월 11일.

10 "雜報-靑年會學館設立," 「萬歲報」 1906년 10월 11일. 학관 개설 당시 교사가 12명(한국인 7명, 일본인 2명, 중국인, 미국인, 캐나다인 각 1명)이었다는 기록도 있다. "전택부, 『한국 기독교청년회

서 1906년 10월 11일 개설 당시에는 아직 그레그가 한국에 도착하지 않은 것으로 보인다.[11]

청년회 학관이 지향하는 실업교육의 진정한 목표는 정직하고 유능하며 자립적인 인물들을 배출하는 것이었다.[12] 1906년 11월 6일자 「대한매일신보」에서는 실업교육을 위하여 청년회학관에 공예교육과(工藝敎育課)를 개설하게 된 취지와 목적을 다음과 같이 소개하기도 했다.

> 我韓이 越在疇昔에 農業만 專務ᄒᆞ고 其他 利益은 未遑研究하더니 方今 文運이 發展ᄒᆞᄂᆞᆫ 時代을 伴ᄒᆞ야 我國이 世界 競爭場裏에 立ᄒᆞ엿스니 天產物로 資財的 方法의 諸般 技藝를 講究홈이 必要ᄒᆞ고 其 要務ᄂᆞᆫ 我 青年 諸彥의게 擔任ᄒᆞᆫ지라 維我 皇城基督敎青年會에서 此好時機를 率先ᄒᆞ야 商工業에 從事코ᄌᆞᄒᆞᄂᆞᆫ 有志 青年을 爲ᄒᆞ야 工藝敎青課를 特設ᄒᆞ고 日本 工學士 宮川摠三郎氏를 招聘ᄒᆞ야 此에 當ᄒᆞᆫ 諸設敎青을 委任ᄒᆞ엿스니 凡我 青年은 熙穰來學ᄒᆞ심을 幸甚 幸甚
>
> 本 工藝課 主要 目的
>
> 一 我韓 天產物 中 工藝 上 有利ᄒᆞᆫ 物質을 發見ᄒᆞ야 實地 應用홈을 研究홈

운동사』, 113.

11 「대한매일신보」 1906년 10월 4일자 "학원모집광고"에서도 브로크만을 학감으로 명시하고 있다. "學員募集廣告," 「大韓每日申報(대한미일신보)」 1906년 10월 4일.

12 George A. Gregg, *Annual Report*, 1911. 9. 30.

二 諸 官衙 商界 工場 等 諸 工예部에 採用홀 人材를 養成홈

三 專門 製造 工業 自營에 適合혼 智識 技能을 賦與홈

四 既往 專門 製造 工業 自營者에게는 近世 科學的 新智識을 授與ᄒᆞ야 倍加 一層ᄒᆞ야 其 生產力을 增進케 홈

以上 所陳혼 目的을 完結케 ᄒᆞ기 爲ᄒᆞ야 本 工예課에서 如左혼 授業 科目을 設置홈[13]

이상재도 청년회 학관을 통한 교육 진흥과 실업 교육을 통한 한국의 부흥책(復興策)에 대하여 다음과 같이 연설하기도 했다.

議政府 叅賛 李商在氏가 皇城基督教青年會舘에서 該會 學舘 內에 工藝課를 特設홈으로 其 趣旨를 演說홈이 如左ᄒᆞ니 ...今日 韓國의 富興之策은 分利ᄒᆞ는 商務을 取ᄒᆞ깃는가 生利ᄒᆞ는 農工을 取ᄒᆞ깃는가 商業도 不可務어니와 農工이 最先 急務인ᄃᆡ 我韓 農務는 由來素業으로 農務之國이라 稱홀만ᄒᆞ나 民智가 尙未發達ᄒᆞ야 天然혼 純利만 企望ᄒᆞ고 人工의 學識이 不及ᄒᆞ는고로 土地의 固有之力을 不能盡得혼즉 嗣後 民智의 發達홈을 隨ᄒᆞ야 漸次 前進ᄒᆞ려니와 工業 一欵은 全然 矇昧ᄒᆞ야 全國 人民의 日用 萬物을 外國으로 從ᄒᆞ야 輸入지 아니ᄒᆞ는 者가 無ᄒᆞ야 近日 市井 街路 上에 遍覽혼즉 巨廛小肆에 陳列혼 物品이 略干麻鞋와 幾個 土器 以外에는 全혀 外國에서 入來혼 人造物인즉 如此히 無窮혼 人造物

13 "雜報-大韓皇城基督教青年會學舘工藝教育課緖言,"「大韓每日申報(대한미일신보)」1906년 11월 6일.

을 有限ᄒᆞᆫ 農業 所生의 天造物로 抵當코져ᄒᆞ나 是ᄂᆞᆫ 一勺水로 萬斛火를 救홈이니 如是ᄒᆞ고야 國安得不貧이며 安得不弱이며 安得不渴이며 安得不亡이리오 所以로 有志之人이 每以工業 一事로 盡心 用力ᄒᆞᆫ다ᄒᆞ나 不過 坐談이오 未見實施러니 今聞ᄒᆞᆫ즉 皇城基督教青年會에서 各 學校를 刱設ᄒᆞ고 國內 青年을 教育ᄒᆞᄂᆞᆫᄃᆡ 其中에 工業教育課를 特設ᄒᆞ고 科目과 年限을 規定ᄒᆞ야 物品 製造ᄒᆞᄂᆞᆫ 學術을 教習ᄒᆞ야 本月 第一 火曜日로 開設ᄒᆞᆫ다ᄒᆞ니 韓國의 富興之源이 在此ᄒᆞᆫ지라 全國之幸福과 個人之幸福이 孰大於是리오 此ᄂᆞᆫ 本國의 有志 諸氏와 外國의 仁愛 諸君子가 幷心同力ᄒᆞ야 眞實做去홈이니 上天이 韓國을 眷愛ᄒᆞ시ᄂᆞᆫ 恩寵이 아니면 寧有是也리오 爲之感謝 贊頌ᄒᆞ옵ᄂᆞ이다.[14]

이상재는 한국의 "공업(工業) 일관(一欵)은 전연(全然) 몽매(朦昧)ᄒᆞ야 전국인민(全國人民)의 일용만물(日用萬物)을 외국(外國)으로 종(從)ᄒᆞ야 수입(輸入)지 아니ᄒᆞᄂᆞᆫ 자(者)가 무(無)"하다고 말하면서 황성기독교청년회에서 공업교육과를 신설하는 것은 한국의 부흥의 근원이 된다고 강조하고 있다.

1907년 제2기 학생 모집 광고에 의하면 청년회 학관의 입학 연령은 16세 이상이었으며, 입학시험 과목은 국한문(國漢文), 독서(讀書), 작문(作文) 등이었고, 공업과와 상업과는 산술 과목을 추가하기도

---

14 이상재, "富興說," 「皇城新聞」 1906년 11월 7일.

했다.[15] 1906-7년 당시 학관의 학과와 교과목은 다음 [표 11]과 같다.

[표 11] 청년회 학관의 학과와 교과목[16]

<table>
<tr><th colspan="2">학과</th><th>학년</th><th>교과목</th><th>수업시간</th></tr>
<tr><td colspan="2" rowspan="2">보통과
2학년</td><td>1학년</td><td>한국 역사(4시간) 한국 지지(地誌)(4시간), 산술(8시간), 물리학(3시간), 성경(2시간), 일·영어(선택, 6시간)</td><td>매주 24시간</td></tr>
<tr><td>2학년</td><td>만국(萬國) 역사(3시간) 만국지지(3시간), 수학(6시간), 성경(2시간), 일·영어(선택, 6시간)</td><td>매주 24시간</td></tr>
<tr><td rowspan="5">어
학
과</td><td rowspan="2">일
어</td><td>1학년</td><td>일어, 성경(2시간)</td><td>매주 24시간</td></tr>
<tr><td>2학년</td><td>일어, 성경(2시간)</td><td>매주 24시간</td></tr>
<tr><td rowspan="3">영
어</td><td>1학년</td><td>영어, 성경(2시간)</td><td>매주 24시간</td></tr>
<tr><td>2학년</td><td>영어, 성경(2시간)</td><td>매주 20시간</td></tr>
<tr><td>3학년</td><td>영어, 성경(2시간)</td><td>매주 18시간</td></tr>
<tr><td colspan="2">공업과</td><td></td><td>목공, 철공, 화공, 생리학, 부기, 산술, 염색, 비누와 양초 만들기, 유피(柔皮, tanning) 기술, 아교 제조법, 벽돌, 그릇 등 각종 점토 기술, 제도(製圖) 연습,</td><td>과목과
시간은
개학 후 배정</td></tr>
<tr><td colspan="2">상업과(속성)</td><td colspan="2">부기(簿記), 상법, 상업지지(地誌), 산술, 상업서류</td><td></td></tr>
<tr><td colspan="2">야학과(선택)</td><td colspan="2">일어, 영어, 부기</td><td></td></tr>
</table>

15 "第二期學員募集廣告," 「大韓每日申報(대한매일신보)」 1907년 8월 14일.

16 F. M. Brockman's Annual Report fo the Year Ending September 30. 1907 ; "雜報-青年會學館設立," 「萬歲報」 1906년 10월 11일 ; "第二期學員募集廣告," 「大韓每日申報(대한매일신보)」 1907년 8월 14일 ; "皇城基督敎青年會 學館 第二回學員募集廣告," 「皇城新聞」 1907년 8월 15일 기사 등 참조.

1906년 10월 11일에 개관한 청년회 학관의 첫 번째 졸업식은 1907년 6월 15일에 있었는데, 졸업생은 오국영(吳國泳), 서상림(徐相霖), 윤용성(尹龍成), 최한주(崔漢柱), 이약우(李若雨), 윤태병(尹泰柄), 이재명(李載明) 등이었고, 진급생은 72명 이었다.[17] 학관에 대한 학생들의 호응은 대단해서 1907년의 전체 등록 학생 수가 352명이나 되었다.[18]

1908년에 출간된 『大韓皇城鐘路基督教青年會』의 기록에 의하면 청년회 학관의 교사진은 학감에 그레그, 부학감은 육정수, 영어과 총교사는 벽리아(蘗利亞),[19] 교사는 이교승, 미야가와 소자부로(宮川總三郎), 소다 가이치, 김규식, 홍석후, 박서양, 김동승(金東昇, 통역) 등이었다.[20] 교사들 중에는 나중에 한국 고아의 아버지로 불렸던 소다 가이치도 있고,[21] 백정 출신 박성춘의 아들로 세브란스 의학전문학교 제1회 졸업생인 박서양과 같은 졸업생인 홍석후도 교사로 근무

---

17 "雜報-青年會卒業式盛況,"「皇城新聞」 1907년 6월 19일.

18 F. M. Brockman's Annual Report fo the Year Ending September 30. 1907. *The Korea Mission Field* 1907년 12월호에 청년회 학관의 학생수가 1,800이라는 내용이 있는데, 이것은 1904년 야학 형태로 운영하던 때부터의 누적 인원을 말한 것으로 보인다. "The Y.M.C.A. Building," *KMF* 3/12(Dec 1907), 189.

19 벽리아의 영문 이름을 확인할 수 있는 자료를 발견하지 못했다. 1907년 6월 5일자 「황성신문」에 "今日 下午 三点鍾에 総務 吉禮泰氏 私邸에셔 本會 學舘 英語教師 蘗利亞氏를 爲ᄒᆞ야 餞別會를 開ᄒᆞ고 會員及學生들이 戀戀ᄒᆞᆫ 情으로 演說ᄒᆞ고 西洋 各種 滑稽로 快樂ᄒᆞᆫ 後 茶果禮를 行ᄒᆞᆯ 터인ᄃᆡ 一般 會員及學徒들이 本日 下午 二点鍾에 本 會舘으로 齊會出往ᄒᆞᆫ다더라"는 기사가 게재된 것으로 보아 벽리아는 이 때 영어 교사를 사임한 것으로 보이므로 『大韓皇城鐘路基督教青年會』의 기록은 1907년 상반기까지의 교사진을 기록한 것으로 보인다. "青年會餞別,"「皇城新聞」 1907년 6월 5일.

20 『大韓皇城鐘路基督教青年會』, 1.

21 소다 가이치의 생애에 대해서는 다음 연구를 참고하라. 김보림, "한국 고아의 아버지, 소다 가이치(曾田嘉伊智)의 삶과 그 역사적 평가 분석,"「전북사학」 제58호(2020), 241-266.

했음을 알 수 있다.

이상재와 김정식뿐만 아니라 이원긍, 유성준, 홍재기 등도 황성기독교청년회에 가입하여 교육부원으로 활동했다. 1907-8년 황성기독교청년회의 임원진 중 교육부의 구성을 보면 위원장에 이상재, 위원으로는 유성준, 윤치호, 이원긍, 이익채(李益采), 여병현(呂炳鉉), 홍재기, 이상필(李相弼), 김규식(金奎植) 등이었다.[22] 당시 교육부에 대해서 소개한 내용을 보면 다음과 같다.

> 本會 敎育部員은 敎育上 熟練ᄒᆞᆫ 人員으로 組織ᄒᆞ야 本會의 進行ᄒᆞ는 靑年敎育의 要務를 擔任ᄒᆞ되 本部는 靑年社會의 愛國性을 啓發ᄒᆞ는 要地를 特占ᄒᆞᆫ지라 新히 建築ᄒᆞ는 會館 第一層에 商工課를 設置ᄒᆞ고 此課에 夙工과 經歷이 有ᄒᆞᆫ 人이 加奈太에서 來到ᄒᆞ야 學監의 敎鞭을 執ᄒᆞ엿도다 英國이 商業上 利益으로 列强에 首位를 占ᄒᆞ야스니 韓國은 엇지 此를 效行키 不能ᄒᆞ리요 本部는 此邦의 富源을 發達ᄒᆞ는 特益으로 一般 靑年 後進을 鼓動ᄒᆞᆷ에 十分注意ᄒᆞᆷ이라 普通敎育의 諸課와 英日語 等 敎授室을 設置ᄒᆞ는바 簿記學 工學 圖學 化學 生理學 商品敎科 地誌 算術 等 敎場은 第三層에 設備ᄒᆞᆯ 計劃 中이라.[23]

이처럼 김정식, 이상재, 이원긍, 유성준, 홍재기 등 옥중 기독교

---

22 『大韓皇城鐘路基督敎靑年會』, 1.

23 『大韓皇城鐘路基督敎靑年會』, "敎育部," 15.

입교인들은 황성기독교청년회를 통해서 청년들을 교육하는 일에 힘썼음을 알 수 있다. 결국 황성기독교청년회를 통한 교육운동은 "청년사회의 애국성을 계발하는 요지를 특점"하여 청년들로 하여금 개인적인 실력 양성과 국권회복운동에 나서도록 하는 데 기여했다고 평가할 수 있다.

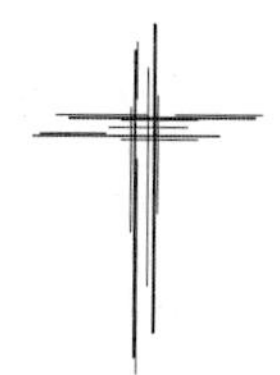

2. 국민교육회의 설립과 조직

옥중 입교인들의 교육 운동과 관련하여 국민교육회(國民教育會)를 설립한 일도 중요하다. 국민교육회는 1904년 8월 24일에 설립되어 1907년 12월경까지 활동하다가 흥사단에 흡수된 교육 단체로,[24] 연동교회의 담임목사인 게일의 집에서 창립총회를 가졌다.[25] 게일은 국민교육회를 위하여 20원을 후원하기도 했다.[26]

국민교육회 설립에는 이원긍, 김정식, 홍재기, 이준[27] 등과 함께

---

24 "雜報-教育會引繼," 「大韓每日申報(대한ᄆᆡ일신보)」 1907년 12월 17일. 기사 내용은 다음과 같다. "國民教育會ᄂᆞᆫ 有志紳士가 발起하야 教科書도 刊出ᄒᆞ며 會員을 募集하야 학文을 教授ᄒᆞ야 進就의 望이 漸有ᄒᆞ다더니 更聞ᄒᆞᆫ즉 有何層節인지 該 會를 與士團에셔 引繼ᄒᆞ얏다더라."

25 "잡보-교육회치의," 「大韓每日申報(대한ᄆᆡ일신보)」 1904년 8월 27일 ; "잡보-교육회청원," 「大韓每日申報(대한ᄆᆡ일신보)」 1904년 9월 8일.

26 "論론說셜-됴흔ᄉᆞ업들의셩취ᄒᆞᆷ," 「帝國新聞」 1904년 10월 4일. 이 논설에서는 "미국 목ᄉᆞ 긔일씨가 이십 원을 의연ᄒᆞ고 힘써 도아쥬ᄂᆞᆫ지라 모도 감ᄉᆞ히 녁여 더욱 열심을 표ᄒᆞ며" 라고 설명하고 있다.

27 조창용의 『백농실기』에 의하면 이준은 1905년 1월 1일에 입교(入教)한 것으로 되어 있다. 그런데 이준은 1904년 12월 26일부터 1905년 1월 10일까지 한성감옥서에 수감된 후 황해도 황주군 철도(鐵島)에 유배되었다가 1905년 2월 13일에 풀려났으므로 연동교회에 출석한 것은 유배에서 풀려난 이후로 봐야 할 것이다. 따라서 국민교육회를 설립할 당시에는 연동교회 교인이 아니었을 가능성이 있다. 조창용, 독립기념관 한국독립운동사연구소 편, 『白農實記』, 41 ; "彙報-司法," 「官報」 제3035호(1905년 1월 13일), 25 ; "宮廷錄事," 「官報」 제3062호(1905년 2월 14일), 25 ; 『승정원일기』 1905(고종 42)년 1월 10일(양력 2월 13일).

김홍경, 유진형, 유승겸, 양재건, 김상천, 고찬익, 서상팔, 조창용 등 연동교회 교인들이 많이 참여했으며,[28] 회장에는 이원긍, 부회장에는 김정식이 선출되었다.[29] 그 후 1906년 4월경부터는 이준이 회장을 맡은 것으로 보인다.[30] 창립 당시 사무소는 그리스도신문사 내에 설치했다.[31] 이런 정황으로 봐서 국민들을 위한 교육이 무엇보다 시급하다고 생각한 이원긍, 김정식, 홍재기 등이 선교사 게일의 적극적인 지원을 받으며 국민교육회를 조직한 것을 알 수 있다.

국민교육회의 설립 취지에 대해서는 1904년 10월 4일자 「제국신문(帝國新聞)」의 논설을 통해서 파악할 수 있는데, 그 내용은 다음과 같다.

> 대ᄀᆡ 그 본의인즉 대한 형편에 가쟝 긴급ᄒᆞᆫ 거시 교육이라 교육이 ᄋᆞᆫ이면 후싱을 ᄀᆡ발ᄒᆞᆯ 슈 업고 후싱을 ᄀᆡ발치 못ᄒᆞ면 부강ᄒᆞᆫ 나

28 최기영, "한말 국민교육회의 설립에 관한 검토," 40.

29 "雜報-親睦盛會," 「皇城新聞」 1905년 10월 2일 ; "雜報-國民答函," 「皇城新聞」 1905년 11월 11일.

30 "雜報-請認刊行," 「帝國新聞」 1906년 5월 3일 ; "雜報-雜誌請刊," 「皇城新聞」 1906년 5월 5일. 1905년 9월 5일자 「대한매일신보」 기사에서는 의양군(義陽君) 이재각(李載覺)을 선정했다고 했지만 9월 30일에 마전여관(馬典旅館)에서 열린 친목회에서는 이원긍이 회장으로 활동하고 있음을 볼 때 이재각은 회장으로 취임하지는 않은 것으로 보인다. "雜報-會各有派," 「大韓每日申報(대한미일신보)」 1905년 9월 5일 ; "雜報-親睦盛會," 「皇城新聞」, 1905년 10월 2일.

31 "잡보-국민교육회규칙련속," 「大韓每日申報(대한미일신보)」 1904년 9월 12일. 국민교육회의 사무소는 1904년 11월 12일을 전후하여 그리스도신문사에서 한성전기회사 사옥 뒤쪽에 있는 황성기독교청년회 회관으로 이전하였고, 그 후로 북서(北署) 원동(苑洞) 청룡정(靑龍亭), 창덕궁 돈화문 앞 서변(西邊) 의정부(議政府) 장방(長房), 계동(桂洞) 전(前) 여학교 등으로 계속 이전한 것으로 파악된다. "廣告," 「皇城新聞」 1904년 11월 12일 ; "廣告," 「皇城新聞」 1905년 5월 31일 ; "廣告," 「皇城新聞」 1905년 6월 17일 ; "廣告," 「皇城新聞」 1905년 7월 18일 ; "雜報-會各有派," 「大韓每日申報(대한미일신보)」 1905년 9월 5일.

> 라도 쟝차 후망이 업슬여던 ᄒᆞᆷ을며 위급ᄒᆞᆫ 쳐지에 잇난 나라이야 더욱 엇지 부지ᄒᆞ기를 바라리요 이럼으로 교육회의 본의가 인민 교육샹 일에 죵ᄉᆞᄒᆞ자 ᄒᆞᆷ이라 혹 서칙과 신문과 잡지 등을 발간ᄒᆞ거나 남의 발간ᄒᆞ난 거슬 찬셩ᄒᆞ거나 힘자라ᄂᆞᆫᄃᆡ로 ᄒᆞᆯ 거시오 학교를 셜시도 ᄒᆞ며 셜시ᄒᆞᄂᆞᆫ 자를 찬셩도 ᄒᆞ야 ᄂᆡ외국인이나 관민 남녀를 물론ᄒᆞ고 교육에 유의ᄒᆞᄂᆞᆫ 일은 다 찬셩ᄒᆞᆯ 슈 잇ᄂᆞᆫᄃᆡ로 ᄒᆞ쟈ᄂᆞᆫ 본의라.[32]

결국 국민교육회는 당시 가장 긴급한 것이 교육이라고 생각하고 그 일을 위하여 서적, 신문, 잡지 등을 발간하거나 지원하고, 또한 학교를 직접 설립하거나 설립을 지원하고자 창립한 단체임을 알 수 있다.

국민교육회의 규칙 중 중요한 부분들이 당시 「대한매일신보」와 「황성신문」, 「제국신문」에 게재되었는데 그 내용을 살펴보면 다음 [표 12]와 같다.[33]

---

32 "論론說설-됴흔ᄉᆞ업들의셩취ᄒᆞᆷ," 「제국신문」 1904년 10월 4일.

33 "잡보-국민교육회규측의 대요," 「大韓每日申報(대한ᄆᆡ일신보)」 1904년 9월 9일 ; "잡보-국민교육회규칙련속," 「大韓每日申報(대한ᄆᆡ일신보)」 1904년 9월 10일 ; "잡보-국민교육회규칙련속," 「大韓每日申報(대한ᄆᆡ일신보)」 1904년 9월 12일 ; "雜報-國民敎育會規則의 大要," 「皇城新聞」 1904년 9월 19일 ; "雜報-國民敎育會規則의 大要(續)," 「皇城新聞」 1904년 9월 20일 ; "雜報-國民敎育會規則의 大要(續)," 「皇城新聞」 1904년 9월 21일 ; "雜잡報보-國民敎育會規則(續)," 「帝國新聞」 1904년 10월 4일 ; "雜잡報보-國民敎育會規則(續)," 「帝國新聞」 1904년 10월 5일. 「대한매일신보」와 「제국신문」에는 한글로, 「황성신문」에는 국한문으로 게재되었다. [표 12]에서는 「황성신문」에 게재된 내용을 근거로 하되 한자는 필자가 한글 표기를 한 후 괄호 안에 넣었고 「황성신문」에 없는 내용은 「대한매일신보」와 「제국신문」에 있는 내용으로 보충했다.

[표 12] 국민교육회 규칙[33]

장(章)	조(條)	내용
제1장 명칭(名稱)과 목적(目的)	제1조	본회(本會)난 국민교육회(國民敎育會)라 명칭(名稱)할 사(事).
	제2조	본회(本會)의 목적(目的)은 일반(一般) 국민(國民)의 교육(敎育)을 면려(勉勵)ᄒᆞ야 지식(智識)을 발달(發達)케 호ᄃᆡ 니고(泥古)의 폐습(獘習)을 혁거(革祛)ᄒᆞ고 쇄신(刷新)의 규모(規模)을 확립(確立)할 사(事).
	제3조	본회(本會)난 전조(前條)의 목적(目的)을 관철(貫徹)ᄒᆞ기 위(爲)ᄒᆞ야 매회(每會)시(時)에 교육상(敎育上) 유익(有益)ᄒᆞᆫ 의견(意見)을 호상강연(互相講演)호ᄃᆡ 정치상(政治上)에 관(關)ᄒᆞᆫ 사(事)난 일절(一切) 물론(勿論)ᄒᆞ고 단(但) 좌개(左開) 제항(諸項)에 종사(從事)할 사(事). 일(一). 학교(學校)를 광설(廣設)할 사(事). 이(二). 문명적(文明的) 학문(學問)에 응용(應用)할 서적(書籍)을 편찬(編纂) 혹(或) 번역(繙譯)ᄒᆞ야 간포(刊佈)할 사(事). 삼(三). 본국(本國) 사기(史記)와 지지(地誌)의 고금(古今) 명인(名人) 전적(傳蹟)을 수집(蒐集) 광포(廣佈)ᄒᆞ야 국민(國民)의 애국심(愛國心)을 고동(鼓動)ᄒᆞ고 원기(元氣)를 배양(培養) 할 사(事). 단(但) 서적(書籍) 발간비(發刊費)ᄂᆞᆫ 회금(會金)으로 지출 (支出)ᄒᆞ고 발수(發售) 납본(納本) 후(後)에 이잉(利剩)의 삼분지(三分之) 이(二)는 편집원(編輯員)의게 수(酬)ᄒᆞ고 삼지(三之) 일(一)은 회금(會金)에 보(補)ᄒᆞᆯ 사(事). 사(四). 본회(本會) 회보(會報)를 매월(每月)이나 혹(或) 매주일(每週日)에 간행(刊行)ᄒᆞᆯ 사(事). 단(但) 발행(發行) 기일(期日)은 수시(隨時) 변통(變通)ᄒᆞᆯ 사(事).
제2장 조직(組織)	제4조	본회(本會)ᄂᆞᆫ 통상회원(通商會員)과 특별회원(特別會員)으로 조직(組織)ᄒᆞᆯ 사(事).
	제5조	통상회원(通商會員)은 본국인(本國人) 남녀(男女) 중(中)에 연령(年齡) 이십(二十)세(歲) 이상(以上) 품행(品行)이 단정(端正)한 자(者)를 허입(許入)할 사(事).
	제6조	특별회원(特別會員)은 외국인(外國人) 남녀(男女) 중(中)에 학식(學識)이 고명(高明)ᄒᆞ고 대한국민(大韓國民)의 교육(敎育)을 위(爲)ᄒᆞ야 제심상기(齊心相期)ᄒᆞ난 자(者)를 연입(延入)할 사(事).
제3장 회원(會員)의 의무(義務)와 권한(權限)	제7조	통상회원(通常會員)은 본회(本會) 사업(事業)에 협심동력(協心同力)하ᄂᆞᆫ 의무(義務)가 유(有)하고 투표(投標)와 임원(任員) 피선(被選)의 권한(權限)이 유(有)ᄒᆞᆯ 사(事).
	제8조	특별회원(特別會員)은 통상회원(通常會員)과 동(同)ᄒᆞᆫ 의무(義務)가 유(有)하나 투표(投標)와 임원(任員) 피선(被選)의 권한(權限)이 무(無)하고 차(且) 표결(表決) 수(數)에 가(加)ᄒᆞᆷ을 부득(不得)ᄒᆞᆯ 사(事). 단(但) 통상회(通常會)와 임시회(臨時會)에 출석상의(出席相議)ᄒᆞᆷ을 득(得)ᄒᆞᆯ 사(事).
	제9조	본회(本會) 임원(任員)은 회장(會長) 1인(一人)과 부회장(副會長) 1인(一人)과 간사(幹事) 12인(十二人)과 회계(會計)감검(監檢) 1인(一人)과 회계(會計) 2인(二人)과 서기(書記) 1인(一人)과 편집위원(編輯委員) 10인(十人)을 선임(選任)ᄒᆞᆯ 사(事).

제5장 회금 (會金)과 특허 (特許)	제20조	통상회원(通常會員)과 특별회원(特別會員)이 입회(入會) 시(時)에 금(金) 2원(二元)을 납(納)ᄒᆞ고 기후(其後)에ᄂᆞᆫ 매년(每年) 2원씩(二元式) 납(納)호ᄃᆡ 기일(期日)은 매년(每年) 9월(九月) 제1(第一)토요일(土曜日)노 정(定)ᄒᆞᆯ 사(事). 다만 입회금을 ᄇᆡ삭ᄒᆞ야 ᄅᆡ납ᄒᆞᆯ 쟈ᄂᆞᆫ ᄆᆡ월 이십젼식 ᄅᆡ납ᄒᆞᆯ ᄉᆞ.
	제21조	본회(本會)에 입참(入叅)하ᄂᆞᆫ 인원(人員) 중(中) 일시(一時)에 금(金) 30원(三十元) 이상(以上)을 래납(來納)ᄒᆞᄂᆞᆫ 자(者)ᄂᆞᆫ 특별(特別)히 종신회원(終身會員) 됨을 허(許)ᄒᆞᆯ 사(事).
제7장 회기 (會期)와 회례 (會例)	제28조	본회(本會)ᄂᆞᆫ 매주(每週) 토요일(土曜日) 하오(下午) 2시(二時)에 통상회(通常會)를 개(開)ᄒᆞ고 회중(會中) 제반(諸般)사무(事務)를 상의(商議)ᄒᆞᆯ 사(事).
	제29조	본회의 림시회난 통샹회원에 반슈의 청구가 잇거나 혹 임원회에 ᄀᆡ명홈을 인ᄒᆞ야 회쟝이 모집ᄒᆞᆯ ᄉᆞ.
	제30조	통샹회와 림시회난 회원 삼분지 일노써 비원을 삼되 이 슈효에 차지 못ᄒᆞ난 시에난 ᄀᆡ회치 못ᄒᆞᆯ ᄉᆞ.
	제31조	통샹회와 림시회에 졔반ᄉᆞ를 의결ᄒᆞᆯ시에 죵 다슈 취결ᄒᆞ되 통샹회원 졀반이 지ᄂᆡ야 시힝ᄒᆞᆯ ᄉᆞ.
	제32조	임원ᄭᅵ리 모히난 회ᄂᆞᆫ 셔긔와 회계 외에 츌셕회원 칠명으로써 비원을 삼고 의결ᄒᆞ기 ᄂᆞᆫ 임원 삼분지 이 이샹의 츌셕이 되 야 ᄒᆞᆯ ᄉᆞ.
	제33조	본회(本會) 회집일(會集日)에 개회(開會) 폐회(閉會)하ᄂᆞᆫ 의절(儀節)은 경천(敬天)하ᄂᆞᆫ 의(意)로 기도(祈禱)를 행(行)호ᄃᆡ 회장(會長)이 회중(會中) 1인(一人)을 특정(特定)하야 인도(引導)케 하며 혹(或) 회장(會長)이 자행(自行)ᄒᆞᆯ 사(事).[34]
	제34조	본회 규측은 통샹회원 ᄉᆞ분지 삼 이샹의 쓧이 ᄒᆞ야 ᄀᆡ졍ᄒᆞᆯ ᄉᆞ.
	제35조	본회 규측 뎨일죠부터 팔죠ᄭᆞ지와 삼십삼죠ᄂᆞᆫ 영영 곳치지 못ᄒᆞᆯ ᄉᆞ.

국민교육회는 규칙 제2조 목적에서 "일반(一般) 국민(國民)의 교육(敎育)을 면려(勉勵)ᄒᆞ야 지식(智識)을 발달(發達)케 호ᄃᆡ 니고(泥古)의 폐습(弊習)을 혁거(革袪)ᄒᆞ고 쇄신(刷新)의 규모(規模)을 확립(確立)할 사

34 이 조항은 「황성신문」과 「대한매일신보」에는 제29조로 나와 있는데, 「제국신문」에는 제33조로 나온다. 이것은 규칙이 창립 직후에 개정되었음을 알려주는 것이다.

(事)"라고 하여 국민을 위한 교육 활동이 단체의 주된 목표인 것을 분명히 하고 있다. 이런 목표를 달성하기 위하여 "매회(每會) 시(時)에 교육상(教育上) 유익(有益)ᄒᆞᆫ 의견(意見)을 호상강연(互相講演)"은 하지만 "정치상(政治上)에 관(關)ᄒᆞᆫ 사(事)난 일절(一切) 물론(勿論)"한다고 하여 국민교육회가 비정치적인 교육운동 단체라는 것을 분명히 하고 있다. 이것은 이원긍, 김정식, 홍재기 등과 같이 국민교육회의 설립을 주도하는 인물들이 국사범으로 한성감옥서에 수감되었던 이력이 있는 사람들이라서 정부에서는 국민교육회를 설립하는 것에 대하여 의구심을 가지고 있었기 때문이다.

1904년 8월 27일자 「대한매일신보」의 기사에서는 국민교육회의 설립 소식을 전하면서 일부 사람들이 국민교육회를 독립협회와 연관시켜 정부에 무고(誣告)했다는 내용을 게재하기도 했다.

> 당일 ᄒᆡ회에 윤치호 어윤뎍 리원긍 졔씨가 참회ᄒᆞ엿ᄂᆞᆫᄃᆡ 하허 간세ᄇᆡ가 이거슬 부러 말을 ᄆᆞᆫ드러 궁즁에 무고ᄒᆞ기를 이젼 독립협회 회쟝과 부회쟝이 셜회ᄒᆞ야 회동ᄒᆞ니 대단히 후려가 잇스리라 ᄒᆞᆫ지라 쳐분이 나리샤 쟝찻 ᄒᆡ 회원 등을 포라 ᄒᆞ리라나ᄂᆞᆫ데 이번 김뎡근씨가 돌연이 경무ᄉᆞ를 피임ᄒᆞᆫ 거시 그 ᄭᆞ닭인지.[35]

이 기사에 의하면 국민교육회 창립 당시 윤치호, 어윤덕(魚允德), 이원긍 등이 참석한 것을 보고 무고하는 사람들이 독립협회와 연

35 "잡보-교육회치의," 「大韓每日申報(대한미일신보)」 1904년 8월 27일.

관 지어 궁중에 무고하였고, 이에 대하여 국민교육회 회원들을 체포하라는 명령이 내릴 것이라고 예측하면서 김정근(金禎根)이 경무사로 임명된 것이 이것과 관련이 있을 것으로 추측하고 있다.[36] 이런 무고 내용과 체포에 대한 소문들에 대하여 윤치호와 어윤덕이 해명하는 기사가 같이 게재된 것으로 봐서[37] 국민교육회를 정치적인 단체로 인식하는 사람들이 상당수 있었던 것으로 보인다. 이런 시각이 있었으므로 국민교육회는 정치와는 무관하다는 입장을 규칙에 명시하고 주된 활동에 대해서도 학교를 광설하고, 서적을 발간 배포하며, 회보를 발행하는 것으로 규정함으로서 단체의 성격을 분명히 표명한 것을 알 수 있다.

국민교육회는 옥중 기독교 입교인들을 포함하여 연동교회 교인들이 주도하여 설립하였고, 사람들도 국민교육회를 연동교회의 유관단체처럼 이해하기도 한 것처럼,[38] 기독교적 성격이 강한 교육단체라고 할 수 있다. 이런 기독교적 성격은 규칙 제33조에서 "본회 회집일에 개회 폐회하ᄂᆞᆫ 의절은 경천하ᄂᆞᆫ 의(意)로 기도를 행호ᄃᆡ 회장이 회중 1인을 특정하야 인도케 하며 혹 회장이 자행홀 사"라고 규정하고 실제로 모임에서도 규칙을 준수하여 개회기도와 폐회

36 김정근은 1904년 8월 25일에 경무사에 임명되었다. "宮廷錄事," 「官報」 제2917호(1904년 8월 29일), 69.

37 "잡보-윤어량씨," 「大韓每日申報(대한ᄆᆡ일신보)」 1904년 8월 27일.

38 "雜報-會各有派," 「大韓每日申報(대한ᄆᆡ일신보)」 1905년 9월 5일. 이 기사에서는 "各處 禮拜堂에셔 各其 會名을 分立ᄒᆞ얏ᄂᆞᆫᄃᆡ 貞洞은 懿法會 尙洞은 靑年會 蓮洞은 國民敎育會로 爲定ᄒᆞ고"라고 보도하고 있다.

기도를 한 것에서 잘 드러난다.[39] 또한 규칙 제35조에서는 제33조를 영구히 고칠 수 없다고 규정하기도 했다.

하지만 회원 자격에 대하여, 통상회원은 "본국인 남녀 중에 연령 이십 세 이상 품행이 단정한 자"로, 특별회원은 "외국인 남녀 중에 학식이 고명ᄒᆞ고 대한국민의 교육을 위ᄒᆞ야 제심상기ᄒᆞ난 자"로 규정하고 있어서 특별히 기독교 신앙 유무는 입회 조건이 아니었다.[40] 따라서 국민교육회는 기독교적 성격이 강한 단체이면서도 일반적인 국민 교육을 목표로 하는 교육운동 단체였다고 할 수 있다.

국민교육회의 임원은 회장 1명과 부회장 1명, 간사 12명, 회계(會計)감검(監檢) 1명, 회계 2명, 서기 1명, 편집위원 10명을 선임하도록 규정하고 있는데, 현재로서는 초대 회장에 이원긍, 부회장에 김정식, 2대 회장에 이준이 선임된 것을 제외한 다른 임원진에 대한 내용은 자세히 알 수 없다.[41] 1905년 6월에 홍재기가 대표인(代表人)으로 언급된 사례가 있고,[42] 1905년 11월에 서상팔(徐相八)이 수금(收金)

---

39 "雜報-親睦盛會,"「皇城新聞」1905년 10월 2일 ; "雜報-可謂高會,"「大韓每日申報(대한미일신보)」1905년 10월 3일.

40 실제로 회원 중에 유정수, 박정동(천도교인), 현채(천도교인) 등과 같이 기독교와 무관한 사람들도 있었으며, 현채(玄采)는 1909년 이후부터 안동(安洞)교회에 출석했다. 최기영, "한말 국민교육회의 설립에 관한 검토," 42 ; 전택부, 『토박이 신앙산맥 1』(서울: 홍성사, 2015), 72.

41 1906년과 1907년 국민교육회 총회 개최에 관한 기사는 있지만 임원 명단은 게재하지 않았다. "雜報-國民總會,"「大韓每日申報(대한미일신보)」1906년 10월 13일 ; "雜報-國民總會,"「皇城新聞」1906년 10월 13일 ; "雜報-國民總會,"「皇城新聞」1907년 6월 28일 ; "雜報-國民總會,"「大韓每日申報(대한미일신보)」1907년 6월 29일.

42 "雜報-刊書請廳,"「皇城新聞」1905년 6월 15일. 기사 본문은 다음과 같다. "國民教育會 代表人 洪在琪氏가 教科書를 開刊次로 洞口 內 前 宣傳官廳을 特許ᄒᆞ라고 學部에 請願ᄒᆞ얏더라."

위원에 선정된 것과[43] 1906년 8월에는 유진형(兪鎭衡)이 수금위원에 선정되었다는 기사가 있다.[44] 그리고 이동휘(李東輝), 이갑(李甲), 안창호(安昌浩), 현채(玄采), 유근(柳瑾), 유정수(柳正秀), 유승겸(兪承兼) 등도 임원으로 언급되기도 했다.[45]

---

43 "廣告,"「皇城新聞」 1905년 11월 3일.

44 "廣告-本會幸蒙,"「皇城新聞」 1906년 8월 25일, 27-31일.

45 유자후, 한국독립운동사연구소 편, 『이준선생전』(천안: 독립기념관 한국독립운동사연구소, 1998), 119. 이 책에서는 1906년 10월 13일에 열린 추계 총회에서 이준이 회장으로 재선되고 이동휘 등 7명이 임원진이 된 것으로 서술하고 있다. 유자후(柳子厚, 1895-?)는 이준의 사위로 1947년에 『李儁先生傳』을 출간했다.

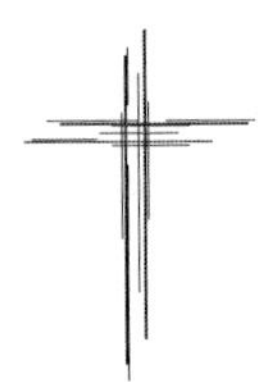

3. 국민교육회의 활동내용

국민교육회는 학교설립, 서적 간행, 대중강연 활동, 법학강습소 개설 등을 통해서 교육운동을 전개했다. 국민교육회가 설립한 학교는 국민사범학교(國民師範學校), 보광학교(普光學校), 한남학교(漢南學校) 등이다.

국민사범학교는 1905년 12월에 설립되었다. 이 학교는 교사 양성을 위한 단기 속성과정으로 설립되었다. 국민교육회는 사범학교를 설립하기 위하여 찬성금(贊成金) 10,000여원을 모금하여 1905년 10월 19일부터 11월 20일까지 학생들을 모집했다.[46] 모집 인원은 70명이었고, 입학 연령은 25세부터 35세까지였으며, 입학시험 과목은 국한문 독서와 작문, 산술 등이었다. 수업 기간은 6개월이었고 교수 과목은 성경, 한국 및 세계지리, 역사, 물리, 산술, 교육학, 국가학(國家學), 문전(文典), 도화(圖畵), 작문, 체조 등이었다.[47]

---

46 "雜報-敎會月報,"「皇城新聞」1905년 10월 30일 ; "廣告,"「皇城新聞」1905년 10월 19일 ; "廣告,"「皇城新聞」1905년 11월 20일.

47 "廣告,"「皇城新聞」1905년 10월 19일, 20일 ; "雜報-師範募集,"「皇城新聞」1905년 10월 20일 ; "雜報-敎會月報,"「皇城新聞」1905년 10월 30일.

이렇게 개교한 국민사범학교는 1906년 1월 말에 동계 시험을 통하여 백원근(白元根), 김병현(金秉鉉), 김병찬(金秉燦), 이완종(李完鍾), 신태영(申泰英) 등 5명을 우등생으로 시상하기도 했다.[48] 그리고 1906년 7월 7일에는 제1회 졸업생을 배출했는데, 졸업식에 대하여 1906년 7월 11일자 「대한매일신보」는 이렇게 전하고 있다.

> 私立國民師範ᄒᆞᆨ校 第一回 卒業式을 去 土曜日에 擧行ᄒᆞ얏ᄂᆞᆫᄃᆡ 卒業生 白元振 金應道 車炳修 李應浩 姜聲國 許炳 全秉鉉 李完鍾 崔相卨 康斗鉉 元濟商 金秉燦 吳一英 姜重遠 金鎭源 崔承祚 張錫윤 李百應 劉斗煥 南宮薰 李薰鍾 조昌容 兪鎭爀 韓吉成 南宮煥 鄭ᄒᆞᆫ鎭 合二十六 賞品 書册 鉛筆 等이오 一等賞 金時表ᄂᆞᆫ 內部大臣이 特別 寄附ᄒᆞ얏다더라.[49]

졸업생은 백원진, 김응도, 차병수, 이응호, 강성국, 허병, 전병현, 이완종, 최상설, 강두현, 원제상, 김병찬, 오일영, 강중원, 김진원, 최승조, 장석윤, 이백응, 유두환, 남궁훈, 이훈종, 조창용, 유진혁, 한길성, 남궁환, 정한진 등 26명이었다.[50]

---

48 "雜報-民校試驗," 「大韓每日申報(대한ᄆᆡ일신보)」 1906년 1월 21일.

49 "雜報-國民師範學校卒業式," 「大韓每日申報(대한ᄆᆡ일신보)」 1906년 7월 11일.

50 졸업생 중 한명인 조창용(趙昌容)이 쓴 『백농실기』에도 국민사범학교 제1회 졸업생 명단이 있는데, 「대한매일신보」에 게재된 명단과 약간 차이가 있다. 『백농실기』에 기재된 졸업생 25명의 명단은 다음과 같다. "백원진, 김병현, 김응도, 이택종, 허병, 박영운, 차병수, 강두현, 박용순, 이완종, 강성국, 김병찬, 원제상, 유두환, 최승조, 이응호, 유진혁, 장석윤, 조창용, 한길성, 남궁환, 남궁훈, 이성하, 강중원, 최상설." 조창용, 독립기념관 한국독립운동사연구소 편, 『白農實記』, 30

국민사범학교는 제1회 졸업식 직후부터 재정 부족이 심각했던 것으로 보인다. 재정난으로 폐교의 위기에 몰리자 여러 사람들이 후원금을 기부하여 학교 운영을 지속할 수 있었는데, 당시의 상황을 「황성신문」은 다음과 같이 전하고 있다.

> 國民教育會 師範學校에서 第一回 卒業式를 行훈 後에 財政이 窘難홈으로 該校를 廢止홀 境遇에 至ᄒᆞ얏더니 學部協辦 閔衡植 內部 警務局長 兪星濬 叅書官 石鎭衛 三氏가 義捐金을 每朔 幾十圓式 各出ᄒᆞ고 其他 義捐을 募集ᄒᆞ야 來 秋期上學브터 教育事務를 繼續 發達케 홈으로 以上 三氏의 文明上 熱心홈을 人皆 贊頌훈다더라.[51]
>
> 國民師範學校에서 財政이 困難홈으로 廢撤之境에 將至ᄒᆞ야 警務局長 兪星濬氏와 叅書官 石鎭衡 氏가 幾十元式 捐義 補助ᄒᆞ얏고 內部大臣 李址鎔氏가 該校 財政 窘絀홈을 聞知ᄒᆞ고 諸般 經費를 專擔 教育케홈으로 內相의 教育 注意를 人皆 贊頌훈다더라.[52]

이 기사에서는 학부협판 민형식, 경무국장 유성준, 참서관 석진형 등이 의연금을 매월 수십 원씩 기부한 것과 내부대신 이지용이 학교의 제반 경비를 전담하기로 한 것을 소개하고 있다. [53] 이와 같

51 "잡보-三氏贊校," 「皇城新聞」 1906년 7월 25일.

52 "雜報-內相贊敎," 「皇城新聞」 1906년 8월 20일.

53 내부대신 이지용은 1906년 3월에도 국민사범학교와 황성기독교청년회 학관에 400여원을 기부하기도 했다. "雜報-內大義捐," 「大韓每日申報(대한민일신보)」 1906년 3월 25일.

은 후원으로 국민사범학교는 제2회 입학생의 교육을 시작한 것으로 보이지만,[54] 교육이 제대로 진행되어 졸업식을 했는지는 파악할 수 없다.

보광학교는 1905년 8월에 야간과정으로 설립되었는데,[55] 1899년에 개설하여 운영되던 낙연의숙(洛淵義塾)을 보광학교로 개명하고 9월 1일에 정식 개교했다.[56] 개교 당시 교과과정은 일어, 산술(筭術), 역사, 지지(地誌) 등 이었으며,[57] 반은 갑, 을, 병, 정 4개 반으로 편성되었다.[58] 개교 후 첫 졸업식을 언제 했는지는 불분명하지만,[59] 제2회 졸업식은 1906년 7월 11일에 있었다. 당시 졸업식 상황을 전하는 「만세보」의 기사 내용은 다음과 같다.

> 昨十日에 北署 洞口 內 普光學校에서 第二回 卒業禮式을 擧行ᄒᆞ얏는ᄃᆡ 該校 卒業生은 李璨榮 韓天錫 李海東 三人이오 進級生이 三十四人이오 來賓이 三十餘人인ᄃᆡ 校監 徐丙吉氏는 禮式을 敍述ᄒᆞᆫ 後에 該校 創立 後 艱難苦楚를 經ᄒᆞ고 今日에 至ᄒᆞ야 如此히

---

54 1906년 8월 25일자 「황성신문」에서는 제2회 입학생으로 교육을 시작했지만 재정이 없어 폐교할 지경이라고 전하고 있다. "雜報-敎育會財乏," 「皇城新聞」 1906년 8월 25일.

55 유자후, 한국독립운동사연구소 편, 『이준선생전』, 116.

56 "雜報-洛淵義塾," 「皇城新聞」 1899년 8월 8일 ; "廣告," 「皇城新聞」 1905년 8월 22일.

57 "雜報-洛淵義塾," 「皇城新聞」 1899년 8월 8일 ; "廣告," 「皇城新聞」 1905년 8월 22일.

58 "雜報-光校시驗," 「大韓每日申報(대한미일신보)」 1906년 1월 21일.

59 1906년 1월 21일자 「대한매일신보」에 다음과 같은 기사가 게재되었다. "私立 普光學校에셔 冬期시驗을 經ᄒᆞ얏는ᄃᆡ 甲班 優等生 李璨榮 乙班 優等生 辛昌根 丙班 優等生 李泰榮 丁班 優等生 李根榮 等 十人인ᄃᆡ 各 任員과 敎師가 會集ᄒᆞ야 學業을 장勵勸勉ᄒᆞ고 書冊과 鉛筆 等으로 分等 施賞ᄒᆞ고 冬期 放學ᄒᆞ얏더라." 이 기사는 방학 전 동계 시험 결과를 알려주는 내용인데, 제2회 졸업식이 1906년 7월 11일에 있었던 것으로 봐서 1906년 1월 21일자 기사의 내용을 졸업식 기사로 볼 수도 있을 것이다.

興旺ᄒᆞᆫ 事實를 說明ᄒᆞ니 氏ᄂᆞᆫ 該校 設立者러라 校長 柳正秀氏ᄂᆞᆫ 學務에 關ᄒᆞᆫ 詔勅을 朗讀布告ᄒᆞ니 氏ᄂᆞᆫ 該校를 維持ᄒᆞ던 有功者러라 該校 教師 金鳳슈 金瓊植 兩氏가 演說ᄒᆞᆫ 後에 來賓 중 學務局長 張世基氏ᄂᆞᆫ 卒業生及進級生에 對ᄒᆞ야 勸勉ᄒᆞᄂᆞᆫ 演說이 有ᄒᆞ얏고 鄭喬氏ᄂᆞᆫ 該校 學科 中 日語學科에 對ᄒᆞ야 韓日 兩國의 歷史的 關係와 進步의 差異를 說明ᄒᆞ야 來頭進步主義를 勸勉ᄒᆞ얏고 申海泳氏ᄂᆞᆫ 普通學科의 本義로 說明ᄒᆞ고 學士修業 中 精神的 研究의 途를 指示ᄒᆞᄂᆞᆫ 有力ᄒᆞᆫ 演說이 有ᄒᆞ얏고 期時에 本社 社員도 參席ᄒᆞᆫ 자-有ᄒᆞ얏ᄂᆞᆫᄃᆡ 本 社員은 本來 險口라 我國民 社會를 攻擊ᄒᆞ고 卒業生에 對ᄒᆞ야 知識進步主義를 略說ᄒᆞ얏더라.[60]

이 기사 내용에 의하면 졸업생은 이찬영, 한천석, 이해동 등 3명이었고, 진급생은 34명이었다. 그리고 1906년 7월 당시 교장은 유정수, 교감은 서병길, 교사로는 김종수, 김경식 등이 재직하고 있었음을 알 수 있다. 1906년 9월에 공고한 학원모집광고에 의하면 야간제를 폐지하고 주간제로 변경하여 고등보통과를 속성으로 교수하는 것으로 변경했다.[61] 수업기간은 3학기로 수신과(修身科)의 학과목은 국어, 교육학, 작문, 법학, 경제학 등이었고, 이과(理科)의 학과목은 일본어, 산술, 지지, 역사, 도화(圖畵), 체조 등이었다. 입학 연령

---

60 "雜報-普光學校卒業式," 「萬歲報」 1906년 7월 12일.

61 폐지하기로 한 야간제도 계속 유지한 것으로 보인다. 「대한매일신보」 1906년 9월 25일자 기사에서는 다음과 같이 전하고 있다. "本校에셔 夜學科를 依前 敎授하고 (陰八月十日)로 開學하오니 僉學員은 趂期 來학하시읍 普光學校 告白."

은 18세부터 35세까지였고 입학시험 과목은 국한문 독서와 작문이었다.[62] 1907년 9월 15일에는 1년 과정의 특별일어과도 개설했는데, 매일 오후 5시에서 6시까지 수업을 진행했다.[63]

보광학교의 학생 수는 1906년 12월에는 70여명 정도였으며,[64] 계속 증가하여 1907년 5월경에는 130여명이 되었다.[65] 보광학교는 보성(普成)학교, 보창(普昌)학교와 함께 교육의 삼보(三寶)라고 불리기도 했다.[66]

한남학교는 1906년 9월 22일에 개교했다. 당시 「대한매일신보」는 한남학교의 개교식 소식을 다음과 같이 전했다.

> 漢江에 一學校를 設立훈 說은 已所稔聞인 바 該洞 人民에 共同연金하야 新築한 南흑校 於高阜之上하니 可調 背山臨流에 教場이 通惕하고 募集 학徒가 數至 八十二人이라 再昨日에 開校式을 行하얏는듸 來賓은 학部協辦 閔衡植 학務局長 張世基 地方局長 兪星濬 國民教育會長 李僑 自强會 副會長 尹孝定 帝國新聞 社長 李鍾一 前普成학校長 金重煥 諸氏 等 七十餘이라 同日 下午 一時에 開式하고 校監 林浩相 氏가 勅語를 奉독훈 後 教師 沈承弼 氏가 趣旨를 說明하고 來賓 中 閔衡植 張世基 李僑 尹孝定 兪星濬

62 "廣告-學員募集廣告," 「皇城新聞」 1906년 9월 11일 ; "廣告-學員募集廣告," 「大韓每日申報(대한미일신보)」 1906년 9월 12일.

63 "雜報-普校特別日語課," 「皇城新聞」 1907년 9월 9일.

64 "雜報-普徒勤學," 「皇城新聞」 1906년 12월 13일.

65 "雜報-光校討論," 「大韓每日申報(대한미일신보)」 1907년 5월 28일.

66 유자후, 한국독립운동사연구소 편, 『이준선생전』, 190.

五氏가 次第 연說하야 發起 諸氏의 熱心 義務를 致賀허며 학徒의 修業勉勵ᄒᆞᆷ을 勸辱허ᄆᆡ ᄒᆞᆨ徒 즁 數人이 出席 答謝하고 萬歲ᄅᆞᆯ 二唱ᄒᆞᆫ 後 閉式하고 食堂에 入하야 茶果를 罷ᄒᆞᆫ 後 ᄒᆞᆨ徒의 體操를 進行 供覽하고 其次에 愛國歌ᄅᆞᆯ 唱하고 一般 賓客과 ᄒᆞᆨ徒를 搭影하니 極히 盛況에 達하얏더라 此 한南ᄒᆞᆨ校의 將來 影響을 推此可期니 當爲 諸江村之模範이라 하더라.[67]

이 기사에 의하면 개교 당시 학생 수는 82명이었으며, 임호상(林浩相)은 교감, 심승필(沈承弼)은 교사였음을 알 수 있다. 한남학교의 입학자격이나 교과목 등에 대하여 자세히 알 수는 없지만 소학고등과(小學高等科)와 심상과(尋常科)가 개설된 것을 알 수 있다.[68] 그리고 1907년 7월 27일에 제1회 졸업식을 거행했는데, 고등과 졸업생은 박원신(朴元信) 등 7명이었고, 심상과 졸업생은 이이복(李利福) 등 7명이었다.[69]

국민교육회가 심혈을 기울인 또 다른 교육활동은 학교에서 사용할 교과서용 서적을 간행하는 것이었다. 1905년을 전후하여 교과서를 편찬 간행하는 중심이 정부에서 민간으로 넘어가는 시점에서[70]

67 "雜報-漢南開校式,"「大韓每日申報(대한ᄆᆡ일신보)」 1906년 9월 25일.

68 "雜報-漢南試驗,"「大韓每日申報(대한ᄆᆡ일신보)」 1907년 7월 31일.

69 "雜報-漢南試驗,"「大韓每日申報(대한ᄆᆡ일신보)」 1907년 7월 31일.

70 1894년 갑오개혁 이후 정부에서 간행하던 교과서는 일본의 개입과 함께 점차 식민주의에 침윤되는 모습을 보인다. 따라서 학부(學部) 간행의 교과서는 국민의 공감과 신뢰를 얻을 수 없게 되고 교과서 발행의 주도권이 민간으로 넘어가게 되었다. 강진호, "근대 국어 교과서와 민간 독본의 탄생-『初等小學』(1906)을 중심으로,"「현대문학이론연구」 제60집(2015), 30-31.

교과서의 간행은 "교육발달지제일기관(教育發達之第一機關)"[71]이라고 강조할 만큼 주요하게 생각하고 있었지만 각 사립학교에서 사용할 교과서는 많이 부족한 상태였다.

따라서 국민교육회는 설립 초기부터 교과서를 간행하고자 노력한 것으로 보인다. 1905년 6월에 회원인 홍재기가 교과서를 간행하기 위하여 전 선전관청(宣傳官廳)을 사용할 수 있도록 해달라고 학부(學部)에 청원하기도 했다.[72] 그 후 1906년 3월 4일에 열린 간사회의에서 기존에 번역한 교과서 외에 심상소학과(尋常小學科) 교과서와 물리학을 비롯한 전문 교과서를 재번역하기로 결정하였다.[73] 이에 따라 1906년 6월에는 『대동역사략(大東歷史略)』과 『신찬소물리학(新撰小物理學)』을, 12월에는 『초등소학(初等小學)』을 출간했고, 1907년 7월에는 『초등지리교과서(初等地理教科書)』와 『신찬소박물학(新撰小博物學)』을 출간했다.[74] 같은 해 5월에는 유성준의 『법학통론(法學通論)』 증정(增訂) 2판을 출간했다.[75]

역사교과서인 『대동역사략』은 유성준이 편찬한 것으로, 책의 구조는 앞쪽에 「역대왕도표(歷代王都表)」와 「역대일람(歷代一覽)」이 있고, 목차 없이 바로 본문으로 이어져서 권1 단군조선기, 권2 기자조선기, 권3 마한기, 권4 신라기 부(附) 고구려 백제, 권5 신라기, 권6 고

71 "論說-各種教科書之精神," 「皇城新聞」 1906년 5월 30일.

72 "雜報-刊書請廳," 「皇城新聞」 1905년 6월 15일.

73 "雜報-繙譯增進," 「大韓每日申報(대한매일신보)」 1906년 3월 6일.

74 "雜報-兩種教科書新刊," 「皇城新聞」 1907년 7월 29일.

75 兪星濬, 『法學通論 增訂二版』(京城: 國民教育會館, 1907), 1-420.

려기(태조-충렬왕), 권7 고려기(충선왕-공양왕) 순서로 되어 있다.[76] 『대동역사략』은 편년체로 서술되어 학생들이 간편하게 읽을 수 있도록 했으며, 단군 조선을 분명히 기록함으로 독립된 역사상을 제시하기도 했다. 반면 당시 역사인식에 필요한 고려 이후의 조선사와 당대사를 서술하지 않은 결점도 있다.[77]

[그림 14] 『대동역사략』 표지와 단군조선기[78]

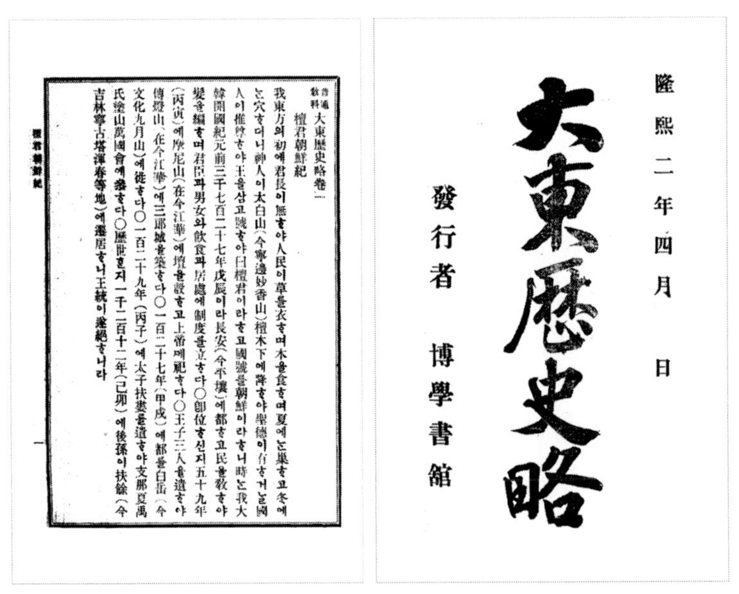

隆熙二年四月日

大東歷史略

發行者 博學書館

普通教科 大東歷史略卷一

檀君朝鮮紀

我東方의初에君長이無ᄒᆞ야人民이草를衣ᄒᆞ며木을食ᄒᆞ며夏에ᄂᆞᆫ巢ᄒᆞ고冬에ᄂᆞᆫ穴ᄒᆞ더니神人이太白山(今寧邊妙香山)檀木下에降ᄒᆞ야聖德이有ᄒᆞ거ᄂᆞᆯ國人이推尊ᄒᆞ야王을삼고號ᄒᆞ야曰檀君이라ᄒᆞ고國號를朝鮮이라ᄒᆞ니時ᄂᆞᆫ我大韓開國紀元前三千七百二十七年戊辰이라長安(今平壤)에都ᄒᆞ고民을敎ᄒᆞ야髮을編ᄒᆞ며君臣과男女와飮食과居處에制度를立ᄒᆞ다○卽位ᄒᆞ신지五十九年(丙寅)에摩尼山(在今江華)에壇을設ᄒᆞ고上帝께祀ᄒᆞ다○王子三人을遣ᄒᆞ야傳燈山(在今江華)에三郞城을築ᄒᆞ다○一百二十七年(甲戌)에都를白岳(今文化九月山)에徙ᄒᆞ다○一百二十九年(丙子)에太子扶婁를遣ᄒᆞ야支那夏禹氏塗山萬國會에參ᄒᆞ다○歷世ᄒᆞᆫ지一千二百十二年(己卯)에後孫이扶餘(今吉林寧古塔渾春等地)에遷居ᄒᆞ니王統이遂絶ᄒᆞ니라

檀君朝鮮紀 一

76 兪星濬 編, 『大東歷史略』(皇城: 博學書館, 1906), 1-192. 원래 발행 장소는 기재되지 않았지만 박학서관이 황성 남서(南署) 동현(銅峴)에 있었으므로 황성으로 표시했다. "廣告," 「大韓每日申報(대한미일신보)」 1908년 1월 28일.

77 신혜경, "大韓帝國期 國民敎育會 研究," 「이화사학연구」 제20·21합집(1993. 12), 178.

78 출처: 국립중앙도서관.

1906년 12월 20일에 보통학교용으로 출간된 『초등소학』은 최초의 민간 국어 교과서이다. 저자는 국민교육회로 되어 있어서 개인 저자가 누구인지는 알 수 없다.[79] 이 책은 국한문 혼용으로 되어 있고 전체 8권 4책(册)을 4년 동안 공부하도록 만들었는데, 1-2권은 어린 아동용으로 3권부터 8권까지는 소학교용으로 구성했다.[80] 『초등소학』을 시작으로 『고등소학독본(高等小學讀本)』(휘문의숙, 1906), 『유년필독(幼年必讀)』(현채, 1907), 『몽학필독(蒙學必讀)』(최재학), 『노동야학독본(勞動夜學讀本)』(유길준, 1908), 『부유독습(婦幼獨習)』(강화석, 1908), 『초등여학독본(初等女學讀本)』(이원긍, 1908), 『최신초등소학(最新初等小學)』(정인호, 1908), 『신찬초등소학(新撰初等小學)』(현채, 1909), 『초목필지(樵牧必知)』(정곤수, 1908), 『초등국어어전(初等國語語典)』(김희상, 1909) 등 다양한 형태의 수신(修身) 및 국어과 교재들이 간행되었다.[81]

『초등소학』의 간행 목적에 대하여 1907년 7월 15일자 「황성신문」의 논설에서는 "道德的 涵育과 知識的 發揮와 又 其他 歷史 地誌 及 謠俗을 概括ᄒᆞ야 使國家思想으로 注入 於幼穉時 腦裏ᄒᆞ며"[82]라고 하여 국가사상 즉 애국사상을 어릴 때부터 뇌리에 주입시키고자 하는 것이 목적이라고 밝히고 있다. 따라서 이 책에는 국가를 세우

79 國民敎育會, 『初等小學 卷一-卷八』(皇城: 國民敎育會事務所, 1906). 초판은 광무 10년(1906) 12월 20일에 발행했고, 재판은 광무 11년(1907) 6월 21일에 발행했다.

80 『초등소학』을 광고하면서 "第一冊 二編은 幼稚 敎育에 適合ᄒᆞ고 第二冊 三編으로붓터 第四冊 八編ᄭᆞ지는 小學校 三學年에 卒業케 ᄒᆞ얏사오니"라고 소개하고 있다. "廣告-初等小學," 「皇城新聞」 1907년 1월 15일.

81 강진호, "근대 국어 교과서와 민간 독본의 탄생-『初等小學』(1906)을 중심으로," 31.

82 "論說-初等小學," 「皇城新聞」 1907년 7월 15일.

거나 위기에서 구한 역사적 사건과 인물들에 대해서 다양하게 소개하고 있다. 국내 인물로는 을지문덕, 강감찬, 양만춘, 단군, 혁거세, 주몽, 온조, 조광조, 곽재우, 송상현, 조헌과 7백 의사, 삼학사(홍익한, 오달제, 윤집), 영조, 이시백, 이문원, 문익점 등을, 외국 인물로는 워싱턴, 소격란왕(蘇格蘭王, 스코틀랜드왕 로버트 1세), 한신, 장순, 허원 등을 소개하고 있다. 특히 곽재우, 송상현, 조헌과 7백 의사 등은 임진왜란 당시 일본군과 싸우다 전사한 인물들로 이와 같은 항일 영웅들을 소개한 것은 을사늑약 이후 보호국으로 전락해가는 국가적 현실 속에서 애국심과 항일의식을 고취시키려는 의도가 있었을 것이다.

이외에도 『초등소학』에는 글과 관련이 있는 삽화들을 많이 사용하고 있는데, 특히 1권에서 3권까지는 그림을 이용하여 낱말학습과 단문학습을 할 수 있도록 만들었다. 내용면에서도 1권에서는 어린이들이 일상적으로 주변에서 접하는 낱말들로 학습을 하도록 했으며, 2-3권에서도 학생들이 가정과 학교에서 겪을만한 일화를 내용으로 하여 단문학습을 하도록 만들었다. 그리고 어투에 있어서도 권위적이지 않은 친근하고 평이한 어투의 하오체를 사용하였다.

『초등소학』은 국민교육회가 규칙 제3조에서 밝힌 "본국(本國) 사기(史記)와 지지(地誌)의 고금(古今) 명인(名人) 전적(傳蹟)을 수집(蒐集) 광포(廣佈)ᄒᆞ야 국민(國民)의 애국심(愛國心)을 고동(鼓動)ᄒᆞ고 원기(元氣)를 배양(培養)할 사(事)"를 달성하기 위하여 심혈을 기울여 편찬하고 간행한 대표적인 교과서라고 할 수 있다. 따라서 『초등소학』에는 교육을 통해서 근대적 의식과 애국심을 함께 지닌 국민을 양성하려는 국민교육회의 의지가 반영되어 있다. 이것이 출간과 함께 『초등소학』이 큰 호응을 얻은 이유이기도 했다. 또한 같은 이유로 「교과용도서검정규정(教科用圖書檢定規程)」(1908)과 「출판법(出版法)」(1909)이 제정된 후에 『초등소학』은 『대동역사략』과 함께 학부 불인가 교과서용 도서가 되었고, 결국 1911년에는 금지 도서가 되었다.[83]

그 외에 유성준이 집필한 『신찬소박물학』은 소학교의 고등과와 중학교 예비과의 교과서, 소학초등과의 교사 강습서와 참고서로 간행했으며,[84] 『신찬소물리학』은 고등소학과와 보통학과의 교과서로 간행했다.[85] 『신찬소물리학』은 미국의 교육자 조엘 도먼 스틸(Joel Dorman Steele)이 1873년에 출간한 『자연철학 14주』(*Fourteen Weeks in Natural Philosophy*)를[86] 편역한 것으로 317쪽 분량의 원서를 107쪽 10개의 장으로 요약했다. 64개의 도판을 수록하고 분자와 원자를 비롯하여 인력, 중력 등 각종 힘의 개념, 힘의 작용, 액체와 기체의 성질, 소리와 빛, 열, 전기와 자기에 대해서도 설명하고 있다. 그리고 홍순하(洪淳夏)가 저술한 『초등지리교과서』는 국가의 독립과 문명을 진화시킬 목적으로 소학교용 외국지리교과서로 간행했다.[87] 이렇게 교과서 간행을 통하여 "국민의 애국심을 고동하고

---

83 국사편찬위원회, 『한국사 45: 신문화운동 Ⅰ』(과천: 국사편찬위원회, 2000), 191-192, 195.

84 兪星濬, 『新撰小博物學』(皇城: 출판사 불명, 1907), 1.

85 國民敎育會, 『新撰小物理學』(漢城: 國民敎育會事務所, 1906), 1; "廣告-新撰小物理學," 「皇城新聞」 1906년 7월 17일.

86 Joel Dorman Steele, *Fourteen Weeks in Natural Philosophy* (New York and Chicago: A. S. Barnes & Company, 1873).

87 洪淳夏, 國民敎育會 編, 『初等地理敎科書』(皇城: 國民敎育會, 1907), 1.

원기를 배양"하고자 한 국민교육회의 목표는 상당 부분 실행되었다고 할 수 있다.

국민교육회는 대중 강연회와 법학강습소를 통해서도 교육운동을 전개했다. 대중강연회는 매주 일요일에 각계 명사를 초청해서 강연을 듣는 방식으로 진행되었다. 이 정기적인 강연회의 주제들은 다양해서 교육문제, 신학문과 신지식 습득, 법률, 국민의 의무, 위생 문제, 종교 관련 주제 등으로 당시 필요한 계몽적인 내용들을 선택해서 강연했다. 그 외에 황성기독교청년회, 대한자강회 등 다른 단체들과 연합해서 강연회를 진행하기도 했다.[88]

법학강습소는 1906년 5월 7일에 국민교육회 회관 안에 야학과로 개설하여 운영했다. 「황성신문」에 개재된 개설 소식을 보면 다음과 같다.

> 美哉此擧 有志紳士 諸氏가 知識發達ᄒᆞ기 爲ᄒᆞ야 國民教育會 會舘 內에 法學講習所를 設ᄒᆞ고 昨日 下午 八時로 爲始ᄒᆞ야 夜學을 開ᄒᆞ얏ᄂᆞᆫᄃᆡ 課程은 法律 筭術 日文 翻譯이오 教師ᄂᆞᆫ 兪星濬 柳一宣 兩氏오 學員은 六七十人 假量인ᄃᆡ 老成ᄒᆞᆫ 人도 多ᄒᆞ고 現帶勅奏任官人도 亦叅ᄒᆞ야 學問을 講習 演討ᄒᆞᆫ다더라.[89]

이 기사의 내용과 다른 신문 기사를 종합해 보면 법학강습소는

88 신혜경, "大韓帝國期 國民教育會 硏究," 181.

89 "雜報-美哉此擧," 「皇城新聞」 1906년 5월 8일.

개설 당시 소장에 민영휘(閔泳徽), 총무는 양재건(梁在謇)이 맡았다가 1907년 1월 이후에는 이상재가 맡았으며,[90] 교사는 유성준과 유일선이었다. 개설한 과정은 법률, 산술(부기), 일어 번역 등이었고, 학생 수는 6-70명 정도 되었는데, 젊은 학생들 뿐 아니라 장년들도 있었고, 칙임관이나 주임관으로 재직하고 있는 관리들도 있었음을 알 수 있다. 강습료는 매월 1원씩 납부했는데, 이 강습료로는 운영이 어려워서 교사 유성준을 비롯하여 여러 사람들이 후원금을 기부하여 운영하기도 했다.[91] 1907년 5월 29일에는 36명이 과정을 마치고 졸업했다.[92]

1907년 6월 15일에 제2회 신입생을 받아서 개학할 당시에 소장은 계속 민영휘가 맡았고, 소감(所監)은 이상재가 맡았는데 교사는 유옥겸과 조성구(趙聲九)로 교체되었으며,[93] 유성준은 학감으로 계속 재직한 것으로 보인다.[94]

1908년 4월에는 법학강습소 졸업생들이 동창회를 조직하기도 했으며,[95] 7월 4일에 거행된 졸업식에서는 박몽일(朴夢日), 안병규(安炳奎), 김기준(金基俊), 이도상(李道相), 이유필(李裕弼), 이철상(李哲相),

---

90 “雜報-昨日 法學講習所에 輔國閔泳徽氏가,” 「大韓每日申報(대한미일신보)」 1906년 6월 6일 ; “雜報-安倅餞宴,” 「皇城新聞」 1907년 1월 10일 ; “論說-法學講習所,” 「皇城新聞」 1907년 6월 1일.

91 “雜報-法學講習所興旺,” 「萬歲報」 1906년 9월 25일.

92 “論說-法學講習所,” 「皇城新聞」 1907년 6월 1일.

93 “雜報-講習所繼續,” 「皇城新聞」 1907년 6월 10일 ; “雜報-法學講習所開學,” 「皇城新聞」 1907년 6월 17일.

94 “雜報-法學講習所卒業,” 「皇城新聞」 1908년 7월 7일.

95 “雜報-同窓設會,” 「大韓每日申報(대한미일신보)」 1908년 4월 11일.

김진한(金鎭漢), 이재하(李在夏), 이영훈(李榮勳), 심문택(沈文澤), 이봉재(李鳳載), 조동민(趙東敏), 민병두(閔丙斗), 서상호(徐相浩) 등 14명이 졸업했다.[96]

국민교육회가 법학강습소를 야학과로 운영한 것이나 개설과목 및 다양한 연령과 직업의 사람들이 입학한 것으로 봐서 전문 법률인을 양성하는 것보다는 일반적으로 필요한 근대적 법률 지식을 강습하는 것이 주된 목표였던 것으로 보인다. 당시 이런 성격의 법학강습소는 국민교육회 외에도 개인이나 학교가 개설한 사례들을 찾아볼 수 있는데, 평양의 일신(日新)학교에서 개설한 사례와 표훈원(表勳院) 총재 민병석(閔丙奭)이 개설 운영한 사례를 확인할 수 있다.[97]

김정식, 유성준, 이상재, 이원긍, 홍재기 등 옥중 기독교 입교인들은 연동교회의 교인들을 포함하여 교육운동에 뜻을 같이하는 사람들과 함께 국민교육회를 통하여 학교를 설립하고 교과서를 간행하며 대중강연 활동을 전개하고 법학강습소를 개설했다. 결국 그들은 을사늑약 체결로 대한제국이 일제의 보호국으로 전락하는 시기에 시대적으로 시급하다고 인식되는 근대 교육의 확산을 통하여 국민의 힘과 국가의 힘을 길러서 국권을 지키려고 했다고 평가할 수 있다.

---

96 "雜報-法學講習所卒業,"「皇城新聞」 1908년 7월 7일.

97 "雜報-講習日進,"「大韓每日申報(대한미일신보)」 1906년 6월 30일 ; "雜報-日新講法,"「大韓每日申報(대한미일신보)」 1906년 7월 11일 ; "雜報-法學講習,"「皇城新聞」 1906년 7월 23일.

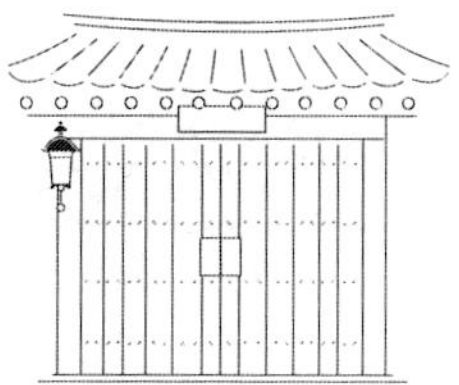

6장 · 김정식의 옥중 입교(入敎)와 출옥 후 활동[98]

1 제6장은 필자의 논문, "김정식(金貞植)의 옥중 기독교 입교와 출옥 후 활동," 「한국기독교와 역사」 제57호(2022. 9)를 수정, 보완한 것이다.

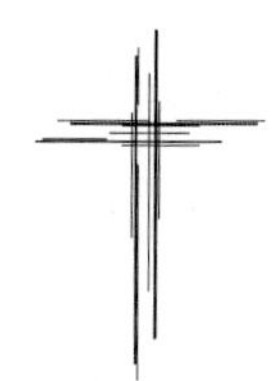

1. 한성감옥서 수감과 기독교 입교

한성감옥서에 수감 중 기독교에 입교한 대표적인 인물 중 한 명인 김정식은 1894년 갑오개혁 이후 한성부 내의 경찰업무를 관장하던 경무청의 경무관으로 재임했으며, 1898년 독립협회의 만민공동회 활동과 관련하여 징계를 받고 목포 무안항(務安港) 경무관으로 좌천되기도 했다. 1902년 6월에 유성준, 이상재, 이승인, 이원긍, 홍재기 등과 함께 유길준 쿠데타 모의 사건의 혐의자로 체포되어 한성감옥서에 수감되었는데, 이 때 기독교에 입교하게 되었다. 1904년 3월에 석방된 후에는 연동교회에 출석하여 신앙생활을 하면서, 교회 내의 기독교 교육 및 학교 교육에 참여하였고, 1904년 후반기에 황성기독교청년회의 한국인 수석 간사에 임명되면서 황성기독교청년회와 국민교육회를 통한 교육운동에도 참여했다. 또한 1906년 8월에는 도쿄 조선기독교청년회(YMCA) 설립을 위해 도일(渡日)하여 1916년 귀국하기 전까지 총무로 활동하면서 당시 일본에 유학 중이던 학생들에게 영향을 끼쳤다.

김정식의 이와 같은 활동과 영향에 비해서 그에 관한 연구는 많이 진행되지 않았다. 김정식의 생애와 활동에 대하여 독립적으로 서술되거나 연구된 것은 이덕주의 글과 연동교회에서 출간한 단행본에 수록된 글이 거의 전부라고 할 수 있다. 이덕주는『새로 쓴 한국 그리스도인들의 개종이야기』와『YMCA 인물 콘서트-Y를 일군 사람들』에 수록된 글에서 김정식에 대하여 서술하고 있다.[2] 연동교회가 출간한『연동교회 애국지사 16인 열전』에도 김정식의 일대기가 수록되어 있다.[3]

여기에서는 김정식의 생애와 활동을 망라하여 다루기보다는,[4] 한성감옥서에 수감되기 전 이력과 수감 중 기독교에 입교하게 되는 신앙 체험, 출옥 후 교육 및 청년운동, 1916년 일본에서 귀국한 후 만년(晩年)의 활동 등을 중점적으로 살펴보게 될 것이다. 그중에 옥중 신앙 체험에 대해서는 앞에서 이미 언급했으므로 간략하게 다루고, 교육 및 청년운동에 대해서는 도쿄 조선기독교청년회를 중심으로 살펴보고자 한다. 1916년 일본에서 귀국한 후 세상을 떠난 1937년까지의 활동에 대해서는 지금까지 자세히 연구되지 않은 부분이 많이 있다. 그중에서 일본조합교회 활동, 종교인들의 교류 단체인 우리친목회 활동, 만주실업주식회사 대표이사 역임 등을 중심으로 만년의 행적을 살펴보고자 한다.

---

2 이덕주, “김정식: 경무관 출신 평신도 전도자,”『새로 쓴 한국 그리스도인들의 개종이야기』, 147-160 ; 이덕주, “경무관 출신 평신도 전도자 김정식,” 서울YMCA 편,『YMCA 인물 콘서트-Y를 일군 사람들』(서울: 한국기독교역사연구소, 2014), 37-59. 두 책에 수록된 글은 동일한 내용이다.

3 고춘섭 편, “제3편 김정식 황성기독교청년회(YMCA) 한인 총무,”『연동교회 애국지사 16인 열전』, 87-108.

4 예를 들면, 일본 체류 기간(1906-1916) 및 귀국 후 만년(1916-1937)의 활동 중 우치무라 간조와의 교류, 조선교육회, 조선민립대학 기성준비회, 민우회 활동, 적극신앙단 배척과 관련한 재경기독교유지회 활동, 김교신 및 류영모와의 교류 등에 대해서는 간략한 언급에 그칠 수 있다.

1) 수감 전 이력

김정식이 1902년에 체포되어 한성감옥서에 수감되기 전 이력에 대해서는 자세하게 알려진 내용이 많지 않다. 김정식은 1862년 8월 6일 황해도 해주에서 출생했는데, 그의 가문과 출신에 대해서는 파악하기 어렵다. 10대에 결혼한 것과 20세 이전에 금강산에 들어가 지낸 이력에 대하여 유영모(柳永模)의 기록에서 파악할 수 있을 뿐이다.

> 六十餘 年 偕老하신 同年甲이신 夫人 姜氏와는 早婚하섯던 듯한데 海州 本宅에 젊은 夫人을 두시고(至今 歲月과도 다른데) 二十 未滿에 金剛山에 들어 게신 일이 있엇다 하니 家庭上으로도(其時 不貧하섯던 듯한데) 不平하심이 없지 않으섯나 한다.[5]

김정식이 결혼 후에 가정을 떠나서 금강산에서 지낸 이유와 기간에 대해서는 정확히 알 수 없다. 유영모가 짐작하듯 가정적인 이유일 수도 있고, 한편으로는 종교적인 이유일 수도 있다. 1907년에 장응진(張膺震)이 백악춘사(白岳春史)라는 필명으로 김정식의 일대기를 「태극학보」 제6호(1907년 1월 24일)와 제7호(2월 24일)에 "다정다한(多情多恨)"이라는 제목의 소설로 연재했는데, 여기에 김정식이 젊은 시절에 가업을 포기하고 신기한 법술을 배우기 위하여 명산대천과

---

5 유영모, "故三醒金貞植先生," 「聖書朝鮮」 100호(1937. 5), 3.

명승지 등을 다니며 이인(異人), 도승(道僧), 기사(奇士), 술객(術客) 등을 만났다는 내용이 있어서[6] 그가 종교적인 이유로 금강산을 포함한 여러 곳을 돌아다녔을 가능성을 짐작해 볼 수 있다.

그는 10명의 자녀를 두었지만 모두 일찍 사망하는 아픔을 겪었는데, 이름이 알려진 자녀는 첫째 아들 유봉(裕鳳), 둘째 아들 유홍(裕鴻), 셋째 아들 유구(裕鳩)와 딸 앵사(鶯似) 등이다. 유봉은 미국 유학 중에 병을 얻어 귀국한 후 사망했고, 유홍은 일본 도쿄제국대학 1학년 1학기를 마치고 귀국하여 여름방학을 보내고 일본으로 돌아가던 중 시모노세키에서 장질부사로 사망했으며, 유구는 중학교 2학년 재학 중에 급성 신장염으로 사망했다.[7] 딸 앵사는 10세 이전에 시력을 잃었는데, 정확한 이유를 알 수 없지만 김정식은 그런 앵사를 천주교에서 운영하는 고아원에 보냈다.[8]

김정식이 언제 어떤 경로를 통해 처음으로 관직에 진출했는지는 정확히 알 수 없다. 유영모와 김교신은 김정식이 무과 출신이라고 했지만,[9] 그가 언제 무과에 급제했는지 알 수 있는 자료는 현재 찾을 수 없다. 그런데 1892년 음력 8월 15일 『승정원일기』에 김정식(金貞植)을 의금부 도사(都事)로 임명했다는 기록이 있다.[10] 1746(영조 22)년에 편찬한 『속대전(續大典)』에 의하면 의금부 도사는 종6품 5명

---

6 백악춘사(白岳春史), "多情多恨(寫實小說)," 「태극학보」 제6호(1907. 1), 신지연, 이남면, 이태희, 최진호 역, 『완역 태극학보 2』, 80-81.

7 유영모, "故三醒金貞植先生," 3.

8 김정식, "信仰의 動機," 6.

9 유영모, "故三醒金貞植先生," 3 ; 김교신, "故金貞植先生," 「聖書朝鮮」 100호, 2.

10 『승정원일기』 1892(고종 29)년 8월 15일(음).

과 종9품 5명을 두었는데,[11] 1892년 의금부 도사에 임명된 김정식과 2년 후 경무청의 총순으로 근무하는 김정식이 동일인이라는 가정 하에,[12] 『승정원일기』에 나오는 김정식이 종9품 의금부 도사로 임명된 것이라면 1894년에 경무청이 출범할 때 그곳으로 옮겨서 8품 통사랑인 총순으로 근무했을 가능성도 생각해 볼 수 있다.

김정식에 관한 그 후의 기록은 1895년 음력 3월 29일과 4월 1일 『승정원일기』에 나타나는데, 당시 기록을 보면 다음과 같다.

> 총리대신과 내무아문 대신이 아뢰기를, "내무아문 참의 이전, 이일찬은 외임을 맡게 되었고, 민치완은 체직을 청하였으니, 그 대신에 내무아문 주사 박승봉(朴勝鳳), 경무관 유세남(劉世南), 전 부사 남궁억(南宮檍)을 모두 3품으로 올려 차하하고, 경무관이 이차되었으니, 그 대신에 권임 총순(權任摠巡) 김정식(金貞植)을 차하하는 것이 어떻겠습니까?"하였는데, 그대로 윤허한다는 칙지를 받들었다.[13]

---

11 『續大典』 卷之一 吏典 京官職 從一品衙門 義禁府, 五.

12 1875년부터 1895년까지 『승정원일기』에 등장하는 한자가 동일한 김정식(金貞植)은 정읍의 유학(幼學) 김용호의 양자 김정식(1875년 4월 30일), 김중식에서 이름을 바꾼 전 오위장 김정식(1883년 3월 6일), 고(故) 동지중추부사 김정식(1887년 4월 21일), 의금부 도사 김정식(1892년 8월 15일), 교자차비별감 김정식(1893년 10월 13일, 1894년 4월 2일), 동지돈녕부사 김정식(1894년 1월 2일), 권임총순, 6등 경무관 김정식(1895년 3월 29일, 4월 1일) 등이다. 이 중 고향이 다르거나 사망했거나 1895년 이전에 총순보다 더 높은 관직에 있던 사람을 제외하면 경무관 김정식과 동일인으로 추정 가능한 인물은 의금부 도사 김정식과 교자차비별감(轎子差備別監) 김정식 뿐인데, 결국 교자차비별감 보다는 의금부 도사 김정식과 총순 및 경무관 김정식이 동일인일 가능성이 더 높다.

13 『승정원일기』 1895(고종 32)년 3월 29일(음).

경무관(警務官) 2등에 이규완(李圭完), 5등에 안환(安桓), 6등에 백명기(白命基), 이용한(李龍漢), 이명건(李命健), 김정식(金貞植), 우낙선(禹洛善), 허매(許梅), 소홍문(蘇興文), 이규횡(李奎鐄), 이철순(李徹純), 구범서(具範書), 농상공부 기수(農商工部技手) 4등에 김남식(金南軾), 5등에 홍종억(洪鍾檍), 한종익(韓宗翊), 이정래(李鼎來), 6등에 서상석(徐相晳), 상역(尙湙), 서상욱(徐相旭), 이종형(李鍾瀅), 강찬희(姜燦熙), 윤자용(尹滋容), 백윤덕(白潤德), 권보인(權輔仁)을 임용하였다.[14]

이 두 기록에 의하면 김정식은 3품으로 승진한 경무청 경무관 유세남 대신에 1895년 4월 1일에 6등 경무관으로 승진했는데,[15] 승진 이전의 직책은 총순이었음을 알 수 있다. 경무청은 1894년 7월 갑오개혁 당시 기존의 좌우 포도청을 합쳐 설립한 것으로, 내무아문에 소속되어 한성부 내의 경찰업무를 관장했다.[16] 경무관은 칙임관인 경무사(警務使)의 지휘, 감독 아래 경무청의 실무를 담당하는 주임관급 관리였다. 1894년 경무청 설립 당시 경무관의 관등은 판임관으로 주사, 서기관, 총순 등과 동일한 품계인 8품 통사랑(通仕郎)이었지만,[17] 같은 해 8월에 서기관, 주사, 총순 등과 차별화하여

14 『승정원일기』 1895(고종 32)년 4월 1일(음).

15 이덕주와 고춘섭의 글에는 김정식이 1898년에 경무관이 되었다고 했지만, 『승정원일기』에 의하면 이는 사실과 다르다. 이덕주, 『새로 쓴 한국 그리스도인들의 개종이야기』, 148 ; 이덕주, "경무관 출신 평신도 전도자 김정식," 41 ; 고춘섭 편, 『연동교회 애국지사 16인 열전』, 90.

16 "警務廳官制職掌," 『고종실록』 1894(고종 31)년 7월 14일(음).

17 "警務廳官制職掌," 『고종실록』 1894(고종 31)년 7월 14일(음) ; 『고종실록』 1894(고종 31)년 7월 16일(음).

주임관으로 승격되었다.[18] 경무관의 정원은 처음에는 5명이었지만 1894년 12월에는 10명으로 증원하였고, 업무가 복잡한 부서에는 3품인 경무관을 임명하도록 했다.[19] 1895년 4월 칙령 제85호에 의해 반포된 경무청관제(警務廳官制)에서는 경무관 정원이 12명으로 늘어났다.[20]

김정식은 6등 경무관이 된 후 한성부의 오부(五部) 관내 경찰지서(警察支署) 중 서서(西署)에 소속되었는데, 당시 지서의 관제가 6등 경무관인 서장 1명과 서기 2명, 그 외에 순검(巡檢)이 있는 구조였으므로,[21] 김정식은 서서의 서장이었을 것이다. 김정식이 서서에 근무하던 1896년에 러시아 군인이 민가의 물건을 파손하고 행패를 부린 사건이 발생하여 이를 상관인 경무사 허진(許璡)에게 보고하고 허진은 외부대신 김윤식에게 보고하여 처리한 일도 있었는데, 당시 허진의 보고 내용은 다음과 같다.

방금 서서(西署)의 경무관(警務官) 김정식(金貞植)의 보고를 받아보

18 군국기무처(軍國機務處)에서 올린 의안(議案)은 다음과 같다. "품계를 올려 경무부관(警務副管)은 경무부사(警務副使)로 고치고 3품으로 올리며, 경무관(警務官)은 주임경무(奏任警務)로 올리고, 서기관(書記官)은 판임주사(判任主事)로 고치겠습니다." 『고종실록』 1894(고종 31)년 8월 6일(음).

19 『고종실록』 1894(고종 31)년 12월 10일(음).

20 1895년 경무청관제(警務廳官制)에 의하면, 경무청 직원은 다음과 같았다. "경무사(警務使)는 1인인데 칙임관(勅任官)이고, 경무관(警務官)은 12인 이하인데 주임관(奏任官)이며, 주사(主事)는 8인 이하인데 판임관(判任官)이고, 감옥서장(監獄署長)은 1인인데 판임관이고, 총순(總巡)은 30인 이하인데 판임관이고, 감옥 서기(監獄書記)는 2인 이하인데 판임관이며, 간수장(看守長)은 2인 이하인데 판임관이다." 『고종실록』 1895(고종 32)년 4월 29일(음).

21 "警務廳官制職掌," 『고종실록』 1894(고종 31)년 7월 14일(음) ; 『고종실록』 1895(고종 32)년 4월 29일(음).

니, "이번 달 26일 태평동(太平洞)에서 러시아 병정에게 괴이한 일로 치욕을 당한 집주인 문영식(文永植), 주석규(朱錫奎) 등이 와서 고하였고, 해당 병정이 트집을 잡고 떠들어대던 때에 집안 물품이 파손되어 상한 숫자가 매우 많을 뿐더러 여염의 힘없는 백성이 보전하기 어려운 상황을 해당 공사관에 소고(訴告)하기 위해 갔더니, 파수하는 병정과 사환기수(使喚旗手)가 총으로 물리쳐 버리고 돌아보지 않으면서 조금도 발붙이지 못하게 하니 억울함을 호소할 수가 없었고, 해당 병정이 남기고 간 모자 2개와 장갑 1개를 보낼 곳이 없고, 그것을 사가(私家)에 두기가 온당하지 못할 것 같으므로 해당 모자 등의 물건을 이에 보냅니다."라는 내용이었으며, 이에 따라 보고하며, 해당 모자 2개와 장갑 1개를 보내니 이러한 내용을 살펴서 해당 공사관에 전달하여 돌려보내주시기 바랍니다.[22]

보고의 내용은 러시아 군인이 문영식과 주석규의 집 물건을 부수고 행패를 부려서 집주인들이 러시아 공사관에 호소하기 위해 갔지만 거절당했다는 것과 러시아 군인이 남기고 간 모자 2개와 장갑 1개를 공사관에 전달하여 달라는 것이다. 이 사건의 결말을 알 수는 없지만 경무사가 외부대신에게 보고한 내용은 집주인들의 억울함을 외교적으로 해결해 달라는 것이 아니라 러시아 군인의 모자와 장갑을 공사관에 전달하여 달라는 것이니, 아관파천 시기의 러

22 "보고(報告) 제1호," 『警務廳來去文』 1-1, 1896(건양 1)년 1월 29일.

시아의 위세와 당시 조선의 궁색한 형편을 짐작해 볼 수 있다.

그리고 1897년 4월 3일자 「독립신문」 기사 중에는 김정식의 관직을 경무청 총무국장 서리로 기록한 내용이 있다.[23] 그러나 경무청 총무국장은 주임관 3등 이상의 경무관이 임명될 수 있었으므로[24] 1897년 4월 이전에 3등 경무관으로 승진한 후 총무국장 서리로 임명되어야 하는데, 김정식의 승진 기록이나 총무국장 서리 임명에 대한 기록은 「官報」나 『승정원일기』 등에서 찾을 수 없다.

김정식은 1897년 고종의 황제 즉위와 관련하여 음력 9월에 원구단의 신위판을 만들어 봉안하는 과정에서 유공자(有功者)들에게 상을 내리고 승진시킬 때 육품(六品)으로 승품했다.[25] 그 후 명성황후의 장례와 관련하여 공을 인정받아서 1898년 6월에 경무관 홍응조(洪應祖), 김병준(金炳駿), 장윤환(張允煥), 윤귀영(尹龜榮) 등과 함께 가자(加資) 되었는데,[26] 이에 따라 이들은 정3품의 경무관으로 승진했다.[27] 그러나 김정식은 1898년 11월 독립협회의 시위와 관련하여 징계를 받게 되는데, 그해 11월 5일에 김정식을 비롯한 안환, 홍응조, 장윤환, 구범서, 이종하, 위홍석, 유한익 등 경무관 8명은 독립협회 회원들이 경무청 앞에서 시위하는 것을 저지하지 못했다는 이유로 견책을 받았다.[28] 결국 김정식은 1899년 2월 22일 경무청

23 "각부신문," 「독립신문」 1897년 4월 3일.

24 "警務廳官制," 『고종실록』 1895(고종 32)년 4월 29일(음).

25 『승정원일기』 1897(고종 34)년 9월 15일(음) ; 9월 16일(음).

26 "宮廷錄事," 「官報」 호외(1898년 6월 28일), 12.

27 "敍任及辭令," 「官報」 호외(1898년 6월 30일), 15.

28 "敍任及辭令," 「官報」 제1100호(1898년 11월 8일), 15 ; "通牒," 『內部來文』 제7책, 1898년 11

경무관에서 면직되고, 개항장이 개설된 목포 무안항의 경무관에 임명되었다.[29] 하지만 그는 무안항 경무관으로 오래 근무하지는 못했다. 1899년 3월 10일에 부임하여[30] 5월 18일에 의원면직 되었으니 약 2개월 정도 근무한 것이 전부였다.[31] 이로써 김정식은 주임관 정3품 5등 경무관으로 관직 생활을 마감했다.

2) 체포와 옥중 신앙 체험

경무관을 사임하고 지내던 김정식이 유길준 쿠데타 모의사건에 연루되어 국사범으로 체포된 것은 1902년이다. 그는 자신이 3월 22일에 이원긍, 이상재, 이승인, 홍재기, 유성준 등과 함께 체포되었다고 기록하고 있다.[32] 그러나 1902년 음력 5월 11일(양력 6월 16일) 『일성록』에 경위원(警衛院)의 총관이 김정식을 비롯한 6명을 체포하는 것에 대하여 재가를 받은 내용이 있고,[33] 「황성신문」 1902년 6월 28일자 기사에서 경위원에 체포되어 있던 6명을 평리원(平理院)으로

월 6일.

29 『승정원일기』 1899(고종 36)년 1월 13일(음). 당시 관보의 임면(任免) 내용은 다음과 같다. "依願免本官 警務官 金貞植 ... 任務安港 警務官 敍奏任官 五等 正三品 金貞植 以上 二月 二十二日," "敍任及辭令," 「官報」 제1194호(1899년 2월 25일), 50.

30 "第四百六十四號 通牒," 『內部來文』 제9책, 1899년 3월 28일.

31 『승정원일기』 1899(고종 36)년 4월 9일(음). 관보의 내용은 다음과 같다. "依願免本官 務安港 警務官 金貞植 以上 五月十八日," "敍任及辭令," 「官報」 제1267호(1899년 5월 22일), 46.

32 김정식, "信仰의 動機," 5.

33 『日省錄』 1902(광무 6)년 5월 11일(음).

이송하여 감옥서에 수감한 것을 보도하고 있다.[34] 따라서 김정식은 6월 16일에 경위원에 체포되어 있다가 6월 28일에 감옥서에 수감된 것으로 보인다.

김정식은 한성감옥서에 수감되어 있는 동안 1903년 1월에 개설된 감옥서적실에서 여러 가지 책들을 대출해서 읽었다. 서적실을 운영하면서 작성한 도서대출장부에 의하면 김정식은 1903년 1월에 『유몽천자(牖蒙千字)』를 처음 대출한 것을 시작으로 1904년 3월까지 전체 60회 39권을 대출해서 읽었다.[35] 그중 1903년 12월과 1904년 1월에는 30권의 책을 집중적으로 읽었는데, 주로 기독교서적을 많이 읽었으며 특히 한문 『新約全書』, 한글 『신약젼서』, 한글 『텬로력뎡』을 여러 번 대출해서 읽었다.

이런 과정 속에서 김정식은 신앙적인 체험을 하게 되고 기독교에 입교하게 되었다. 김정식과 함께 수감되어 있던 이상재가 수감 기간에 지은 논설문과 함께 수감된 사람들과 주고받은 한시(漢詩) 등을 묶은 『월남 이상재선생 집필책 옥사기록 공소산음 전(月南 李商在先生 執筆册 獄舍記錄 共嘯散吟 全)』에 김정식을 비롯한 이상재, 이원긍, 홍재기 등이 성서공회에 보낸 편지가 수록되어 있는데,[36] 이 편지에서 신앙 체험에 대한 언급을 찾아볼 수 있다.

---

34 “雜報, 移送平院,” 「皇城新聞」 1902년 6월 28일.

35 고춘섭 편, 『연동교회 애국지사 16인 열전』, 92-93 ; 이덕주, “경무관 출신 평신도 전도자 김정식,” 46-50.

36 숭실대학교 한국기독교박물관 학예팀 편, 『共嘯散吟 월남 이상재 선생 옥사기록(獄舍記錄)』, 32-42.

김정식은 이 편지에서 존 번연의 『천로역정』과 신약성서를 읽으면서 감동을 받은 것과 자신의 마음이 한성감옥서에 수감되기 이전과 많이 달라져 있음을 이렇게 증언하고 있다.

> 나 역시 갖추어 읽으며 소일하다가 『천로역정』 한 권의 책을 읽게 되었는데, … 요한 번연이 진리를 알고 믿으며 실천하고 지켰다는 것과 그가 상제의 참 종이요, 예수의 신도임을 알 수 있다. 요한 번연이 고통을 달게 여기고 화를 즐거워한다는 것의 의도가 어떤 것인지 알고자 하여 나는 『신약성서』를 두세 번 읽었는데, 비록 그 오묘한 뜻은 상세히 알지 못했지만 마음에 남몰래 느낀 바가 있었으니 이를 간략하게 말한다. … 또한 예수는 세상 사람들이 죄를 짓고 어떻게 해도 속량 받을 수 없음을 긍휼히 여겨 자신이 뭇사람을 대신하여 한 번 십자가에 죽음으로써 죽음의 권세를 없애고, 하늘과 사람 사이에서 중보자가 되었다. 세상 사람들이 만약 예수의 중보가 아니면 어찌 상제의 은총을 받기를 바라며, 받을 수 있겠는가? … 출옥하는 날 이 마음이 어떻게 바뀔지 모르지만 현재의 생각은 옛날과 전혀 다르다는 것을 나는 스스로 인증한다.[37]

김정식이 성서공회에 보낸 편지 외에 한성감옥서에서의 신앙

37 숭실대학교 한국기독교박물관 학예팀 편, 『共嘯散吟 월남 이상재 선생 옥사기록(獄舍記錄)』, "上同 三醒 金貞植," 38-40.

체험을 증언한 기록은 그가 도쿄 조선기독교청년회 총무로 있던 1912년 10월 12일에 작성한 것이 있다. 이 글은 김정식이 1937년 1월 13일에 별세한 후에 발견되어서 1937년 5월 「聖書朝鮮」 100호에 김교신, 유영모의 추모글과 함께 게재된 것이다.[38] 이 글에서는 김정식의 솔직한 회심 경험을 발견할 수 있다.

김정식은 자신의 억울하고 불쌍한 처지를 생각하면서 잠 못 들고 있는 중에 예수 그리스도의 임재를 체험하게 되었는데, 이로 인해 자신이 과거에 방탕하게 지내면서 부모에게 불효하고 처자에게 박정하고 친구에게 교만했던 죄를 토로하게 되었다. 특히 어려서 시각장애인이 된 딸 앵사를 천주교 양육원에 보낸 일을 생각하면서 눈물로 회개를 했다. 이런 중에 '예수 형님'으로부터 "네 회개함을 내 아나니 너무 서러마라"고 하는 용서의 말씀을 들으면서 자신이 악한 죄인에서 깨끗한 마음을 얻은 사람이 되었음을 고백하고 있다.[39] '예수 형님'을 만나서 깨끗한 마음을 얻은 김정식은 이제 억울함과 증오도 사라지고 오히려 자신을 모함한 사람을 용서하는 마음을 갖게 된 자신에 대해서 이렇게 말하기도 했다.

> 萬一 이 몸이 獄中에 들어오지 아니 하엿스면 어찌 이런 恩惠를 언엇스리오 그런즉 우리의 몸을 謀陷한 사람이라도 怨望할 것이 아니라 다만 하나님의 뜻에 맏길 뿐이로다. 나의 생각하는 바

38　노평구 편, 『김교신전집 6 일기 II』(서울: 도서출판 부키, 2002), 215, 219 ; 「聖書朝鮮」 100호, 2-7.

39　김정식, "信仰의 動機," 6.

가 이같이 사람을 容恕하는 地境에 니른 일을 혜아리면 엇지하야 이같이 變하여진 것은 말로 形容하기 어려울지라. 都大體, 前日에 사람을 怨望하고 世上을 歎息하는 맘이 恒常 불붙듯 하든 때와 크게 달러젓스니 聖經이 사람의 맘을 곧처 다시 만드는 능력이 이 같음은 하나님의 榮光을 讚頌할 수밖에 없도다. 이때 한 詩를 지으니 聖靈感人通眞理오 電光相照報善惡이라. 聖靈이 形狀을 나타내니 하나님의 뜻을 通하겟고 번개 빛이 얼골에 빛이우니 사람의 맘을 거울하도다.[40]

김정식의 옥중 신앙 체험과 기독교 입교에 대한 내용은 일본의 조선인 유학생 단체인 태극학회가[41] 1906년 8월에 창간한 기관지인 「태극학보」에 "다정다한(多情多恨)"이라는 소설로 소개되기도 했다. 이 소설은 장응진(張膺震)이 백악춘사(白岳春史)라는 필명으로 「태극학보」 제6호(1907년 1월 24일)와 제7호(2월 24일)에 연재한 것인데, '사실소설(寫實小說)'이라고 소개했다. 소설이 연재되던 시기에 김정식은 도쿄 조선기독교청년회의 총무로 재직하고 있었으므로, 그의 옥중 체험과 기독교 입교를 다룬 소설이 「태극학보」에 소개된 것은 당시 조선인 유학생들을 포함한 청년들에게 기독교 신앙을 소개

40 김정식, "信仰의 動機," 6-7.

41 관서지방 출신 유학생들이 주축을 이룬 태극학회는 재일본 유학생 단체 중 가장 활발한 활동을 펼친 단체로 평가받는다. 안남일, "1910년 이전의 재일본 한국유학생 잡지 연구," 「한국학연구」 58(2016. 9), 264-265.

하는 데 일조하기도 했을 것이다.[42] 이 소설 속에서 김정식은 한글 『텬로력뎡』과 신약성서를 읽으면서 "심안(心眼)이 활짝 열려 일종의 활로를 새로 얻은 듯하여 상의 후에 모두 예수 믿기를 확정하고" 기독교인이 되었다고 묘사하고 있다.[43]

김정식은 옥중에서 신약성서를 일곱 번 통독하였고, 여덟 번째 읽다가 석방되었다.[44] 그가 석방되던 1904년 3월에 감옥서 서적실에서 마지막으로 대출한 책이 한글 『신약젼서』였다.

---

42 「태극학보」 제5호에는 김정식의 "거교설(去驕說),"이라는 연설문을 게재했는데, 이 연설문에서는 "信徒가 道化에 一經ᄒᆞ면 비록 驕傲ᄒᆞᆫ 者라도 謙遜으로 重生ᄒᆞᆫ 人이 되ᄂᆞ니 然則 斯道也 何道也오. 是乃 天父가 救世의 法를 特賜ᄒᆞ사 獨生子 耶蘇로 ᄒᆞ야금 天人之間에 中保된 惟吾救主의 道라"는 기독교의 복음을 제시하기도 했다. 김정식, "去驕說," 「태극학보」 제5호(1906. 12), 15-17.

43 백악춘사(白岳春史), "多情多恨(寫實小說) (前號續)," 「태극학보」 제7호(1907. 2), 신지연, 이남면, 이태희, 최진호 역, 『완역 태극학보 2』, 154-155.

44 김정식, "信仰의 動機," 7.

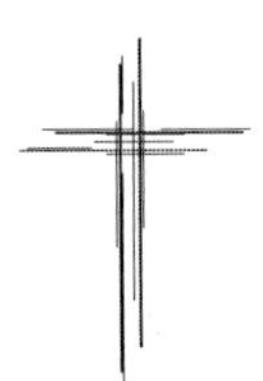

2. 출옥 후의 활동과 특징

1) 교육 및 청년운동

한성감옥서에 미결수로 수감되어 있던 김정식은 이상재, 이원긍, 홍재기 등과 함께 1904년 3월 20일에 평리원으로부터 무죄 판결을 받고 석방되었다.[45] 출옥 후 김정식의 활동은 연동교회, 국민교육회, 황성기독교청년회와 도쿄 조선기독교청년회 등을 중심으로 전개되었다.

김정식은 출옥 후 곧바로 연동교회에 출석하기 시작했으며,[46] 1904년 10월 23일에 담임목사인 게일의 집례로 세례를 받았다.[47] 그는 1904년 겨울에 연동교회의 청소년을 대상으로 한 교회학교

---

45 “彙報-司法,” 「官報」 제2785호(1904년 3월 28일), 71.

46 J. S. Gale, “Church, Prison, and School,” *KF*(Nov 1904), 219-220 ; 이능화, 『朝鮮基督敎及外交史』, 203-204 ; 차재명, 『朝鮮예수敎長老會史記』, 122 ; 『연동교회90년사: 1894-1984』, 77 ; 『연동교회100년사: 1894-1994』, 159-160.

47 김정식, “信仰의 動機,” 7.

인 부용회(芙蓉會)를 설립할 때 주도적인 역할을 했으며,[48] 1906년에는 교회 부속 교육관인 애린당(愛隣堂)을 건립하는 데 기여하기도 했다.[49] 부용회 설립에 영향을 받아서 1907년 5월 5일에는 연동소아회(小兒會)가 설립됐다. 연동소아회의 설립은 집사인 김종상에 의해 이뤄졌는데, 김종상은 김정식의 전도로 1906년 6월부터 연동교회에 출석하게 되었으며, 세례를 받고 서리집사가 된 후에 연동소아회의 설립을 주도했다.[50]

김정식은 국민교육회의 설립에도 참여했다. 국민교육회는 "본회의 목뎍은 일반국민의 교육을 면려ᄒᆞ야 지식을 발달케 호ᄃᆡ 완고의 폐습을 혁폐ᄒᆞ고 유신의 규모를 확립ᄒᆯ ᄉᆞ"[51]라고 밝힌 것처럼 국민을 위한 교육운동을 전개하기 위하여 조직된 단체였다.[52] 국민교육회는 1904년 8월 24일에 연동에 있는 게일의 집에서 창립총회를 가졌다.[53] 국민교육회에는 김정식, 이원긍, 홍재기, 이준, 김홍경, 유진형, 유승겸, 양재건, 김상천, 고찬익, 서상팔, 조창용 등 연동교회

48 연동교회 80년사 편찬위원회, 『연동교회 80년사』, 35-36.

49 유영식, 『착ᄒᆞᆫ목쟈 게일의 삶과 선교 1』, 361 ; 고춘섭 편, 『연동교회 애국지사 16인 열전』, 100 ; 고춘섭 편, 『연동주일학교100년사』, 53.

50 서울역사박물관, 『연지·효제 새문화의 언덕』, 156. 김종상(金鍾商, 1885-1972)은 관립 영어학교를 졸업하고 목포 공립소학교 교사 및 미국상사 통역관으로 일했다. 재학 시절부터 축구, 야구, 육상 선수로 활동했으며, 1904년 후반기에 황성기독교청년회 운동부 간사로 임명되었다. 고춘섭 편, 『연동주일학교100년사』, 161 ; 전택부, 『한국 기독교청년회 운동사』, 90-91.

51 "잡보-국민교육회규측의대요," 「大韓每日申報(대한매일신보)」 1904년 9월 9일.

52 최기영, "한말 국민교육회의 설립에 관한 검토," 30.

53 "잡보-교육회치의," 「大韓每日申報(대한매일신보)」 1904년 8월 27일 ; "잡보-교육회청원," 「大韓每日申報(대한매일신보)」 1904년 9월 8일.

교인들이 많이 참여했으며,[54] 이원긍이 초대회장에 선출되었고, 김정식은 부회장에 선출되었다.[55] 실력양성론에 입각하여 교육을 통한 국민계몽기관의 설치가 시급한 것으로 인식한 이원긍, 김정식, 홍재기 등이 게일의 지원을 받으며 국민교육회를 조직한 것이다.[56]

국민교육회는 국민사범학교, 보광학교, 한남학교 등을 설립하고, 『대동역사략』, 『신찬소물리학』, 『초등소학』, 『초등지리교과서』, 『신찬소박물학』 등의 교과서를 간행했으며, 명사 초청 정기연설회, 법학강습소 개설 등을 통해서 교육 운동을 전개했다.[57]

황성기독교청년회와 도쿄 조선기독교청년회 활동은 김정식의 생애에 있어서 중요한 위치를 차지하고 있다. 김정식은 1904년 10월에 황성기독교청년회의 한국인 간사를 처음 임명할 때 수석간사로 임명되었으며,[58] 1906년 8월에 도쿄 조선기독교청년회 설립을 위해 도일할 때까지 재임했다. 그는 관찰사의 명을 거절하면서까지 수석 간사직에 충실했으며, 한성부 경무관으로 임명되었지만 수석간사직이 더 중요할 뿐 아니라 보람 있는 직책으로 여기고 거절하기도 했다.[59] 김정식이 수석간사로 재임하는 중에 그의 일

54 최기영, "한말 국민교육회의 설립에 관한 검토," 40.

55 "雜報-親睦盛會," 「皇城新聞」 1905년 10월 2일 ; "雜報-國民答函," 「皇城新聞」 1905년 11월 11일.

56 최기영, "한말 국민교육회의 설립에 관한 검토," 54.

57 국민교육회의 활동에 대한 자세한 내용은 본서 "제5장 황성기독교청년회와 국민교육회를 통한 교육운동, 3. 국민교육회의 활동내용"을 참고하라.

58 수석간사인 김정식 외에 서무간사 겸 통역에 최재학, 교육부 간사에 김규식, 육정수, 이교승, 운동부 간사에 김종상 등을 임명했다. 전택부, 『한국 기독교청년회 운동사』, 90-91.

59 전택부, 『한국 기독교청년회 운동사』, 94.

부 활동에 대해서 비판적인 시각도 있었던 것 같다. 당시 황성기독교청년회 이사이자 이후로 오랫동안 김정식과 친분 관계를 유지했던 윤치호는 1906년 3월에 김정식이 일본의 기근 지역에 보낼 구호기금을 모금하고자 했던 일이나,[60] 같은 해 7월에 엡웟 야간학교(Epworth Night School) 폐교식에 참석하여 유력한 정치가인 이윤용(李允用)의 기부행위를 극찬한 것에 대해서 비판하기도 했다.[61]

도쿄 조선기독교청년회는 1906년 8월 김정식이 서울에서 총무로 파송되면서 조직되었다. 그의 활동 상대는 기독교인뿐만 아니라 모든 유학생들이었다. 학생들이 도쿄에 오면 먼저 조선기독교청년회에 들러, 80% 이상의 학생들이 처음 1년 동안에 일본어를 배우고 나가게 했다. 예배와 성경공부는 주일 오후마다 열렸는데, 평균 81명의 유학생이 참석했다.[62]

도쿄 조선기독교청년회는 간다구(神田區) 미도시로초(美土代町)에 있는 일본 YMCA 사무실 한 칸을 빌려 쓰다가 1907년 8월에 간다구 오가와마치(小川町) 2정목 7번지에 있는 집을 얻어서 이전했다.[63] 그 후 1914년 9월에 간다구 오가와마치 2정목 5번지에 2층 양옥 회관을 신축했다.[64] 이 회관의 건축비는 3만원이 넘게 들었는데, 유학생들의 모금과 스코틀랜드 YMCA와 뉴욕의 YMCA 국제위원회의

---

60 박미경 역, 『국역 윤치호 영문 일기 5』, 1906년 3월 30일, 220. 구호 기금 모금 안건은 황성기독교청년회 이사회에서 표결에 부쳐졌으나 부결되었다.

61 박미경 역, 『국역 윤치호 영문 일기 5』, 1906년 7월 3일, 230.

62 전택부, 『한국 기독교청년회 운동사』, 158.

63 백남훈, 『나의 一生』(서울: 解慍白南薰先生記念事業會, 1968), 78.

64 백남훈, 『나의 一生』, 78.

후원금 등으로 건축이 가능했다.[65]

김정식은 1912년 3월 30일부터 4월 5일까지 도쿄 조선기독교청년회 학생대회를 개최했는데, 이 대회는 가나가와현(神奈川縣) 가마쿠라(鎌倉)에서 열렸다.[66] 김정식은 미국으로 가는 옛 친구 이승만을 이 대회에 초청했고, 이승만은 4월 5일 저녁에 열린 특별집회에서 강연을 했다. 이 강연회를 통해서도 유학생들이 회관 건축 기금을 마련했는데, 이승만은 일기에 다음과 같이 기록하고 있다.

> 저녁 7시, 특별집회에는 218명의 한국인 학생이 참석했고, 크램 여사와 길렛 여사가 각자 짧은 연설을 했다. 나는 '한국 학생들의 기대(Expectations from Korean Students)'란 제목의 연설을 했다. 즉석에서 도쿄 조선 YMCA 건축 기금으로 1,362엔 50센이 모금되었다. 오늘 모임에서 발표된 사실에 따르면 YMCA 본부 국제부(International Committee)에서 2만 엔을 보냈고, 다른 기금으로 1,056엔, 건물 매매 대금 370엔, 수보(subo) 50개 판매금 355엔, 합계 2만 4,976엔이 마련되었다고 한다. 그런데 토지대금 1만 5,450엔, 등기비 1엔, 건축비 1만 9,000엔. 총 3만 4,450엔이 필요하니 현재 1만 474엔이 부족하다. 1,362엔 50센의 목돈이 모이도록 기부에 참여한 학생 수가 167명이나 되었다. 이는 1인당 평균 8엔

65 백남훈은 전체 건축비를 30,000원이라고 했고, 전택부는 질레트의 글을 인용하여 35,950원으로 기록하고 있다. 백남훈, 『나의 一生』, 78 ; 전택부, 『한국 기독교청년회 운동사』, 159.

66 류석춘, 오영섭, 데이빗 필즈, 한지은 편역, 『국역 이승만일기』(서울: 대한민국역사박물관, 2015), 48-49.

50센씩 기부했음을 의미한다.[67]

이승만은 특별집회의 상황을 담담하게 기록했지만 유학생들의 반응은 대단해서 집회장소 밖까지 학생들이 만원을 이루었고, 민규식 등 양반 출신 유학생들이 기독교 신자가 되기도 했다.[68]

조선중앙기독교청년회의 「중앙청년회보(中央青年會報)」 1915년 2월호에는 도쿄 조선기독교청년회가 회관 신축을 완료하여 봉헌식을 거행한 소식을 다음과 같이 전하고 있다.

> 朝鮮青年으로 東京에 留學ᄒᆞᄂᆞᆫ 學生 六七百人에 達ᄒᆞᆫ바 此를 爲ᄒᆞ야 該地에 朝鮮學生青年會를 設立ᄒᆞᆫ지 于今 幾年에 湫隘ᄒᆞᆫ 一屋子를 貰用ᄒᆞ엿더니 現今에 二層 甎制로 會館을 新建築ᄒᆞ고 一千九百十四年 十一月 二十八日에 奉獻禮式을 擧行ᄒᆞ엿슨즉 學生의 志願을 成就ᄒᆞ엿다 可謂ᄒᆞ리로다 然ᄒᆞ나 此 會館의 建設됨이 人智와 人力으로 由ᄒᆞ엿다 ᄒᆞᆯ가 非也라 上帝ᄭᅴ서 朝鮮青年의 出外 留學ᄒᆞ는 者에게 一大 機關을 許與ᄒᆞ사 他日 有用ᄒᆞᆯ 良材를 養成코자 ᄒᆞ시ᄂᆞᆫ 特恩이시니 此 特恩을 受ᄒᆞ는 學生의 讚頌 感謝ᄒᆞᆷ을 永遠無窮ᄒᆞ리로다(아멘).[69]

---

67 류석춘, 오영섭, 데이빗 필즈, 한지은 편역, 『국역 이승만일기』, 50.

68 전택부, 『한국 기독교청년회 운동사』, 158-159.

69 "朝鮮學生基督敎青年會," 「中央青年會報」 제6호(1915. 2), 17-18.

도쿄 조선기독교청년회의 신축 회관의 봉헌식은 1914년 11월 28일에 거행되었음을 알 수 있다. 2층 벽돌 건물로 지어진 당시 회관의 모습은 [그림 15]와 같다.

[그림 15] 도쿄 조선기독교청년회 회관 전경[70]

김정식은 유학생들을 위한 교회 설립에도 노력을 기울였는데, 1908년에 『국한문옥편(國漢文玉篇)』을 발행하기 위해 일본에 와 있

70 출처: 在日本韓國YMCA 2·8獨立宣言記念資料室.

던 정익로(鄭益魯) 장로와 김정식 및 10여 명의 유학생들이 의논한 결과 별도의 교회를 설립하기로 하고 당시 대한예수교장로회 노회에 목사 파견을 요청했다.[71] 이 요청에 대하여 1909년 9월 3일에 열린 대한예수교장로회 제3회 노회에서는 한석진 목사를 파송하여 1개월 동안 체류하도록 결정했다.[72] 도일(渡日)한 한석진은 교회를 조직하고 김정식, 조만식, 오순형 등 3명을 영수로, 김현수, 장원용, 백남훈, 장혜순 등 4명을 집사로 임명했다.[73] 이렇게 설립된 유학생 교회에는 한석진의 뒤를 이어 박영일(1910년10월-1911년 1월, 7월-9월), 임종순(1912년 6월-10월), 주공삼(1912년 12월-1914년 8월), 오기선(1914년 8월-1916년 9월), 이여한(1916년 9월-1917년 6월), 임종순(1917년 11월-1921년 7월) 등이 파송되어 시무했다.[74] 이 유학생 교회는 1912년에 장로교와 감리교의 협정 체결을 통하여 '연합예수교회(Union Christian Church)'가 되었다.[75]

「신학세계(神學世界)」 1916년 12월호는 당시 연합예수교회의 현황을 다음과 같이 알려주고 있다.

---

71 설립할 교회의 교파를 정하기 위해 기독교 유학생들의 교파를 조사했는데, 감리교인은 1명뿐이었고 모두 장로교인들이어서 장로교회로 결정했다고 한다. 백남훈, 『나의 一生』, 68.

72 『예수교쟝로회대한로회뎨삼회회록』(1909), 23-24.

73 백남훈, 『나의 一生』, 68.

74 도쿄 유학생 교회의 설립과 재일 조선인 선교에 대해서는 다음 연구를 참고하라. 이상훈, "재일대한기독교회에서 한국교회 파견목사의 지위 변천 과정," 「한국기독교와 역사」 제42호(2015. 3), 85-116 ; 이상훈, "초기 재일조선인 선교에 대한 재고찰-미국 선교단체의 역할을 중심으로," 「한국기독교와 역사」 제47호(2017. 9), 269-299.

75 7개항의 한글 협정문은 『예수교쟝로회죠션총회뎨일회회록』(1912), 12-13에 수록되어 있다.

> 목ᄉᆞ 오긔션씨의 보고에 현금 동경에 잇ᄂᆞᆫ 됴션 류학ᄉᆡᆼ이 四百명 이샹인ᄃᆡ 그즁 二百二十명가량은 그리스도 신쟈라 ᄒᆞᄂᆞᆫ 쟈이며 쥬일 아춤 례ᄇᆡ시에 ᄅᆡ참ᄒᆞᄂᆞᆫ 수ᄂᆞᆫ 七十인이나 혹 九十인 되ᄂᆞᆫ 남녀 교우이요 이 가온ᄃᆡ 四十명 가량은 평균 츌셕ᄒᆞ고 쥬일학교에 ᄅᆡ참ᄒᆞᄂᆞᆫ 쟈ᄂᆞᆫ 二十명이오 쥬일 져녁과 三일 례ᄇᆡ에 츌셕ᄒᆞ기ᄂᆞᆫ 十명이나 十五명 가량이 츌셕ᄒᆞ니 ... 통계표ᄂᆞᆫ 세례人이 七十人이오 학습인이 十五人이오 一년 동안 ᄉᆡ로 밋은 이가 五十三人즁 세례人이 六인이오 학습인이 十인이라 ᄒᆞ더라.[76]

교회가 1908년에 시작된 이후로 1916년까지 한국에서 파송하는 담당 목사나 장로가 자주 바뀌는 상황에서도 기독교인 유학생 220명 중에 주일예배 참석자가 평균 70-90명이나 되고, 세례교인이 70명, 학습교인이 15명, 1년 동안 새로 믿은 사람들이 53명 정도인 상황을 유지하고 있었다. 이런 배경에는 교회의 영수이자 도쿄 조선기독교청년회의 총무인 김정식의 영향력이 있었을 것이다.

김정식은 일본 체류 중에 일본의 기독교 지도자들과도 교류했는데, 특히 우치무라 간조(内村鑑三)와 돈독한 사이였음을 알 수 있다. 김교신이 "朝鮮에 있는 内村先生의 唯一한 친구"라고 부르며 "金先生께 처음 뵌 것이 東京 柏木의 内村先生의 聖書講義所인 今井館에서 朝鮮基督教界의 長老이라고 紹介 받었고 또한 世界에 드문 基督教 大先生이니 깊이 私淑하라고 付託 받는 紹介에 感激하였던

76 "동경죠션련합교회 정황 보고," 「神學世界」 제1권 4호(1916. 12), 160-161.

記憶이 生生"하다고 말한 것에서도[77] 김정식과 우치무라 간조와의 친밀한 관계를 엿볼 수 있다.

김정식이 도쿄 조선기독교청년회 총무를 사임하고 귀국한 시기는 일반적으로 1915년 5월로 알려졌다.[78] 그러나 김정식의 사임 및 귀국 시기는 1916년으로 봐야 한다. 『윤치호 일기』에 의하면 김정식은 1916년 2월 중순에 자신의 총무 사임에 대해서 의견을 묻는 편지를 윤치호에게 보낸 적이 있다.[79] 또한 1916년 2월 23일과 3월 22일 『윤치호 일기』에는 다음과 같은 내용도 있다.

> 파락만(巴樂滿)씨[80]가 찾아와 김정식(金貞植) 씨의 일에 대해서 논의했다. 니와 씨[81]가 오후 4시경 찾아와서 김정식 씨의 일에 대해 논의했다. 브로크만 씨와 니와 씨가 함께 말하기를 김정식 씨의 진퇴임(進退任)은 동경 사사부(司事部)가 조처한다고 한다.[82]
>
> 오후에 니와 씨가 나를 만나러 왔다. 니와 씨는 김정식이 오(吳)

---

77 김교신, "故金貞植先生," 2.

78 고춘섭 편, 『연동교회 애국지사 16인 열전』, 105 ; 백남훈, 『나의 一生』, 78 ; 이덕주, 『새로 쓴 한국 그리스도인들의 개종이야기』, 160 ; 전택부, 『한국 기독교청년회 운동사』, 235.

79 박미경 역, 『국역 윤치호 영문 일기 5』, 1916년 2월 19일, 251.

80 브로크만(1878-1929)은 1905년 11월부터 황성기독교청년회 협동간사로 일하기 시작하여 1927년 병으로 귀국하기 전까지 협동총무, 명예총무, 조선기독교청년회연합회 총무 등으로 재임하면서 한국 YMCA의 발전에 기여했다.

81 니와 세이지로(丹羽清次郎, 1865-1957)는 일본의 YMCA 운동가로 1890년 도시샤대학을 졸업하고 1905년에 도시샤대학의 교장이 되었다. 1907년에 일본 도쿄YMCA의 간사가 되었고, 1910년에는 경성 일본YMCA 총무로 파견되어 활동하였으며, 1916년에는 조선중앙기독교청년회 명예이사가 되었다.

82 박미경 역, 『국역 윤치호 영문 일기 5』, 1916년 2월 23일, 252.

목사[83]를 따라서 도쿄를 떠날 것이라고 말했다.[84]

위의 내용을 보면 김정식은 1915년 5월에 총무직을 사임하고 귀국한 것이 아니라, 1916년 2월까지는 총무로 재직하다가 그 후에 사임했음을 알 수 있다. 그리고 김정식이 귀국한 것은 1916년 8월 26일이었다. 귀국하는 김정식을 윤치호가 당시 조선중앙기독교청년회 총무 자격으로 경성역에서 맞이했다.[85]

2) 1916년 이후의 행적

김정식이 도쿄 조선기독교청년회의 총무를 사임하고 귀국한 1916년 이후부터 별세한 1937년까지의 행적은 지금까지 가장 파악되지 않은 부분에 해당된다. 이 시기에 김정식은 기독교계의 지도자 중 한명으로 조선중앙기독교청년회 이사,[86] 조선교육회 발기인,[87] 조선민립대학 기성준비회원,[88] 민우회 임원,[89] 적극신앙단에 반대하는

83 감리교와 장로교가 연합으로 도쿄의 '연합예수교회'에 파송한 오기선 목사를 말한다.

84 박미경 역, 『국역 윤치호 영문 일기 5』, 1916년 3월 22일, 262.

85 윤치호는 "저녁 9시에 서울로 돌아오는 김정식(金貞植)을 마중하러 역에 갔다"고 일기에 기록했다. 박미경 역, 『국역 윤치호 영문 일기 5』, 1916년 8월 26일, 306.

86 민경배, 『서울 YMCA 운동사 1903-1993』(서울: 로출판, 1993), 536.

87 "朝鮮敎育會發起," 「동아일보」 1920년 6월 23일.

88 "民立大學을 建設코저," 「동아일보」 1922년 11월 30일 ; "民立大學準備會布告文," 「조선일보」 1922년 12월 7일.

89 "民友會組織 創立總會의經過," 「동아일보」 1922년 6월 19일 ; "民友會議員會," 「동아일보」

재경(在京)기독교유지회 실행위원[90] 등으로 활동했다. 그런데 이런 활동 외에도 김정식의 다른 면모를 보여주는 활동도 있다. 여기에서는 기존의 행적보다 덜 알려진 일본조합교회 활동, 종교인들의 교류 단체인 우리친목회 활동, 만주실업주식회사 대표이사 역임 등의 내용을 중심으로 그의 만년의 활동을 살펴보고자 한다.

(1) 일본조합교회 활동

일본조합교회는 일제의 식민지 정책에 가장 적극적으로 협력한 교단 중 하나였다. 따라서 일본조합교회가 조선에서 전개한 포교 활동은 일제의 조선 식민지화를 합리화하고, 일본과 조선의 동화(同化)를 핵심으로 하고 있다.[91]

일본조합교회는 1904년부터 조선에서 활동을 시작했지만[92] 본격적으로 조선인을 대상으로 포교를 시작한 것은 1910년 10월 1일 개최된 제26회 총회에서 조선전도에 대하여 결의하면서부터였

1922년 7월 3일 ; "民友會任員改選," 「조선일보」 1923년 6월 3일.

90 "『基督敎理에 無關한 積極信仰團을 否認』, 在京基督敎有志會에서 三件 決議," 「동아일보」 1935년 2월 17일 ; "在京基督敎有志會 聲明發表코 決議," 「동아일보」 1935년 3월 5일 ; "21個條를 宣言한 「積極信仰團」," 「삼천리」 제7권 제3호(1935. 3), 56-57.

91 성주현, "1910년대 식민지 조선의 일본조합교회 동향," 「한국독립운동사연구」 제24집(2005), 244.

92 『明治四十三年日本組合敎會便覽』에 있는 "日本組合敎會明治四十二年度統計表"에 의하면 1909(명치 42)년 당시 한국에는 1904년 7월 1일에 설립된 경성교회와 1907년 10월 1일에 설립된 평양교회가 있었다. 1909년 경성교회의 교인 수는 남성 76명, 여성 49명, 합계 125명이었고, 평양교회는 남성 22명, 여성22명, 합계 44명이었다. 두 교회 모두 정식교회인 독립교회(獨立敎會)가 아니라 임시교회인 가교회(假敎會)로 분류되었다. 牧野虎次 編, 『明治四十三年日本組合敎會便覽』(大阪: 日本組合基督敎會事務所, 1910), 91-92.

다.[93] 이런 결정에 따라 조선전도본부를 설치하고 와타세 쓰네요시(渡瀨常吉)를 주임으로 임명하였으며, 조선전도본부 실행위원회를 조직하여 1911년 11월에 조선으로 파견하였다.[94] 조선에서 조합교회는 1910년대에 전반적으로 성장세를 나타냈는데, 1911년에서 1912년 사이에 교회는 15개에서 35개로 늘어났고, 교인은 554명에서 1,758명으로 증가했다. 그리고 1915년에서 1916년 사이에는 교회가 67개에서 131개로 증가했으며, 교인은 6,224명에서 11,284명으로 늘어났다.[95]

김정식은 1916년 8월 26일 서울에 도착한 후 한동안 휴식하면서 지냈다. 「중앙청년회보」 1917년 1월호에서는 그의 동정에 대하여 "前東京 留學生靑年會 總務 金貞植氏는 歸京後 東小門外에서 閒養하다가 現在는 嘉會洞 山庄에 寓居"[96]라고 전하고 있다. 이 기록에 의하면 김정식은 동소문 밖에 있는 거처에서 쉬면서 건강을 돌보다가 가회동으로 옮겨 산기슭 농막에서 지내고 있었다.

이렇게 휴식기를 가진 김정식은 1917년 1월부터 조합교회 소속으로 활동하기 시작했다. 「매일신보」 1917년 1월 28일자 기사 중에 김정식이 조합교회로 옮기게 된 경위에 대하여 알려주는 기사가 있다.

93 "總會槪況," 『明治四十四年日本組合敎會便覽』, 128.

94 "總會槪況," 『明治四十四年日本組合敎會便覽』, 133.

95 박혜미, "1910년대 일본조합교회 조선전도본부의 활동과 식민주의," 「한국민족운동사연구」 74(2013), 88-89.

96 "人事通信," 「中央靑年會報」 제27호(1917. 1), 7.

餘年間 東京에 滯在ᄒᆞ야 朝鮮留學生을 爲ᄒᆞ야 傳道에 從事ᄒᆞ던 金貞植씨는 近間 歸京ᄒᆞ얏는ᄃᆡ 今回 長老敎會 主任과 組合敎會 主任 等과 合意ᄒᆞᆫ 結果 同氏를 組合敎會 事業에 從事케되야 巡廻 傳道에 盡力ᄒᆞᆫ다더라.[97]

이 기사에 의하면 김정식이 조합교회로 옮기게 된 것은 장로교회와 조합교회 담당자의 합의 하에 된 것임을 알 수 있다. 기사에 나오는 조합교회 주임은 당시 조선전도본부 주임 와타세 쓰네요시로 파악할 수 있지만, 장로교회 주임은 정확히 누구를 의미하는지 알 수 없다. 김정식이 일본에 있는 동안에도 연동교회의 『셰례인셩명록』에는 김정식과 부인이 기재되어 있었으므로,[98] 계속해서 연동교회 소속이었다고 하면 장로교회 주임을 연동교회 담임목사인 선교사 게일로 볼 수 있을 것이다. 어쨌든 김정식은 독단적으로 장로교회를 탈퇴하여 조합교회로 간 것이 아니라 장로교회의 양해 하에 조합교회로 옮겨간 것으로 파악된다.

조합교회로 옮긴 김정식은 1917년 2월 15일부터 3일 간 광남(廣南)교회에서 열린 전도대회에서 "合ᄒᆞᆫ 時代"라는 제목으로 15일 저녁 집회에서 설교를 했다.[99] 그리고 1917년 4월 10일자 「조선총독부관보」에는 '포교계출(布敎屆出)', 즉 포교자로 신고한 사람의 명단

97 "金長老의 巡廻傳道," 「매일신보」 1917년 1월 28일.

98 『셰례인셩명록』에는 김정식의 직분이 영수(領袖)로 기재되어 있다. 『셰례인셩명록』, 서울역사박물관, 『연지·효제 새문화의 언덕』, 137에서 재인용.

99 "宗敎界消息," 「매일신보」 1917년 2월 15일.

이 나오는데, 그중에 조합교회의 포교자로 김정식을 1917년 3월 1일에 신고한 것으로 되어있으며, 그의 주소지는 경기도 경성부 가회동 4번지로 되어 있다.[100]

1917년 당시 경성에는 광남교회, 성서(城西)교회, 한성(漢城)교회, 한양(漢陽)교회 등 4개의 조합교회가 있었는데, 김정식은 1917년 3월 4일부터 성서교회에서 설교하기 시작하여 광남교회, 한성교회, 한양교회 등에서 주일예배 설교를 했다. 당시 「매일신보」는 "종교계소식" 기사를 통해서 몇몇 종교단체의 집회 장소와 시간 등을 알려주었는데, 1917년 3월부터 6월까지 "종교계소식"란에는 4개 조합교회의 주일예배 시간과 설교자가 게재되었다. 이 시기에 김정식이 설교한 교회를 살펴보면 다음 [표 13]과 같다.

[표 13] 김정식의 조합교회 설교 현황[101]

일자	교회	예배(설교) 시간
1917. 3. 4	성서교회	오전 11시
1917. 3. 11	광남교회	오전 11시
	성서교회	저녁 7시 30분
1917. 3. 18	한성교회	오전 11시
	한양교회	저녁 7시 30분
1917. 4. 1	성서교회	오전 11시

100 "布教屆出," 「朝鮮總督府官報」 제1402호(1917년 4월 10일), 2.

101 「每日申報」 1917년 3월 4일 ; 3월 10일 ; 3월 18일 ; 4월 1일 ; 4월 15일 ; 5월 13일 ; 6월 3일 ; 6월 10일 ; 6월 24일 "종교계소식," "종교계" 기사 참조.

일자	교회	예배(설교) 시간
1917. 4. 15	광남교회	오전 11시
1917. 5. 13	광남교회	저녁 8시
1917. 6. 3	광남교회	오전 11시
1917. 6. 10	한양교회	오전 11시
1917. 6. 24	광남교회	오전 11시

그리고 1917년 9월 8일에는 성서교회의 포교담임자가 박병철(朴炳哲)에서 김정식으로 변경된 것을 신고했다.[102] 성서교회는 경성부 죽첨정(竹添町) 1정목(丁目) 40번지에 있었다.[103] 김정식은 1917년 5월 9일에 윤치호와 질레트를 만난 자리에서 박병철이 비리사건과 관련하여 해임된 것으로 말했는데,[104] 이렇게 해임된 박병철을 대신하여 김정식이 성서교회를 책임지게 된 것이다. 김정식은 1921년 12월 19일에 포교담임자가 유일선(柳一宣)으로 변경될 때까지 성서교회의 포교담임자로 있었다.[105]

1910년대에 조합교회가 개최한 중요한 행사 중 하나는 조선조합교회 대회였는데, 제1차 대회는 1913년 8월 1일부터 5일간 열렸고,[106] 제2차 대회는 1917년 5월 24일부터 30일까지 전국 137개 교

102 "布教擔任者變更," 「朝鮮總督府官報」 제1543호(1917년 9월 25일), 2.

103 "旣設布教所屆出," 「朝鮮總督府官報」 제1353호(1917년 2월 9일), 5. 현재 위치로는 강북삼성병원 주차장 아래 쪽 부근으로 추정된다.

104 박미경 역, 『국역 윤치호 영문 일기 6』(과천: 국사편찬위원회, 2015), 1917년 5월 9일, 46.

105 "布教擔任者變更屆," 「朝鮮總督府 官報」 제2833호(1922년 1월 25일), 6.

106 "組合教會聽合大會," 「每日申報」 1913년 8월 3일.

회의 대표들과 일본조합교회 대표들이 참가한 가운데 광남교회에서 개최했다.[107] 김정식은 이 대회의 개회식이 있은 후에 와타세 쓰네요시, 유일선, 최중진(崔重珍), 차학연(車學淵) 등과 함께 총독부를 방문하기도 했다.[108] 김정식은 조합교회 활동 중에 1918년 8월 말에는 경찰을 공격하도록 군중을 선동했다는 혐의로 유일선, 김연곤(金演坤) 등과 함께 체포된 일도 있었다.[109]

1921년 9월에 조선의 일본조합교회는 명칭을 조선회중기독교회로 변경하고 조직을 개편했으며,[110] 1921년 10월 6일에는 일본조합교회 제37회 총회에서 조선전도본부 폐지안을 결정했다.[111] 새로 조직한 조선회중기독교회의 임원은 회장에 유일선, 부회장에 차학연, 이사는 양재기(梁在機), 조윤용(趙允鏞), 이근홍(李根洪), 유석우(庾錫祐), 김학중(金學仲), 김인권(金寅權), 신명균(申明均), 김구(金丘), 김희창(金熙昶), 권규진(權圭鎭) 등이었다.[112]

조선회중기독교회의 임원이나 교회 관련 기사에서 김정식의 이름은 나타나지 않는다. 이로 봐서 김정식은 조합교회가 조선회중

107 "組合基督敎會大會,"「每日申報」 1917년 5월 23일 ; "組合敎會大會最終日,"「每日申報」 1917년 6월 2일.

108 "組合敎會大會第一日,"「每日申報」 1917년 5월 25일.

109 박미경 역, 『국역 윤치호 영문 일기 6』, 1918년 8월 29일, 189-190.

110 "朝鮮會衆基督敎會創立, 組合敎會組織變更 柳一宣氏談,"「每日申報」 1921년 9월 2일 ; "朝鮮會衆基督敎會의創立에對ᄒᆞ야, 柳一宣氏談,"「조선일보」 1921년 9월 2일.

111 박혜미, "1910년대 일본조합교회 조선전도본부의 활동과 식민주의," 103. 조선에 있는 일본조합교회들이 공식적으로 폐지신고를 한 날짜는 1921년 11월 13일과 12월 15일이다. "布敎廢止,"「朝鮮總督府官報」 제2840호(1922년 2월 2일), 4.

112 "會衆敎會綱領,"「每日申報」 1921년 9월 7일 ; "會衆基督敎會,"「동아일보」 1921년 9월 8일.

기독교회로 변경되는 시기에 조합교회의 활동을 마친 것으로 짐작된다. 그의 조합교회 활동은 장로교회와 조합교회 담당자의 합의 하에 이뤄졌다고 할 수 있지만, 한편으로는 반(反)선교사 의식이 작용했을 가능성도 배제할 수 없다. 윤치호는 김정식이 가지고 있는 미국 교회, 또는 미국 선교사에 대한 반감에 대하여, "강한 반외국인주의자(strongly anti-foreigner)",[113] "철저한 반외국인주의자(thoroughly anti-foreigner)"[114]라고 평가하면서 김정식이 "미국의 통제로부터 YMCA를 자유롭게 만들기 위해 일본인에게서 기금을 모집하라고 나를 설득했다"[115]고 일기에 쓰기도 했다. 물론 김정식이 모든 선교사들에게 반감을 가지고 있었던 것은 아니지만,[116] 친미(親美)보다는 친일(親日)에 가까운 그의 의식이 조합교회의 활동을 선택하는 데 영향을 끼쳤을 것으로 보인다.[117]

(2) 우리친목회 활동

김정식의 우리친목회 활동은 다른 종교에 대한 그의 입장과 기독

113 박미경 역, 『국역 윤치호 영문 일기 6』, 1917년 4월 9일, 34.

114 박미경 역, 『국역 윤치호 영문 일기 6』, 1918년 1월 7일, 118.

115 박미경 역, 『국역 윤치호 영문 일기 6』, 1918년 1월 7일, 118.

116 연동교회의 담임목사인 게일과는 계속해서 우호적인 관계를 유지한 것으로 보인다. 1927년 6월 게일의 은퇴를 기념하여 그와 오랫동안 친분을 유지한 사람들이 석별의 정을 담아서 『석별첩(惜別帖)』을 만들어 선물했는데, 김정식도 한시(漢詩)를 써서 게일의 선교사역의 공로와 이별의 아쉬움을 전했다. 유영식, 『착한목자 게일의 삶과 선교 1』, 801.

117 윤치호는 "김정식 씨는 친일적이긴 하지만 조선인들에게 충실한 사람이다."라고 기록하고 있다. 박미경 역, 『국역 윤치호 영문 일기 6』, 1919년 3월 11일. 275.

교 신앙관을 엿볼 수 있게 해준다. 우리친목회는 당시 경성 지역의 종교인들이 조직한 교류 모임으로 1922년 10월 5일에 결성한 것으로 파악된다. 1922년 10월 7일자 「매일신보」에서는 우리친목회의 결성을 다음과 같이 전하고 있다.

> 시내 각 죵교가들이 수차 회합하야 련합 간친회를 발긔하얏다 홈은 임의 보도한 바이어니와 직쟉 일에 다시 동쇼문 밧 홍텬사(興天寺)에 회합하야 회명에 대한 의론이 잇섯는 바 회명은 『우리친목회』라고 질뎡하고 회의 취지와 규약 졔뎡위원은 리상지(李商在) 김뎡식(金貞植) 빅샹규(白相圭) 오지영(吳知泳) 기셕호(奇石虎) 오씨로 션뎡하얏다더라.[118]

이 기사에 의하면 우리친목회를 결성하기 전에 이미 몇 차례의 모임을 가졌고, 1922년 10월 7일의 재작일(再昨日), 즉 10월 5일에 동소문 밖에 있는 홍천사에 모여서 이름을 우리친목회로 정했음을 알 수 있다. 우리친목회의 취지와 규약 제정위원으로 선정된 5명 중에 기독교인 이상재와 김정식을 제외하면, 오지영은 천도교인이고, 백상규와 기석호는 불교 승려였다.

오지영은 전남 고창 출신으로 1894년 동학농민전쟁 당시 양호도찰(兩湖都察)에 임명되어 남·북접 세력이 공동전선을 펴게 하는 데

---

118 “『우리親睦會』,” 「每日申報」 1922년 10월 7일. 우리친목회 결성 기사는 「동아일보」 1922년 10월 8일자에도 게재되었다.

일조하였으며, 1904년 손병희(孫秉熙)가 일본에서 돌아와 동학을 천도교로 개명할 때 적극적으로 도움을 주었다. 이후 1907년에는 도호(道號)인 원암(源庵)을 받았으며, 1908년에는 익산교구장이 되었다. 1909년에는 중앙총부의 이문관서계원(理文觀書計員), 1911년에는 전제관장(典制觀長)이 되어 중앙총부의 핵심간부가 되었으며, 서울로 거처를 옮겨 활동하였다. 3·1운동 때에는 손병희와 함께 천도교인의 만세운동을 지휘했으며, 1920년부터는 천도교 연합회를 창설하여 개혁을 주창하며 독자적인 활동을 하기 시작했다. 1926년경에는 천도교의 대표적인 역사서인 『동학사(東學史)』를 집필했다.[119]

백상규는 법호(法號)인 용성(龍城)으로 널리 알려진 인물로, 3.1운동 민족대표 33인 중 한 명이기도 하다. 3.1운동 이전부터 참선을 통한 불교대중화에 앞장섰고, 3.1운동으로 구속 수감되었다가 출옥한 후에는 삼장역회(三藏譯會),[120] 대각사(大覺寺), 선학원(禪學院) 등을 설립하여 경전의 한글 번역, 참선 수행 중심의 불교 개혁 운동 등을 펼친 대표적인 선승(禪僧) 중 한명이었다.[121] 기석호는 부산 범어사 출신 선승으로 1921-22년에 선학원과 선우공제회(禪友共濟會)

---

119 박광헌, "오지영의 '보국안민' 동학 태극기 목판 연구," 「디지털문화아카이브지」 5/1(2022), 112 ; 노용필, "吳知泳의 人物과 著作物," 「동아연구」 제19집(1989), 64, 73 ; 김태웅, "1920·30년대 吳知泳의 활동과 《東學史》 간행," 「연사연구」 제2집(1993), 87, 99.

120 백용성이 삼장역회를 설립하여 한문 불경을 한글로 번역하는 작업을 시작한 이유 중에는, 3.1운동으로 수감되어 있는 중에 기독교의 성경을 비롯한 다양한 문서들이 한글로 되어 있어서 수감자들이 많이 읽는 것을 보고 불경의 한글 번역 작업을 결심한 것도 포함된다. 현종, 한보광, "백용성스님의 三藏譯會 설립과 허가취득," 「대각사상」 제9집(2006), 54-58.

121 백용성의 독립운동과 불교개혁운동에 대해서는 다음 연구를 참고하라. 김광식, "백용성의 사상과 민족운동 방략," 「한국독립운동사연구」 제19집(2002. 12), 67-95 ; 김광식, "백용성의 불교개혁과 대각교운동," 「대각사상」 제3집(2000), 65-98.

를 설립할 때 백용성과 함께 참여하였고,[122] 이후에는 범어사의 조실(祖室)로 선승들을 지도하기도 했다.

이처럼 규약 제정위원들의 면면을 살펴봐도 우리친목회에는 기독교, 불교, 천도교의 대표적인 인물들이 참여했음을 알 수 있다. 그러나 우리친목회가 제정한 규약의 내용과 우리친목회의 구체적인 활동 내용을 알 수 있는 자료를 현재로서는 찾기 어렵다.

1922년 10월 5일에 설립한 우리친목회는 1924년에도 계속 활동하고 있었음을 알 수 있다. 윤치호도 우리친목회의 회원으로 참여했는데, 1924년 4월 28일 서울 안암산에 있는 영도사(永度寺)에서 모인 우리친목회에 참석한 소감을 이렇게 기록하고 있다.

> 오후 2시부터 장선이와 홍성우 씨와 함께 영도사(永度寺)로 산책하러 나갔다. 우리친목회에 참석했다. 우리친목회는 친목을 도모한다는 유일한 목적 아래 서울에 있는 모든 종교, 유사종교 단체의 대표들로 구성된 모임이다. 모임을 연다고 해도 그다지 큰 효과가 있을 것 같지는 않다.[123]

윤치호는 우리친목회의 활동에 큰 기대를 한 것 같지는 않지만, 각 종교인들의 친목을 도모하는 것이 우리친목회의 유일한 목적이라고 밝히고 있다. 1920년대 서울지역에 한정되기는 했지만 종교

---

122 김광식, "불교근대화의 노선과 용성의 대각교," 「대각사상」 제10집(2009), 423.

123 박미경 역, 『국역 윤치호 영문 일기 7』(과천: 국사편찬위원회, 2015), 1924년 4월 28일, 549.

인들의 교류모임이 존재한 것은 평범한 일이라고 할 수 없다. 김정식이 우리친목회의 설립 때부터 중추적인 인물로 활동한 것은 다른 종교에 대하여 우호적인 그의 기독교 신앙관을 보여주는 것이라고 할 수 있다.[124] "晩年에 老莊을 耽讀하섯고, 沙門을 尋訪하섯스니 오히려 人生 疑義가 게섯슴이오"[125]라는 유영모의 글에서도 이런 면모를 확인할 수 있다.

(3) 만주실업주식회사의 설립과 활동

김정식이 만주실업주식회사의 설립에 관여하고 대표이사를 맡은 것은 그의 생애에 있어서 이례적인 행적이라고 할 수 있다. 만주실업주식회사는 1920년 1월 31일에 공식적으로 설립되었는데, 당시 「매일신보」에 게재된 창립총회 내용은 다음과 같다.

> 滿洲實業株式會社에서 第一回 拂込을 完了ᄒᆞ고 去一月 三十一日 午後 三時에 明月館 支店에서 創立總會를 開催ᄒᆞ고 創立事項을 報告ᄒᆞᆫ 後 重役을 選擧ᄒᆞ얏ᄂᆞᆫᄃᆡ 取締役은 李容宰, 金善鎭, 金魯鎭, 金貞植, 朴宖魯, 韓相義, 吳尙殷 等 諸氏가 被選되고 監査役은 白瀅洙, 張永翰, 李垣鎔 等 諸氏가 被選되얏ᄂᆞᆫᄃᆡ 今月 中旬 頃

---

124 김교신은 김정식의 신앙에 대하여, "基督敎 靑年會의 아버지였든이 만큼 그 信仰도 靑年會式으로 廣汎하섰든 것 같이 보이였고 ... 敎義에 深遠하시기보다 人間답고 朝鮮사람 中의 朝鮮사람이었다"고 말하기도 했다. 김교신, "故金貞植先生," 2.

125 유영모, "故三醒金貞植先生," 4.

에는 支店이 共히 開業홀터이며 同會社의 將來는 希望이 裕足호야 一般의 期待호는 바이 多호겟더라.[126]

창립총회에서 이용재, 김선진, 김노진, 김정식, 박홍노, 한상희, 오상은 등이 취체역, 즉 이사에 선출되었고, 감사로는 백형수, 장영한, 이원용 등이 선출되었다. 그리고 김정식은 대표 취체역, 즉 대표이사로 선출되었다.[127]

만주실업주식회사는 만주지방에 이주한 조선인들을 대상으로 농업자금 대여, 수리(水利), 개간(開墾) 등 개척사업 경영, 중요 물산의 무역 등을 주된 사업 목적으로 했다.[128] 1919년 5월에 김정식, 백형수, 석진형 등 5명이 자본금 30만원으로 재만(在滿) 조선인을 대상으로 토지 개간, 물산무역, 위탁판매, 대금업(貸金業)등을 목적으로 한 만주실업주식회사를 조직하고 당국의 허가를 신청했다는 신문기사가[129] 있는 것으로 봐서 이미 1919년부터 회사 설립을 준비한 것으로 보인다.

만주실업주식회사는 자본금이 30만원, 불입금이 7만 5천원이었으며, 전체 주식은 6,000주, 주주(株主)는 85명이었다. 대주주는 한상희(624주), 한면우(韓冕愚), 후지무라 타다스케(藤村忠助), 김정식(각 500주), 김선진(402주), 민홍기(閔弘基)(300주), 최경락(崔烱洛)(280주), 오상은

126 "滿洲實業成立," 「每日申報」 1920년 2월 4일.

127 "商業登記," 「朝鮮總督府官報」 제2261호(1920년 2월 27일), 10.

128 "滿洲實業開業," 「每日申報」 1920년 3월 23일.

129 "滿洲實業會社," 「每日申報」 1919년 5월 31일.

(226주), 박홍노(200주), 조중환(趙重桓)(130주) 등이었다.[130]

김정식이 어떤 이유로 만주실업주식회사의 설립에 주도적으로 참여하고 대표이사까지 맡게 되었는지 분명히 파악할 수는 없다. 다만 그가 이 회사의 설립에 상당한 열의와 애착을 가지고 있었던 것만은 분명하다. 김정식은 회사 창립 당시 부족한 자금을 윤치호에게 빌렸는데, 그때의 상황을 윤치호는 일기에 이렇게 기록했다.

> 날이 저문 뒤 김정식씨가 찾아와서 엄청나게 괴로워하면서 이렇게 말했다. 김정식 씨가 큰 관심을 갖고 있는 만주실업주식회사가 필수적인 공식 인가를 얻는 데 1만 3,000엔이 부족하다. 대주주 가운데 한 명인 오상은(吳尙殷)이 한일은행 소구예금통(小口預金通)을 담보로 돈을 빌리고 싶어 한다. 오상은 씨는 거기에 1만 3,000엔 정도를 예치하고 있는데, 공식 인가를 획득한 뒤에야 그 돈을 인출할 수 있다. 김정식 씨는 만약 내가 그 돈을 빌려주어 자신들을 도와준다면, 반드시 일주일 안에 갚겠다고 했다. 김정식 씨의 사정을 참작해 본 뒤 나는 돈을 빌려주겠다고 약속했다.[131]
> 오늘 아침 김정식 씨가 와서 상당히 신뢰도가 높다고 판단되는 서류를 담보로 제공했고, 나는 만주실업주식회사에 1만 3,000엔을 선금으로 주었다. 저녁 6시 무렵 홍충현(洪忠鉉) 씨 아들인 홍정구(洪正求)를 찾아가서 예금통장을 담보로 삼고 돈을 빌려주는

130 中村資良 編,『朝鮮銀行會社要錄』(京城: 東亞經濟時報社, 1921), 198 ;『朝鮮銀行會社要錄』(京城: 東亞經濟時報社, 1923),『한국사데이터베이스-한국근현대회사조합자료』https://db.history.go.kr/item/level. do?itemId=hs.

131 박미경 역,『국역 윤치호 영문 일기 7』1920년 1월 30일, 19-20.

문제를 상의했다. 홍정구가 말하기를 예금통장을 담보로 삼는 것은 상당히 위험한 일로, 예금증서 등을 변조한 악당들이 순진한 사람들에게 사기를 치고 있다고 한다. 벼락을 맞은 것 같았다. 동정이든 자선이든 감정이 개재된 사업 거래는 분명히 어리석은 짓이다.[132]

이렇게 1920년 1월 31일에 윤치호는 오상은의 예금계좌를 담보로 해서 13,000엔을 김정식에게 빌려주었다. 그러나 오상은의 예금계좌는 이미 법정채권에 담보로 제공된 상태여서 윤치호가 빌려준 돈의 담보가 될 수 없었다.[133] 김정식이 그런 사실을 알고 있었는지 혹은 몰랐는지 파악할 수는 없지만, 결국 김정식은 윤치호를 속이고 돈을 빌린 상황이 되어 버렸다. 이런 사실이 밝혀지자 김정식, 오상은, 한상희 등은 윤치호에게 사과하고 부동산을 담보로 제공하는 조건으로 계약서를 다시 작성했다.[134] 어쨌든 김정식이 이렇게 적극적으로 윤치호에게 설립자금 차용을 부탁할 만큼 만주실업주식회사에 대해서 관심과 열의를 가지고 있었던 것은 분명하다.

---

132 박미경 역, 『국역 윤치호 영문 일기 7』 1920년 1월 31일, 20. 홍충현(1869~1925)은 무역업으로 자본을 축적했고, 1900년 중추원 의관에 임명되었다. 1916년부터 5년 동안 대정실업친목회의 간사 및 이사, 평의원, 1917년 불교 옹호회 평의원과 노인계 계원, 1919년 조선 경제회 고문, 1921년에는 조선구락부 발기인이 되었다. 이는 모두 친일성향 단체들이다.

133 박미경 역, 『국역 윤치호 영문 일기 7』, 1920년 2월 1일, 21.

134 박미경 역, 『국역 윤치호 영문 일기 7』, 1920년 2월 1일, 21. 윤치호는 그 때의 상황을 일기에 이렇게 기록했다. "당장 불려온 김정식은 내말을 듣고 설명하려고 버둥댔다. 나는 윤명섭을 오상은에게 보내 돈을 갚든지 아니면 부동산 담보를 제공하라고 요구했다. 김정식, 오상은, 한상희가 오랫동안 협상을 한 뒤 진심으로 후회하는 태도를 보이면서 내가 요구했던 담보를 제공하는 대신 용서를 빌었다. 새로운 계약서를 작성하고, 만주실업주식회사 관계자가 서명했다."

김정식은 1923년에 대표이사에 중임(重任)되었고,[135] 1931년까지도 대표이사에 재직하고 있었던 것으로 파악된다.[136] 그는 회사 설립 당시에는 주식 500주를 가진 대주주이기도 했지만,[137] 1925년에 출간한 『조선은행회사요록(朝鮮銀行會社要錄)』을 보면 대주주 명단에서 빠져 있는 것을 알 수 있다.[138] 아마도 이때쯤에는 보유하고 있던 주식을 매각한 것으로 보인다. 김정식은 10여 년 동안 대표이사를 역임하고 대주주였던 때도 있었지만, 만주실업주식회사를 통해서 부(富)를 축적한 것 같지는 않다. 김정식이 1937년 1월 13일에 별세한 후 유영모(柳永模)는 그의 만년 생활에 대해서 이렇게 회고했다.

> 先生 晩年의 飢寒하신 實情을 알어본 이는 손가락으로 꼽을 만치도 없엇다. … 當年 先生과 同志라도 하고 先生과 同苦한 분 中에도 그 뒤에 벼슬을 살은 이, 돈을 모은 이, 이름이 높은 이, 子孫이 昌盛한 이가 있고, 그 밖에도 가지 각색이엿는데-先生은 如前苦,

135 "商業及法人登記," 「朝鮮總督府官報」 제3283호(1923년 7월 20일), 6. 김정식이 만주실업주식회사의 대표이사로 재직하던 1921년 7월 30일에 총독부의 지원 하에 산업 발전과 경제정책 전반에 대한 의견을 개진하기 위해서 조선인산업대회 발기총회가 열렸는데, 김정식도 발기인으로 참여했다. 하지만 총회에서 임원을 선출할 때 위원이나 지방위원에 선출되지는 않았다. "朝鮮人産業大會總會經過," 「동아일보」 1921년 8월 1일 ; "産業大會總會 各委員決定," 「每日申報」 1921년 8월 1일.

136 『朝鮮銀行會社組合要錄』(京城: 東亞經濟時報社, 1931), 『한국사데이터베이스-한국근현대회사조합자료』 https://db.history.go.kr/item/level. do?itemId=hs.

137 설립 당시 만주실업주식회사의 주식 1주(株)의 금액은 50원이었다. "商業登記," 「朝鮮總督府官報」 제2261호(1920년 2월 27일), 10.

138 『朝鮮銀行會社組合要錄』(京城: 東亞經濟時報社, 1925), 『한국사데이터베이스-한국근현대회사조합자료』 https://db.history.go.kr/item/level. do?itemId=hs. 당시 대주주는 한면우(500), 김선진(402), 오상은(126), 한상희(124), 최경락(100) 등이었는데, 이 순위는 1931년까지 변동이 없었다.

種種慘, 飢且寒, 友疎遠, 人生疑, 世不平-을 온 가심에 부둥켜 안흐서던가?"[139]

유영모가 김정식을 추모하면서 쓴 글임을 감안하더라도 이 글을 통해서 김정식이 만년에 매우 가난했으며, 그것을 알아보고 도와주는 사람들이 많지 않았음을 알 수 있다.

3) 활동의 특징과 한계

김정식이 1937년 1월 13일에 별세했을 때, 「매일신보」 등의 일간지는 기독교 청년운동의 장로(長老)가 영면에 들었다고 보도하면서 그의 생애를 기독교청년회와 함께한 일생으로 평가했다.[140] 이와 같이 한성감옥서에서 기독교인이 된 이후 김정식의 활동의 중심에는 YMCA가 자리하고 있는 것이 사실이다. 하지만 그의 생애는 기독교청년운동의 장로나 기독교계의 지도자로서의 면모만 있는 것은 아니다.

김정식의 관직 생활 중 현재까지 분명하게 파악할 수 있는 것은 1895년부터 1899년까지 경무청의 총순 및 경무관과 무안항 경무관을 지낸 경력이다. 그가 처음 관직에 임명된 시기는 알 수 없지만

139 유영모, "故三醒金貞植先生," 4.

140 "金貞植永眠, 基督青年運動의 長老," 「每日申報」 1937년 1월 15일 ; "基督教界元老 金貞植氏 逝去," 「조선일보」 1937년 1월 15일.

1894년 7월에 경무청이 출범할 당시 총순에 임명된 것으로 봐서 이미 그 이전에 관직 생활을 하고 있었을 것으로 추정할 수 있는데, 1892년에 정9품 의금부 도사(都事)로 임명되었을 가능성도 있다.

주임관 정3품 5등 경무관으로 퇴임한 김정식이 유길준 쿠데타 모의사건 혐의자로 체포되어 한성감옥서에서 수감생활을 한 기간은 1902년 6월부터 1904년 3월까지다. 김정식은 수감생활 중에 게일이 번역한 『텬로력뎡』과 신약성경, 무디의 설교집 등을 읽으며, '예수 형님'께 일생의 죄를 회개하고 용서와 위로를 받는 회심 체험을 하고 기독교인이 되었다. 그의 옥중 신앙 체험과 기독교 입교에 대한 내용은 옥중에서 성서공회에 보낸 서신과 1912년에 작성한 "信仰의 動機", 1907년 「태극학보」에 연재된 "다정다한"이라는 소설 등을 통해서 알 수 있는데, 특히 그의 일대기가 소설을 통해서 소개된 일은 당시 도쿄에 유학 중이던 학생들에게 기독교 신앙을 소개하는 데 긍정적으로 작용하기도 했을 것이다.

출옥 후 김정식의 활동의 중심은 1904년 10월에 황성기독교청년회의 한국인 수석간사로 임명되면서 시작된 기독교청년회 활동이다. 특히 1906년 8월부터 1916년 8월까지 10여 년 동안 도쿄 조선기독교청년회의 초대 총무로 활동한 경력은 이후에도 그의 생애를 '기독교 청년운동의 장로(長老)'로 각인시키는 계기가 되었다. 이외에도 그는 연동교회 교회학교의 시작과 발전에 기여하고, 국민교육회를 통한 근대적 교육운동에도 참여했다.

김정식이 1917년 1월부터 1921년 12월까지 일본조합교회의 포교담임자로 활동한 경력은 장로교회 주임과 일본조합교회 주임의

동의 아래 이뤄진 것이라고 해도 친일적인 성격의 이력으로 평가할 수밖에 없다. 그가 반(反)선교사적, 반(反)외세적이고 친일적이라는 윤치호의 증언을 통해서도 파악할 수 있듯이 그의 조합교회 활동은 일본에 대한 그의 인식을 보여주는 것이라고 할 수 있다.

1922년 10월 5일에 종교인들의 교류단체인 우리친목회를 결성하는 데 주도적인 역할을 한 것은 다른 종교에 대한 그의 인식과 기독교 신앙관을 알 수 있는 경력이다. 우리친목회의 세부적인 활동 내용을 자세히 알 수 없는 한계가 있지만, 이런 이력을 통해서 그의 개방적인 신앙관을 짐작할 수는 있다. 김정식이 만주실업주식회사의 대표이사로 활동한 것도 특이한 이력 중 하나다. 1920년 1월에 회사를 설립할 때부터 1931년까지 줄곧 대표이사로 재직하고, 설립 당시 부족한 자금을 윤치호에게 빌리기 위해서 노력하는 과정 등을 보더라도 이 회사에 대한 관심이 많았다는 것을 알 수 있다. 하지만 이런 경제 활동이 그의 만년의 경제적 상황을 부유하게 해준 것 같지는 않다.

경무관 출신의 김정식이 한성감옥서에서 기독교인 된 후 그의 생애의 많은 부분은 기독교 청년운동과 연결되어 있다. 그러므로 "기독교청년운동의 장로(長老)"라는 신문의 평가는 생애의 중요한 시기를 대변해 주는 것이라고 할 수 있다. 하지만 1916년 일본에서 귀국한 이후의 행적에는 친일적인 면모가 있는 것도 부인할 수 없다. 이외에도 그의 생애 중 후반기 20여 년은 기존의 이력과는 궤를 달리하는 모습을 보여주기도 한다. 유영모의 표현을 빌리면 "활달무궤(濶達無軌)"한 행적일 수도 있다.

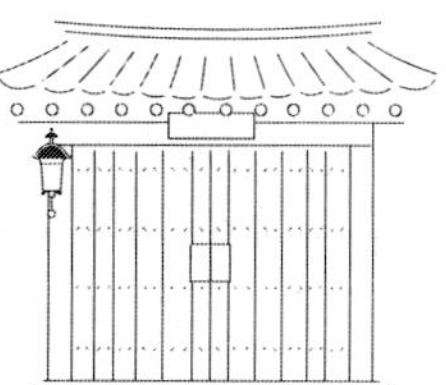

7장 · 옥중 입교인들의 1910년 이후의 활동

faith

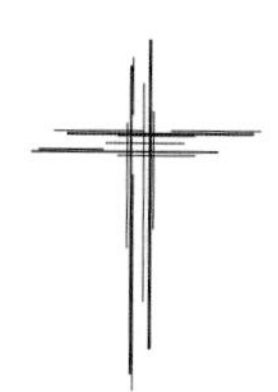

1. 일제 강점 이후 '복당구우(福堂舊雨)'들의 행적

[그림 16] 복당구우기념(福堂舊雨紀念) 사진[1]

이 사진은 이승만이 귀국한 직후인 1910년 11월 24일에 찍은 사진이다. '복당구우기념(福堂舊雨紀念)'이라는 글귀에서 알 수 있듯이 한성감옥서에서 함께 수감생활을 하는 중에 기독교에 입교한 신앙

1 출처: 고춘섭 편, 『연동교회 애국지사 16인 열전』, 88.

의 동지들이 황성기독교청년회에서 다시 만나 찍은 것이다. 사진 왼쪽에서부터 김정식, 안국선, 이상재, 이원긍, 김린, 이승만 순서다. 이 사진을 찍을 당시 김정식은 도쿄 조선기독교청년회 총무로 재직하고 있었고, 이상재는 종교부 총무이자 교육부장으로 있었으며, 김린은 부총무였다. 이승만은 프린스턴대학에서 박사학위를 받은 후 황성기독교청년회의 학생회 담당간사가 되어 1910년 10월 10일에 귀국한 상태였다.[2] 안국선은 황성기독교청년회에서 연설회 강사로 활동하였고,[3] 사진을 찍은 후이기는 하지만 12월 13일에 황성기독교청년회 운동실 건축을 위한 수금위원에 선정되었다.[4] 이원긍도 법부협판에서 물러난 뒤 황성기독교청년회에서 자주 연설하면서 활동하고 있었다.[5] 충청북도 참여관(參與官)으로 재직하고 있던 유성준이 기념사진 촬영에 함께 하지 않은 이유는 알 수 없다.

'복당구우'라고 부를만한 신앙 동지들 중에 이승인과 홍재기는 1908년에 이미 세상을 떠났다. 이상재의 아들인 이승인은 1905년 10월 5일에 석방된 후 1906년 1월 6일에 황해도 수안(遂安)군수로 임명되었다.[6] 이승인의 수안군수 재직 상황을 「황성신문」은 다음과 같이 전하기도 했다.

---

2 "雜報-李承晩氏의 귀국," 「每日申報」 1910년 10월 16일 ; "雜報-靑年會 硏經班組織," 「每日申報」 1910년 11월 6일 ; "內報-리박ᄉ귀국," 「新韓民報」 1910년 11월 23일.

3 "雜報-靑舘開演說," 「大韓每日申報(대한미일신보)」 1910년 1월 27일 ; "雜報-靑館演說," 「皇城新聞」 1910년 3월 15일.

4 "靑年會收金委員," 「每日申報」 1910년 12월 15일.

5 "雜報-靑舘福音"," 「皇城新聞」 1909년 2월 21일 ; "雜報-靑舘講說," 「大韓每日申報(대한미일신보)」1909년 11월 21일 ; "雜報-靑舘講道," 「大韓每日申報(대한미일신보)」 1910년 2월 13일.

6 "敍任及辭令," 「官報」 제3346호(1906년 1월 10일), 23.

> 遂安郡守 李承仁氏가 下車 初政에 學校을 設立ᄒᆞ고 學徒를 募集ᄒᆞ야 熱心으로 敎育ᄒᆞ며 各面 街路傍에 厠間과 猪圈을 毁撤ᄒᆞ야 人民衛生의 有益케 ᄒᆞ며 商民에게도 便宜ᄒᆞ고 其間 兩處 獄事에 自費 檢尸홈으로 遠近에 頌聲이 有ᄒᆞ며 或 山訟이 有ᄒᆞ면 自費 觀審 處辨ᄒᆞ야 落訟者라도 毫無 怨言이고 恒常 夜巡홈으로 酗酒 雜技은 一民이라도 不敢生意ᄒᆞ야 一境이 自就 洽然ᄒᆞ니 此世에 愛民ᄒᆞᄂᆞᆫ 郡守라 稱ᄒᆞᆫ다더라.[7]

이 기사에서는 이승인이 수안군수로 재직하면서 학교 설립, 위생 시설 확장, 상업 활동 장려, 자비로 검시(檢尸)나 산송(山訟) 해결, 야간 순찰을 통한 치안 유지 등을 통해 군민들로부터 "애민(愛民)하는 군수"라는 칭송을 듣는다고 보도하고 있다. 그 후 1908년 5월 7일에는 충청도 부여군수로 임명되었지만,[8] 부임한 지 6개월만인 11월 19일에 세상을 떠났다.[9]그의 사망 소식을 1908년 11월 21일자 「황성신문」에서는 "부여군수(扶餘郡守) 이승인(李承仁) 씨(氏)가 숙병(宿病)이 유(有)ᄒᆞ야 신음(呻吟)ᄒᆞᆫ다더니 해(該) 관찰도군수회의(觀察道郡守會議)에 참여(叅與)ᄒᆞ얏다가 해(該)도(道)에서 인즉(因即) 장서(長逝)ᄒᆞ얏다더라"[10]고 전하는 것으로 봐서 건강이 좋지 않은 상태에서 근무하

7 "雜報-李倅治聲," 「皇城新聞」 1906년 8월 17일.

8 "敍任及辭令," 「官報」 제4069호(1908년 5월 9일), 23.

9 "彙報-官廳事項," 「官報」 제4240호(1908년 11월 30일), 72.

10 "雜報-李氏長逝," 「皇城新聞」 1908년 11월 21일. 수안군수로 재직 중이던 1906년 11월에도 이승인의 와병 소식을 다음과 같이 전하고 있다. "中樞院 贊議 李商在氏가 其 令男 遂安郡守 李承仁氏의 病報를 聞하고 下去하얏다가 再昨日에 上京하얏더라." "雜報-李贊議還家," 「皇

다가 세상을 떠난 것으로 보인다. 그의 추도식은 1908년 12월 12일 황성기독교청년회 회관에서 열렸다.[11]

홍재기는 연동교회, 황성기독교청년회, 국민교육회 등을 통한 신앙생활 및 교육운동을 하면서도 관리로 임명되어 근무했다. 1906년 6월에 내부(內部) 치도국(治道局) 사무관에 임명되었고, 1907년 12월 31일에 양천(陽川)군수가 되었다.[12] 1908년 11월 9일에는 개성군수에 임명되었는데,[13] 11월 28일 부임 당시에 「대한매일신보」는 개성의 지역 인사들과 학생들이 그가 기독교인이기 때문에 반드시 공정한 마음으로 직무에 임할 것이라는 기대를 가지고 환영했다는 소식을 이렇게 전하기도 했다.

> 開城郡守 洪在箕시가 去月 貳십八日에 到任훌 時에 各 學校 學徒와 壹郡 紳士가 多數히 停車場에 出往 迎接ᄒᆞ얏는ᄃᆡ 洪在箕시는 本是 耶蘇教人인 故로 開城 人士의 言論이 洪郡守는 必有 公心이라 ᄒᆞ고 希望的으로 歡迎하얏다더라.[14]

그러나 홍재기는 지역 순행 중에 갑자기 병을 얻어 부임한 지 한

城新聞」 1906년 11월 27일.

11 "雜報-青館追悼," 「皇城新聞」 1908년 12월 12일.

12 "敍任及辭令," 「官報」 제3971호(1908년 1월 15일), 41 ; 국사편찬위원회 편, 『大韓帝國官員履歷書』 제17책, 271.

13 "敍任及辭令," 「官報」 제4226호(1908년 11월 12일), 29.

14 "雜報-歡迎希望," 「大韓每日申報(대한ᄆᆡ일신보)」 1908년 12월 1일.

달 만인 12월 27일에 세상을 떠났다.[15] 「황성신문」은 홍재기의 안타까운 사망 소식을 다음과 같이 전했다.

> 開城郡守 洪在箕氏가 各面에 巡行ᄒᆞ다가 偶然 嬰疾ᄒᆞ야 郡衙로 入ᄒᆞᆫ지 未幾日에 因爲 不起ᄒᆞ얏ᄂᆞᆫᄃᆡ 膝下에 一点 血肉이 無ᄒᆞᆯ뿐더러 其 八十兩親의 情境이 慘不忍見이라더라.[16]

그의 갑작스런 죽음을 애도하며 유성준, 김정식, 김린 등이 대표가 되어 1909년 1월 17일에 황성기독교청년회 회관에서 추도회를 개최했는데, 「황성신문」은 추도회 소식을 이렇게 전했다.

> 前報와 如히 昨日 上午 拾二時에 鍾路 青年會館에서 故 開城郡守 洪在箕氏의 追悼會를 開ᄒᆞ얏ᄂᆞᆫᄃᆡ 李商在, 兪星濬, 李源兢 三氏가 洪氏의 歷史를 演述ᄒᆞ고 涕淚가 龍鍾ᄒᆞ야 欷泣 不言ᄒᆞᆷᄋᆡ 該追悼會에 叅與ᄒᆞᆫ 洪氏의 知舊가 皆悲愴ᄒᆞᆷ을 不勝ᄒᆞ더라더라.[17]

유길준, 유성준, 민형식 등 홍재기의 동료들은 양자를 들여 홍재기의 후사를 잇는 문제에 대하여 절차와 비용, 교육비까지 부담하기로 결정했다.[18] 이승인과 홍재기가 잇따라 사망한 1908년 11월과

---

15 "彙報-官廳事項," 「官報」 제4282호(1909년 1월 23일), 89.

16 "雜報-開倅長眠," 「皇城新聞」 1908년 12월 29일.

17 "雜報-洪氏追悼," 「皇城新聞」 1909년 1월 17일.

18 "잡보-졔씨발긔," 「大韓每日申報(대한미일신보)」 1909년 1월 17일.

12월은 '복당구우'들에게 "비참(悲慘)홈을 불승(不勝)"할 수밖에 없는 시기였을 것이다.

'복당구우'들은 1911년 3월에 안국선의 주도로 윤회통신(輪回通信)이라는 것을 만들어서 편지로 연락을 주고받으며 친교를 나누기도 했다. 국내에 있던 안국선, 이상재, 이승만, 이원긍, 유성준, 양기탁, 김린과 미국에 있는 정순만과 신흥우, 일본에 있는 김정식이 윤회통신의 회원이었다.[19] 이 윤회통신은 안국선이 한 사람에게 편지를 보내면 그 편지를 받은 사람은 안국선의 편지와 자신의 편지를 또 다른 사람에게 보내는 형식이었다. 이렇게 해서 안국선에게 자신의 편지를 포함한 10통의 편지가 돌아오면 자신이 처음 쓴 편지는 빼고 다시 편지를 써서 9통의 편지와 함께 또 보내는 것이었다. 윤회통신이 언제까지 지속되었는지는 알 수 없지만 한성감옥서에서 기독교인이 된 이들은 이런 방법을 통해서 복당(福堂) 시절의 옛 친구(舊雨)들 사이의 신앙과 동지애를 유지하고 싶었을 것이다.

그러나 이들의 행적은 서로 달라지고 있었다. 유성준과 안국선 같이 일제강점기에도 관리로 계속 재직한 사람도 있었고, 양기탁, 이상재, 이승만, 정순만 등과 같이 국내외에서 독립운동을 지속한 사람도 있었다. 이원긍은 자신이 주도하여 설립한 묘동교회를 장로교회에서 탈퇴시켜 일본기독교회에 가입하도록 했으며, 김정식은 1916년 귀국 후에 조합교회로 소속을 옮겨 활동하기도 했다. 김린은 1913년에 유신회(維新會)를 조직하여 황성기독교청년회를 일

19 "輪回通信,"「新韓民報」 1911년 3월 8일.

본 YMCA에 예속시키려고 하다가 퇴출된 후에 일본조합교회 간사와 대정친목회 간사로 활동하면서 친일 인물이 되었다.

'복당구우' 중에 교회, 황성기독교청년회,[20] 사회단체 등을 통하여 긴밀하게 연결되어 있던 이원긍, 이상재, 유성준의 행적을 비교해 보면 이들의 차이점을 알 수 있을 것이다.

[표 14] 이원긍·이상재·유성준의 행적[21]

	이원긍	이상재	유성준
생몰 연대	1849-1919	1850-1927	1860-1934
소속 교회	연동교회, 묘동교회, 일본기독교회	연동교회	연동교회, 안동교회
황성 기독교 청년회 경력	교육부 위원	종교부 총무, 교육부장, 2대 총무, 명예총무	교육부 위원, 위원장, 이사
출옥 후 관직 경력	삼화항 감리(監理) 겸 재판소 판사, 토지 소관법 기초위원, 경상북도 관찰사 겸 재판소 판사, 법부 협판, 봉상사장(奉常司長)	의정부 참찬, 중추원 찬의	통진군수, 내부 경무국장, 내부 지방국장 겸 치도국장, 내부협판, 법전 조사국 위원, 문관고등전형위원, 내각법제국장

20 황성기독교청년회는 1913년 4월에 조선중앙기독교청년회로 명칭을 변경했는데, 본서에서는 1913년 이후의 내용을 서술하는 경우에 조선중앙기독교청년회로 쓰도록 하겠다.

21 이 표는 『大韓帝國官員履歷書』, 『朝鮮總督府及所屬官署 職員錄』, 『승정원일기』, 『고종실록』, 「官報」, 「朝鮮總督府 官報」, 「皇城新聞」, 「大韓每日申報(대한매일신보)」, 「동아일보」, 「조선일보」 등을 참고하여 작성했다.

	이원긍	이상재	유성준
1910년 이전 사회 활동	국민교육회 회장, 대한자강회 평의원, 대한농회 평의원, 보학원(普學院) 발기인, 장훈학교 평의원	대한자강회 평의원, 장훈학교 평의원, 흥화학교 평의원, 화양의숙 숙장, 전진학교 교장, 기산학교 부교장, 법학강습소 총무, 경신중학교 교사, 기호흥학회 평의원	기호흥학회 평의원, 부회장, 기호학교 교장, 대한농회 평의원, 이토 히로부미 관민추도회 제문 담임위원
1910년 이후 관직 및 사회 활동		조선아동보호회 발기인, 국민공회 대표, 흥업구락부 부장, 조선교육회 회장, 고학생갈돕회 총재, 우리친목회 규칙제정위원, 조선기독교창문사 사장, 조선민립대학기성회 중앙집행위원장, 민우회 회장, 소년척후단조선총연맹 총재, 조선체육회 회장, 조선일보 사장, 조선기근구제회 집행위원, 신간회 회장	충청북도 참여관, 충청북도 지방토지조사위원회 위원, 경기도 참여관, 충청남도 도지사, 강원도 도지사, 중추원 참의, 조선교육회 평의원, 조선민립대학기성회 상무위원, 조선물산장려회 이사장, 조선기독교창문사 취체역, 소년척후단조선총연맹 부총재, 보성전문학교 교장, 조선박람회 평의원
친일 여부	1916년 묘동교회를 일본기독교회에 가입시킴	반일 활동 견지 1962년 건국훈장 대통령장 추서[22]	한국병합기념장, 다이쇼 천황 즉위 대례기념장, 훈3등 서보장, 쇼와 천황 즉위 대례기념장 등 수훈, 친일인명사전에 수록[23]

22 1962년 추서 당시 명칭은 건국공로훈장 복장(複章)이었다. "解放 後 最大의 盛事-獨立有功者 208名 褒賞," 「경향신문」 1962년 2월 24일 ; "獨立有功者 208名에 建國功勞勳章," 「동아일보」 1962년 2월 24일 ; "建國功勞者 208名 選定," 「조선일보」 1962년 2월 24일.

23 친일인명사전편찬위원회 편, 『친일인명사전(ㅂ-ㅇ)』(서울: 민족문제연구소, 2009), 595-596.

이원긍, 이상재, 유성준은 처음 출석한 연동교회에서 함께 신앙생활을 했다. 그 후 유성준은 1909년에 박승봉, 이여한 등과 함께 안동교회를 설립하여 신앙생활을 했으며, 이원긍은 1910년에 묘동교회를 설립했다. 이상재는 계속 연동교회 교인으로 남아 있었는데, 1912년 3월에 열린 조선예수교장로회 경기충청노회 임시노회에서 장로 후보로 추천되어 이상재의 의견을 물은 후에 허락하기로 결정한 일이 있었다.[24] 이후 장로 선출과 장립에 대한 보고가 없는 것으로 봐서 장로로 선출되는 것을 사양한 것으로 보이지만, 1914년 12월에 열린 경기충청노회 제7회 노회에 보고된 노회 직원 명부에서 중학교 조사위원으로 활동하고 있는 것을 보면[25] 계속 연동교회에 출석하면서 활동한 것으로 파악된다. 이렇게 세 사람은 1916년에 묘동교회가 일본기독교회로 옮겨가기 전까지는 경기충청노회의 경성 내(內)시찰에 속한 연동, 안동, 묘동교회의 지도적 신앙인으로서 교회 활동을 했다.

그리고 세 사람은 황성기독교청년회를 통해서도 연결되어 있었다. 이상재는 교육부장, 종교부 총무, 2대 총무, 명예총무 등을 지내며 황성기독교청년회를 대표하는 인물 중 한명이 되었다. 이원긍의 황성기독교청년회 이력은 1907-8년에 교육부 위원으로 활동한 것 외에는 자세히 알 수 없지만, 유성준은 교육부 위원 및 위원장,

---

24 『경긔츙쳥로회 림시회 회록』(1912), 7-8.

25 『경긔츙쳥로회 뎨칠회 회록』(1914), 30.

이사회 이사를 역임하며 1920년대까지 활동했음을 알 수 있다.[26]

관직 경력을 보면 이원긍은 한성감옥서에서 출옥한 후 1906년 3월에 평안남도 진남포 삼화(三和港) 감리(監理) 겸 재판소 판사에 임명되면서[27] 다시 관리가 된 후 1907년 3월에 봉상사장(奉常司長)을[28] 역임한 것을 끝으로 관직을 마무리했다. 이상재는 1905년 12월에 의정부 참찬,[29] 1906년 11월에 중추원 찬의에 임명된 것이[30] 한성감옥서 출옥 후 관직 경력의 전부였다. 유성준의 관직 경력은 두 사람과 반대로 일제강점기까지 이어졌다. 유성준은 1905년 12월에 통진군수에 임명된 것을 시작으로,[31] 한일병합 전에는 내부 경무국장, 내부(內部) 협판, 법전조사국 위원, 문관고등전형위원, 내각 법제국장 등을 지냈다.[32] 일제강점기에는 충청북도 참여관(1910-1916), 충청북도 지방토지조사위원회 위원(1914-16), 경기도 참여관(1916-20), 경기도 지방토지조사위원회 위원(1917-18), 충청남도 도지사(1926-27),

---

26 “中央基督敎靑年會 會況,” 「靑年」 제1권 5호(1921. 7-8), 79.

27 “敍任及辭令,” 「官報」 3403호(1906년 3월 17일), 29 ; “敍任及辭令,” 「官報」 3413호(1906년 3월 29일), 54. 이원긍이 삼화항 감리 겸 재판소 판사에 임명될 때 품계는 주임관(奏任官) 4등 정삼품이었다.

28 이원긍은 1907년 양력 3월 16일에 봉사사장에 임명되었다가 3월 23일에 해임되었으며, 이어서 3월 29일에는 법부 법률기초위원에서, 5월 9일에는 형법 교정관에서 해임되었다. 『승정원일기』 1907(고종 44)년 2월 3일(양력 3월 16일), 2월 10일(양력 3월 23일), 2월 16일(양력 3월 29일), 3월 27일(양력 5월 9일).

29 『승정원일기』 1905(고종42)년 11월 15일(양력 12월 11일).

30 『승정원일기』 1906(고종43)년 10월 6일(양력 11월 21일) ; “敍任及辭令,” 「官報」 3618호(1906년 11월 23일), 53. 이상재가 중추원 찬의에 임명된 후 실제로 활동을 했는지는 정확히 알 수 없다.

31 『승정원일기』 1905(고종42)년 12월 1일(양력 12월 26일).

32 국사편찬위원회 편, 『大韓帝國官員履歷書』 제17책, 294-295, 828.

강원도 도지사(1927-29), 중추원 참의(1921-26, 29-34) 등을 역임했다.[33]

1910년 이전의 사회 활동에서는 세 사람 모두 교육과 관련한 활동이 많은 것을 알 수 있다. 1910년 이후의 활동에서는 이원긍은 관직 뿐 아니라 사회활동에서도 별다른 이력을 찾아볼 수 없다. 그는 관직에서 물러난 후에는 교회활동에 주력했던 것으로 보인다. 1910년에는 함우택(咸遇澤),[34] 오경선(吳慶善)[35] 등 100여명의 교인들과 함께 연동교회를 떠나 묘동(妙洞)교회를 설립했다.[36] 일제강점기 이상재의 사회활동은 많이 알려져 있다. 그는 일제의 탄압 속에서도 황성기독교청년회(조선중앙기독교청년회)가 자율성을 확보하면서

---

33 朝鮮總督府 編, 『朝鮮總督府及所屬官署 職員錄』(1910), 143 ; 朝鮮總督府 編, 『朝鮮總督府及所屬官署 職員錄』(1914), 26 ; 朝鮮總督府 編, 『朝鮮總督府及所屬官署 職員錄』(1916), 226 ; 朝鮮總督府 編, 『朝鮮總督府及所屬官署 職員錄』(1917), 25 ; 朝鮮總督府 編, 『朝鮮總督府及所屬官署 職員錄』(1922), 53 ; 朝鮮總督府 編, 『朝鮮總督府及所屬官署 職員錄』(1927), 183 ; 朝鮮總督府 編, 『朝鮮總督府及所屬官署 職員錄』(1928), 376 ; "敍任及辭令,"「朝鮮總督府官報」 호외(1910년 10월 1일), 12 ; "敍任及辭令,"「朝鮮總督府官報」 제1098호(1916년 3월 29일), 45 ; "敍任及辭令,"「朝鮮總督府官報」 제3162호(1923년 2월 11일), 272 ; "敍任及辭令,"「朝鮮總督府官報」 제4201호(1926년 8월 20일), 180 ; "敍任及辭令,"「朝鮮總督府官報」 제118호(1927년 5월 24일), 246 ; "敍任及辭令,"「朝鮮總督府官報」 제876호(1929년 12월 3일), 20 ; "敍任及辭令,"「朝鮮總督府官報」 제904호(1930년 1월 10일), 76 .

34 함우택(1837-?)은 무관 출신으로 1891년 7월에 종6품 무관직인 부사과(副司果)에 임명되었고, 1902년 10월 9일에는 덕릉(德陵) 능상(陵上) 석물(石物)과 정자각(丁字閣) 개수의 공을 인정받아 정3품으로 승품했으며, 1903년 7월 8일에 중추원 의관에 임명되었다가 7월 10일에 면직되었다. 함태영의 부친이다. 『승정원일기』 1891(고종 28)년 7월 16일 ; 『승정원일기』 1903(고종 40)년 윤5월 14일(양력 7월 8일) ; 『승정원일기』 1903(고종 40)년 윤5월 16일(양력 7월 10일) ; "敍任及辭令,"「官報」 제2547호(1903년 6월 24일), 44 ; "正誤,"「官報」 제2547호(1903년 6월 24일), 45.

35 오경선은 무관 출신으로 1886년 6월에 종6품 무관직인 부사과(副司果)에, 1890년 12월에 종4품 무관직인 부호군(副護軍)에 임명 되었고 정3품까지 승진했다. 1906년 음력 12월 2일에 황태자 가례도감의 별감동(別監董)으로 임명되었고 가례 후 공을 인정받아 가자(加資)되어 정3품 상계(上階)인 통정대부가 되었다. 『승정원일기』 1886(고종 23)년 6월 14일 ; 『승정원일기』 1890(고종 27)년 12월 18일 ; 『승정원일기』 1906(고종 43)년 12월 2일(양력 1월 15일) ; 『승정원일기』 1906(고종 43)년 12월 14일(양력 1월 27일).

36 차재명, 『朝鮮예수教長老會史記』, 193.

기독교사회운동의 거점 역할을 할 수 있도록 노력했다. 또한 3·1운동과 한성임시정부 조직에 관여하고, 여러 사회단체를 통하여 민족운동과 사회문화운동을 전개했다. 유성준은 일제강점기 고위 관료로 재임하면서 동시에 조선교육회 평의원, 조선민립대학기성회 상무위원, 보성전문학교 교장 등과 같은 교육 관련 활동을 계속했다. 또한 조선기독교창문사의 설립을 주도하고 취체역(取締役, 이사)을 맡는 등 기독교 관련 활동도 하고 조선물산장려회와 같은 경제적 실력 양성 운동에도 참여했다. 이상재와 유성준은 일제강점기의 사회활동에서 함께 한 사례들이 있다. 조선교육회, 조선민립대학기성회, 조선기독교창문사, 소년척후단조선총연맹의 설립과 활동에 두 사람이 함께 했다.

이렇게 이원긍, 이상재, 유성준의 행적을 살펴보면 유사한 행보와 매우 다른 행보를 발견하게 된다. 특히 1910년 이후 일제강점기에 이들의 행적은 활동 분야에서의 차이 외에도 일제에 대한 입장에서 가장 많은 차이를 드러낸다.

유성준은 1934년 2월에 세상을 떠날 때까지 친일 관료로 재직했다.[37] 참여관, 도지사 등을 역임하고 중추원 참의에 임명되어 매년 2,500원의 수당을 받기도 했으며,[38] 한국병합기념장(1912년), 다이쇼

---

37 유성준은 1934년 2월 27일에 별세하여 3월 5일에 조선중앙기독교청년회 회관에서 영결식이 거행되었다. 1년 후인 1935년 2월 27일에 조선중앙기독교청년회 회관에서 추도식을 거행했는데 주관 단체는 조선중앙기독교청년회, 보성전문학교, 안동교회, 조선물산장려회였다. "兪星濬氏別世,"「동아일보」 1934년 3월 1일 ; "兪星濬氏逝去,"「京城日報」 1934년 3월 2일 ; "兪星濬氏追悼 廿七일 오후에,"「朝鮮中央日報」 1935년 2월 27일.

38 朝鮮總督府 編, 『朝鮮總督府及所屬官署 職員錄』(1923), 51 : 朝鮮總督府 編, 『朝鮮總督府及

(大正)천황 즉위 대례기념장(1915년), 훈3등 서보장(1926년), 쇼와(昭和) 천황 즉위 대례기념장(1928년)등을 받았다.[39] 이원긍은 교회활동과 관련하여 1916년에 묘동교회가 조선예수교장로회 경기충청노회를 탈퇴하여 일본기독교회(日本基督教會)에 가입하는 데 주도적인 역할을 했다. 1916년 9월 30일자 「매일신보」는 이 일에 대하여 자세히 보도했는데, 기사 중에는 다음과 같은 내용이 있다.

> 일본교회와 련합ᄒᆞ기로 결뎡ᄒᆞ고 일간 쇼관 관청에 절챠를 힝ᄒᆞᆫ 후 됴션기독교장로파 봉익동교회(長老派鳳翼洞教會)라 일컷기로 ᄒᆞ얏다ᄂᆞᆫᄃᆡ … 미국 북장로회파에셔 분리ᄒᆞ야 독립ᄒᆞᆫ 이샹에ᄂᆞᆫ 언아편이던지 뎍당히 ᄉᆡᆼ각ᄒᆞᄂᆞᆫ 곳과 련밍을 ᄒᆞ야 가지고 지ᄂᆡ여 가ᄂᆞᆫ 것이 조흘터인ᄃᆡ 대국의 형세로 보던지 ᄯᅩᄂᆞᆫ 셰샹의 언론으로던지 한나라 사ᄅᆞᆷ되ᄂᆞᆫ 일본긔독교회와 련밍ᄒᆞᄂᆞᆫ 것이 뎨일 좃겟다ᄂᆞᆫ ᄉᆡᆼ각으로 교도의게 ᄃᆡᄒᆞ야 미국 북감리파의[40] 관할을 버셔 독립을 ᄒᆞ야 가지고 일본긔독교회에 가밍을 ᄒᆞᄂᆞᆫ 것이 엇더ᄒᆞ냐고 그 가부를 부른 바 몃 명의 반ᄃᆡ자ᄂᆞᆫ 잇슬 줄 알앗더니 거의 젼슈 가결이라 이로 보면 교도의게ᄂᆞᆫ 이젼부터 그러ᄒᆞᆫ ᄉᆡᆼ각이 모다 잇던 것이라 이번의 일은 곳 하날의 ᄯᅳᆺ이라고 그 교회의 관리

所屬官署 職員錄』(1930), 16 ; 朝鮮總督府 編, 『朝鮮總督府及所屬官署 職員錄』(1931), 16.

39 "敍任及辭令," 「朝鮮總督府官報」 제249호 부록(1913년 5월 31일), 1 ; "敍任及辭令," 「朝鮮總督府官報」 제4247호(1926년 10월 16일), 178 ; "敍任及辭令," 「朝鮮總督府官報」 제740호 부록(1929년 6월 21일), 1.

40 미국 북장로파의 오기로 보인다.

자 되는 리원긍씨를 위시ᄒᆞ야 간부로부터 진즉 가결ᄒᆞᆫ듸로 작뎡ᄒᆞ고 일본긔독교회와 교셥ᄒᆞᆫ즉 일본편의 교회에셔는 본릐 이러ᄒᆞ기를 희망ᄒᆞ던 바이라 두말업시 환영을 ᄒᆞ야써 금일의 결뎡에 이른 것인듸[41]

묘동교회의 교인 전체가 일본기독교회에 가입하는 것을 찬성했다는 내용은 사실을 과장한 것이기는 하지만, 장로인 이원긍을 비롯한 교회 지도자들이 "대국의 형세로 보던지 쏘는 셰샹의 언론으로던지 한나라 사름되는 일본긔독교회와 련밍ᄒᆞ는 것이 뎨일 죳겟다는 ᄉᆡᆼ각"을 가지고 일본기독교회 가입을 추진한 것은 분명해 보인다. 이원긍이 언제부터 이런 친일적인 의식을 가졌는지는 정확히 알 수 없다.[42] 이렇게 묘동교회를 일본기독교회에 가입시킨 이원긍은 1919년 10월에 세상을 떠날 때까지 일본기독교회 봉익동교회의 지도자로 활동했다.[43]

이상재는 유성준, 이원긍과는 달리 1927년 3월 29일 세상을 떠날 때까지 일제의 탄압과 회유 속에서도 시종일관 국내 민족운동의 중심적인 지도자로 활동했다. 이상재가 지속적으로 전개한 민족운동

---

41 "敎會加盟은 此가 효시," 「每日申報」 1916년 9월 30일.

42 『연동교회 120년사』에서는 이원긍이 1911년 8월에 경성 일본기독교청년회 초청으로 한국의 기독교지도자들과 함께 일본에 다녀온 것을 전후해서 친일 노선이 짙어졌다고 기록했지만 정확한 근거를 제시하지는 않았다. 고춘섭 편, 『연동교회120년사: 1894-2014』, 212.

43 윤치호는 1919년 10월 27일 일기에서 이날 아침에 거행된 이원긍의 장례식에 참석한 것을 기록하고 있다. 윤치호는 이원긍을 목사(Pastor)라고 지칭했는데, 이원긍이 일본기독교회에서 목사로 임직하지는 않은 것 같다. 박미경 역, 『국역 윤치호 영문 일기 6』 1919년 10월 27일, 424.

의 원동력은 기독교 신앙으로부터 발원하는 도덕적인 힘, 즉 하나님으로부터 부여되는 도덕적인 가치관이었다. 그에게 진정한 문명이란 내적인 도덕문명과 외적인 물질문명이 조화를 이루는 것이었다.

> 문명은 정신적 문명과 형식적 문명이 있다. 정신적 문명은 내부적 도덕적이라는 것이고, 형식적 문명은 외시적(外視的), 물질적인 것이다. 그러나 최근 이른바 문명이라고 하는 것은 과연 내부적인 것과 외시적인 것이 서로 부합했는가? 도덕적인 것과 물질적인 것이 함께 나아가되 어그러뜨림은 없는가? 도덕적인 사람은 물질문명이 극단에 이른 결과는 그 폐해가 강포함에 침입하여 재앙이 세계를 파멸하게 한다고 말하고, 물질론자는 도덕문명이 극단에 이른 결과는 그 폐해가 쇠약에 스스로 빠져 자국을 자멸하게 한다고 한다. 두 설이 서로 반대되나 그 원리를 자세히 연구하면 두 말이 서로 합치한다. … 만일 도덕문명이 쇠약을 스스로 취하였다고 하여 물질적 과학에만 치중하여 전속력으로 급히 나아가고 도덕을 경시한다면 뿌리 없는 초목과 기초 없는 가옥과도 같아져, 결국은 엎어지고 부패하는 화에 이르게 될 것이다. 잠시의 사나움을 스스로 믿고 재앙과 독을 세계에 보급하다가 이미 망한 어떤 나라와 장차 망할 무슨 무슨 민족으로 거울삼아 돌아본다면, 우리 민족의 무궁한 행복과 영원한 문명이 여기에 있다고 할 것이니, 도덕은 종교밖에 있지 않다.[44]

44 이상재, "문명의 해석," 윤소영 편, 『월남 이상재 민족운동 자료집』, 184-185.

이와 같은 인식으로 보면 외시적, 물질적 무력을 앞세워 조선을 점령한 일본은 진정한 문명국가가 아니며 하나님의 공의를 거스르는 나라이므로 필연적으로 망할 수밖에 없었다. 1911년 8월에 경성일본기독교청년회 초청으로 이상재를 비롯한 한국의 기독교 지도자 20여명이 일본을 방문했을 때,[45] 소감을 묻는 질문에 다음과 같이 답변한 것에서도 그의 인식이 잘 드러난다.

> 나는 내지(內地)[46]에 가서 물질문명이 진보한 데 대해 감탄했다. 이것은 내가 외국에 있을 때에도 느낀 것이지만, 외국에서는 이에 더하여 정신문명도 병행하고 있었으나 내지에서는 정신문명이 물질문명에 수반되지 않음을 느꼈다. 이것은 내가 깊은 사랑을 가지고 말하는 것인데, 일본인은 물질문명을 신(神)으로 생각하고 있다.[47]

정신문명과 물질문명을 함께 강조하는 이상재의 도덕적 가치관은 일제 치하에서 자신을 지키는 힘의 원천이었으며, 일제의 침략

---

45 기독교지도자 시찰단은 1911월 7월 28일에 서울을 출발하여 8월 2일에 일본에 도착한 후 여러 곳을 방문하고 8월 12일에 귀국했는데, 참가자는 감리교: 장락도, 손승종, 최병헌, 신흥우, 이경직, 현순, 전덕기, 현석칠, 이지성, 장로교: 김창근, 양전백, 주공삼, 이원민, 김천일, 한석진, 황성기독교청년회: 김린, 이상재, 최상호, 김일선, 이원긍 등이었다. "基督敎視察團,"「每日申報」 1911년 7월 25일 ; "基督視察團發程,"「每日申報」 1911년 7월 30일 ; "基督視察入京, 國民新聞社의 歡迎,"「每日申報」 1911년 8월 5일 ; "긔독교인의 시찰단,"「新韓民報」 1911년 8월 16일.

46 일본을 뜻한다.

47 "조선목사의 일본관,"「福音新報」 1911년 8월 24일, 김권정,『월남 이상재 평전: 전환시대의 지도자』, 181에서 재인용.

을 비판하는 항일(抗日) 및 상황을 반전시키는 전복(顚覆)의 논리로 작용했다고 평가할 수 있다.[48]

이상재, 이원긍, 유성준이 '복당구우'로 교회와 황성기독교청년회, 각종 단체에서 함께 활동하는 관계를 유지했지만, 이상재가 이원긍, 유성준과 가장 차이를 보이는 것은 '기독교 신앙에서 발원하는 도덕적 가치관'을 개인 윤리와 사회윤리의 근저(根底)이자 척도로 삼았다는 것이다. 이원긍과 유성준에게는 경건주의적인 개인 신앙의 모습은 있지만 이상재가 가졌던 기독교 사회윤리는 찾아볼 수 없다.[49]

---

48 김권정, 『월남 이상재 평전: 전환시대의 지도자』, 182.

49 유성준은 충청남도 지사 재직 시에 친구의 만류에도 불구하고 주일에 예배당에 출석하고 도청에 출퇴근할 때도 항상 기도했으며, 강원도 지사 재직 시에도 지역 교회의 요청이 있으면 수행원들의 반대에도 불구하고 여러 날 먼 길을 가서 설교를 했는데, 자신의 도지사 임명에 대해서는 당국에서 자신을 버리지 않은 후의에 감사하고 70에 가까운 나이에 도지사가 되는 것이 꺼려져서 기도한 후에 주의 십자가의 도가 자기만 위하여 생활하는 것이 아님을 깨닫고 도지사로 부임하기로 결심했다고 말하고 있다. 유성준, "밋음의 動機와 由來," 「기독신보」 1928년 8월 8일.

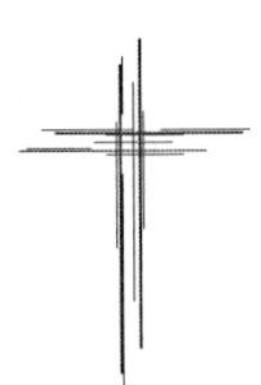

2. 이원긍의 활동을 통해 보는 신앙과 사회의식의 한계

이원긍은 1907년 3월에서 5월 사이에 봉상사장, 법부 법률기초위원, 형법 교정관 등에서 해임된 이후로는 관직과 사회단체를 통한 활동은 거의 하지 않은 대신 교회활동 및 교회와 연관된 교육에 주력했다. 1908년 2월 16일자 「대한매일신보」에는 이원긍이 '천국 광고문'을 만들어서 전도 활동을 한 것을 이렇게 전하고 있다.

> 天國 廣告文이 城内에 傳布ᄒᆞᄂᆞᆫᄃᆡ 全文 三百八拾三字에 其 主旨인즉 凡勞苦負重者ᄂᆞᆫ 當就救主 耶蘇基督이오 其 演義인즉 彼英米法德人은 已入 天國ᄒᆞ야 便安을 享ᄒᆞᄂᆞᆫ대 韓國人은 至今ᄭᆞ지 勞苦負重者가 尙多ᄒᆞᆷ으로 上帝ᄭᅴ셔 特別 哀憐ᄒᆞ사 天國門을 開ᄒᆞ고 其 入을 待하시나니 我同胞 諸君은 各其 罪를 悔改ᄒᆞ야 救主의 救援을 得ᄒᆞ라 ᄒᆞ얏고 每 日曜日 上午 十点鍾에 蓮洞 禮拜堂으로 來臨ᄒᆞ라 ᄒᆞ얏ᄂᆞᆫ대 該 廣告 分傳人은 리源兢氏라더라.[50]

---

50 "雜報-天國廣告," 「大韓每日申報(대한ᄆᆡ일신보)」 1908년 2월 16일.

'천국 광고문'의 내용은 무거운 노고를 짊어진 자는 마땅히 구세주 예수 그리스도에게 나아갈 것인데, 그 내용을 설명하면 영국, 미국, 프랑스, 독일 사람들은 이미 천국에 들어가 편안함을 누리는데, 한국 사람들 중에는 지금까지 수고하고 무거운 짐을 짊어진 사람들이 많아서 하나님께서 특별히 가엾게 여겨 천국 문을 열어두고 그리로 들어오기를 기다리니 우리 동포들은 각자 죄를 회개하여 구세주의 구원을 얻으라는 것이었다. 이원긍은 영국, 미국, 프랑스, 독일 등 서양 국가를 기독교 국가로 인식하고 그 나라 사람들은 이미 하나님의 통치를 받고 있는 백성으로 이해하여 천국에 들어갔다고 표현했다.[51] 이렇게 이원긍은 개인적으로 전도지를 만들어서 성내에 배포할 만큼 신앙생활에 몰두한 것을 알 수 있다. 그리고 이미 살펴본 바와 같이 1908년 4월에는 연동여학교의 명예 교사로 추천되었으며,[52] 교과서로 『한문 대한지지』(1907)와 『초등여학독본』(1908)을 출간하기도 했다.

연동교회와 학교를 중심으로 활동하던 이원긍은 1910년에 연동교회를 나와서 묘동교회를 설립하게 되는데, 묘동교회의 분립은 교회 내의 갈등으로 인한 것이었다. 이원긍, 이상재, 김정식, 홍재기 등을 비롯한 관료 출신들이 1904년 연동교회에 출석하면서 그들의 영향으로 상류층 출신 교인들이 많이 늘어나기는 했지만, 당회

---

51 한국 근대 초기에 전통적 개념어인 '나라(國)'의 의미를 적용한 성경 어휘인 '천국(天國)'을 하나님의 통치를 받는 백성으로 이해한 내용에 대해서는 다음 연구를 참고하라. 서신혜, 이선희, "전통적 개념어 '나라'[國]의 의미와 성경 어휘 '천국'으로의 적용," 「한국기독교신학논총」 제126집(2022. 10), 111-140.

52 "雜報-三高敎師," 「大韓每日申報(대한미일신보)」 1908년 4월 16일.

를 조직하기 위하여 장로를 선출할 때는 오히려 천민 출신들이 먼저 선출되었다. 가죽신을 만드는 갖바치 출신인 고찬익(高燦益)은 원산에서 게일을 만나 기독교인이 된 후 게일이 연동교회 담임목사로 올 때 함께 와서 조사(助師)로 활동하며 연동교회의 발전에 크게 기여했다. 그는 1904년에 연동교회의 장로가 되었다.[53] 천민 출신으로 젊은 시절 노름판을 전전하다가 전도를 받아 연동교회에 출석한 이명혁(李明赫)은 1907년에 이원긍과 함께 장로로 가택(加擇) 되어,[54] 1908년 4월에 세상을 떠난 고찬익의 뒤를 이어 1908년 11월에 장로로 선출된 후에 1909년 대한예수교장로회 제3회 노회부터는 경기대리회의 총대로 노회에 참석하기도 했다.[55] 그런데 이원긍은 이명혁과 함께 장로로 선출되었지만 임직을 받지 못한 것으로 파악된다. 1908년 11월 30일자 「예수교신보」는 연동교회의 장로 선거 소식을 다음과 같이 전하고 있다.

> 련동교회에서 쟝로를 리원긍 리명혁 량씨로 턱뎡ᄒᆞ엿더니 본월 二十一일 저녁에 션거식을 힝ᄒᆞᄂᆞᆫᄃᆡ 목ᄉᆞ 밀의두씨가 여러 가지로 문답ᄒᆞ고 여러 교우의게 가부를 무러 일졔히 가결되엿더라 리쟝로ᄂᆞᆫ 근본 죵반 리씨로 벼슬이 아경에 니르고 졍계의 사회에

---

53 곽안련, 『長老敎會史典彙集』(경성: 조선예수교서회, 1918), 20. 고찬익은 1904년 9월 13일에 열린 대한예수교장로회공의회에 경성소회(小會) 장로 총대로 참석했다. 곽안련, 『長老敎會史典彙集』, 232.

54 차재명, 『朝鮮예수敎長老會史記』, 187.

55 『예수교쟝로회대한로회 뎨삼회 회록』(1909), 3 ; 『예수교쟝로회죠션로회 뎨ᄉᆞ회 회록』(1910), 2.

명예가 만ᄒᆞ더니 예수를 밋은 후에 세샹 영광을 다 ᄇᆞ리고 지금은 하ᄂᆞᆯ 벼슬을 밧아 교우를 잘 인도ᄒᆞ니 일후에 무궁ᄒᆞᆫ 영광을 누릴 이로다.[56]

이렇게 1908년 11월 21일에 밀러(E. H. Miller)의 인도로 진행된 선거에서 이원긍, 이명혁 두 사람 모두 장로로 선출되었는데, 이명혁만 장로로 임직되었고, 이원긍은 장로 임직을 받지 못했다.[57] 이에 대해서 묘동교회의 목사로 시무했던 최거덕(1934-39년 시무)과 장로로 시무했던 김덕재는 이원긍이 사전에 선거운동을 했다는 이유로 당회장 게일이 이원긍의 장로 선출을 무효화했다고 증언하고 있다.[58]

이에 반해서 『연동교회 120년사』에서는 고찬익과 이명혁에 이어서 광대 출신인 임공진(林公鎭)을 장로로 선출하려고 하자 결국 이원긍을 비롯한 양반층 교인들이 반대하는 일이 일어났고, 이런 갈등을 해결하기 위하여 1909년 6월 25일에 열린 제직회에서 게일은 임공진이 장로가 될 자격이 충분하다고 주장했으며, 결국 낮은 신분 출신의 교인들이 계속해서 장로가 되는 것에 반대하는 이원긍, 함우택, 오경선 등은 교인 100여 명과 함께 1910년에 묘동교회를

56 "교회통신-련동교회에서 장로를 션거홈," 「예수교신보」 1908년 11월 30일.

57 이원긍은 1909-10년 노회 학무위원 명단에 이름이 있지만 학무위원들이 모두 목사와 장로는 아니었던 것으로 파악된다. 『예수교장로회대한로회 뎨삼회 회록』(1909), 32 ; 『예수교장로회 죠션로회 뎨ᄉᆞ회 회록』(1910), 28.

58 묘동교회사 80주년 편찬위원회 편, 『묘동교회80년사』(서울: 묘동교회, 1990), 156-157 ; 김영동, 『묘동교회100년사』(서울: 대한예수교장로회 묘동교회, 2010), 21.

분립했다고 기록하고 있다.[59]

『조선예수교장로회사기(朝鮮예수敎長老會史記)』에서는 묘동교회의 설립에 대하여 이렇게 기록하고 있다.

> 京城府 蓮洞敎會에서 長老 選擇 投票에 對하야 不平과 岐論이 生하야 李源兢, 吳慶善 等이 信者 數百 名을 引率하고 該 敎會에서 分離하니라. 京城府 妙洞敎會가 設立하다. 蓮洞敎會 敎人 李源兢, 咸遇澤, 吳慶善 等이 該 敎會에서 分離하야 市內 鳳翼洞에 禮拜堂을 建築하야 敎會를 設立하고 妙洞敎會라 命名하얏스며 宣敎師 密義斗를 請하야 管理케하고 裵善杓, 朴容義를 助師로 相繼 視務케 하니라.[60]

결국 묘동교회의 분립은 장로로 선출된 이원긍이 석연찮은 이유로 장로 임직을 받지 못한 사건과 낮은 신분의 교인들이 연이어 장로로 선출되는 것에 대한 양반 교인들의 불만, 담임목사 게일에 대한 불만 등이 복합적으로 작용한 것으로 보인다.

묘동교회는 비록 갈등으로 인해 분립하기는 했지만 선교사 밀러를 담임목사로 청빙했고, 한석진은 전도목사로 청빙했다.[61] 1910년

---

59 고춘섭 편, 『연동교회120년사: 1894-2014』, 213. 『연동교회90년사』와 『연동교회100년사』에서도 비슷한 내용을 서술하고 있다. 『연동교회90년사: 1894-1984』, 85-86 ; 『연동교회100년사: 1894-1994』, 193.

60 차재명, 『朝鮮예수敎長老會史記』, 193-194.

61 한석진은 1910년 1년 동안 안동교회와 묘동교회의 전도목사로 시무한 후 1911년에는 안동교회의 전도목사로 시무했다. 『예수교장로회죠션로회 뎨ᄉᆞ회 회록』(1910), 20 ; 『예수교장로

10월 10일에 60평의 ㄱ자형 예배당을 완성하여 입당예배를 드렸다.[62] 묘동교회는 교인들이 신구약 성경을 암송하면서 경건회와 사경회에 집중한 것으로 유명해져서 '사경(査經)교회'라는 별명으로 부르기도 했다.[63] 이원긍은 1911년 12월에 열린 경기충청노회 제1회 노회에서 묘동교회의 장로로 허락을 받았으며,[64] 1912년 6월에 열린 경기충청노회 제2회 노회에는 묘동교회의 총대로 참석했다.[65] 그 후 묘동교회는 1913년 6월에 열린 제4회 경기충청노회에서 목사 안수를 받은 김백원(金百源)을 담임목사로 청빙했다.[66]

이렇게 담임목사까지 청빙하며 나름대로 발전하던 묘동교회에 1914년 후반기부터 문제가 발생한 것으로 보인다. 1914년 12월에 개최된 제7회 경기충청노회에서 묘동교회 장로로 피택된 민영옥과 서상일을 장립하도록 결정한 경성 내 시찰위원의 보고를 노회원들이 허락하기도 했지만, 목사 김백원이 제출한 사직원을 허락하기도 했다.[67] 김백원이 신병을 치료하기 위하여 사직을 청원한

회죠션로회 뎨오회 회록』(1911), 37.

62 김영동, 『묘동교회100년사』, 24-25.

63 전택부, 『토박이 신앙산맥 1』, 63-64.

64 『경긔츙쳥로회 뎨一회 회록』(1911), 5.

65 이원긍이 묘동교회 총대로 노회에 참석한 것 외에 이희원과 박용희 중 한 명을 투표하여 장로로 선택할 것을 허락받기도 했다. 『조션예수교장로회 경긔츙쳥로회 뎨이회 뎡긔회 회록』(1912), 9, 12.

66 김백원(1859-1935)은 평양 대동군 대동강면 오촌리(鰲村里)교회 출신으로 1907년에 대동군 율리면 구창(舊倉)교회의 장로가 되었다. 그 후 서울로 와서 1912년 10월에 경기충청노회로부터 묘동교회 장로 피택을 허락받았으며, 1913년에 신학교를 졸업한 후 6월에 목사안수를 받았다. 차재명, 『朝鮮예수敎長老會史記』, 113, 243 ; 『경긔츙쳥로회 특별회 회록』(1912), 3 ; 『경긔츙쳥로회 제ᄉ회 뎡긔회 회록』(1913), 11, 13.

67 『경긔츙쳥로회 뎨칠회 회록』(1914), 16-17, 19.

것으로 밝히고 있지만 1915년 6월 30일에 열린 제8회 경기충청노회에서 경성시찰위원과 경성도당회의 보고 내용을 보면 김백원의 사임이 묘동교회 내에 발생한 분쟁과 관련이 있음을 알 수 있다. 경성시찰위원이 노회에 보고한 묘동교회의 분쟁에 대한 처리 내용은 다음과 같다.

> 一, 묘동당회에 분ᄌᆡᆼ된 일을 죠사ᄒᆞ고 쟝로 리원긍시ᄂᆞᆫ 교회에셔 ᄌᆞ복ᄒᆞ고 ᄉᆞ무ᄂᆞᆫ ᄉᆞ면ᄒᆞ라 ᄒᆞ며 쟝로 민영옥시와 령슈 리희원시ᄂᆞᆫ 화합ᄒᆞᆫ ᄆᆞ음으로 묘동교회로 단니라 ᄒᆞ오며 묘동교회가 합심ᄒᆞ야 목ᄉᆞ 김ᄇᆡᆨ원시를 청원ᄒᆞ라 ᄒᆞ엿ᄉᆞ오며
>
> 一, 도당회와 련합ᄒᆞ야 김ᄇᆡᆨ원 목ᄉᆞ를 로회ᄯᅢᄭᆞ지 묘동교회로 파숑ᄒᆞ엿ᄉᆞ옵ᄂᆡ다. [68]

이 보고 내용에 의하면 묘동교회의 당회 안에 분쟁이 있었으며 이로 인해 경성시찰위원회가 개입하여 조사를 한 후에 장로 이원긍은 잘못을 시인하고 시무 사면하게 하였으며 장로 민영옥과 영수 이희원은 화합할 것을 결정했다. 아울러 도당회와 협의하여 사임한 김백원 목사를 다시 묘동교회로 파송했음을 알 수 있다. 경성도당회도 묘동교회의 분쟁에 대하여 보고했는데, 자세한 내용은 다음과 같다.

---

68 『경긔츙쳥로회 뎨八회 뎡긔회 회록』(1915), 6.

본월 九일에 묘동교회 젼톄가 그 목ᄉ 밀의두시의게 공함ᄒ기를 전일 시찰회에셔 묘동교회 일에 ᄃᆡᄒᆞ야 불공평ᄒ게 쳐리ᄒ엿슴으로 불복ᄒ며 사ᄅᆞᆷ의 유젼으로 하ᄂᆞ님의 계명을 폐ᄒ라 ᄒ니 우리ᄂᆞᆫ 각각 량심에셔 소사나는 하ᄂᆞ님의 계명ᄃᆡ로 직히고 예수의 도를 밋기로 뎡ᄒ며 ᄌᆞ금 이후로ᄂᆞᆫ 뎨七일 안식일을 직히고 일요일 례ᄇᆡᄂᆞᆫ 폐지ᄒ기로 하ᄂᆞ님 압헤 긔도로 결뎡ᄒ얏다 ᄒᆞᆫ고로 밀의두 목ᄉ가 본 도당회에 뎨출ᄒ엿습기로 본 회장과 원두우 목ᄉ와 셔긔를 파송ᄒ야 밀의두 목ᄉ를 도아 ᄉ리를 ᄒᆡ셕ᄒ야 닐으며 권면케 ᄒ엿습더니 그 교회 안식일을 쥬쟝ᄒᆞᆫ 졔인이 말을 듯지 아니ᄒ옵기 도라왓습더니 밀의두 목ᄉ와 경셩시찰 한셕진 목ᄉ의 쳥원으로 안식교에 참예치 아니ᄒᆞᆫ 교우도 만흘 듯 ᄒ오나 도라 볼 사ᄅᆞᆷ이 업ᄉ오니 김ᄇᆡᆨ원 목ᄉ를 묘동교회 일을 도아주게 ᄒ엿ᄉ옵기 보고 ᄒ나이다.[69]

경성시찰위원회의 보고에서는 분쟁이 어느 정도 마무리 된 것처럼 보이지만 경성도당회의 보고에서는 분쟁 상황이 더 악화 된 것을 알 수 있고 분쟁의 원인에 대해서도 분명하게 알 수 있다. 분쟁의 원인은 묘동교회를 제칠일안식일예수재림교회로[70] 바꾸려는 시도 때문이었고, 이로 인해 경성시찰위원회가 개입하여 이원긍을

69 『경긔츙쳥로회 뎨八회 뎡긔회 회록』(1915), 7-8.

70 1915년을 전후한 시기의 신문이나 장로교 노회록, 총회록에서는 '안식교,' '안식교회,' '토요일회,' '예수재강림제칠일안식회' 등 다양하게 부르고 있는데, 이 글에서는 현재 공식명칭인 '제칠일안식일예수재림교회'로 호칭한다.

시무 해임시키고,[71] 장로 민영옥, 영수 이희원 등은 화합하여 교회에 출석하게 했으며 김백원 목사를 다시 청빙하도록 결정했는데, 이에 대해서 제칠일안식일예수재림교회 가입에 찬성하는 교인들이 반발한 것이다. 경성시찰위원회의 결정에 반발한 교인들은 6월 9일에 묘동교회 당회장인 밀러에게 서신을 보내서 안식일을 지키고 일요일 예배는 폐지하기로 결정한 것을 통보했고, 이에 경성도당회가 개입하여 회장 박정찬, 서기 이원모, 선교사 언더우드 등이 밀러와 함께 권면했지만 교인들은 듣지 않았다. 다만 도당회는 당회장 밀러와 시찰위원 한석진의 청원으로 제칠일안식일예수재림교회 가입에 반대하는 교인들을 위하여 김백원 목사가 도와주도록 결정했다.

묘동교회의 분쟁 사건에 대한 처리는 제8회 경기충청노회 중에도 계속 진행되어 1915년 7월 2일 노회 마지막 날에는 다음과 같은 보고와 결정이 내려졌다.

> 뎡ᄉᆞ위원이 보고ᄒᆞᄆᆡ 보고ᄂᆞᆫ 치용ᄒᆞ고 묘동교회의 일은 경성시찰위원과 ᄒᆡ당회에 위임ᄒᆞ야 화협처리ᄒᆞ고 ᄅᆡ회에 보고케 ᄒᆞ기로 동의 가결ᄒᆞ다 … 김ᄇᆡᆨ원 목ᄉᆞᄂᆞᆫ 아즉 묘동교회 일을 보게ᄒᆞ나 묘동교회의 일 결말되기ᄭᆞ지 기다려 나죵 일은 경셩시찰의게 위임

71 경성시찰위원의 보고 내용에 있는 "ᄉᆞ무ᄂᆞᆫ ᄉᆞ면ᄒᆞ라 ᄒᆞ며"라는 말이 시무 정지, 시무 해임, 정직, 면직 중에 어느 것을 의미하는 지는 불분명 한데, 『경긔츙쳥로회 림시회 회록』(1916)에서 성경해설과 기도까지 금지 당했다는 내용이 있는 것으로 봐서 시무 해임을 당한 것으로 추정할 수 있다.

ᄒᆞ는 거시 됴흔 줄노 알앗ᄉᆞ오며 … 경셩ᄂᆡ시찰위원이 묘동교회 교우 즁 토요일회로 갓던 이들이 도로 돌아와 쥬일을 직히기로 원흔즉 묘동교회 일은 슌히 잘 되깃다고 보고ᄒᆞᄆᆡ 회즁이 위ᄒᆞ야 긔도ᄒᆞ다.[72]

묘동교회 분쟁은 경성시찰위원회와 묘동교회 당회에 위임하여 해결한 후 다음 노회에 보고하도록 했는데, 노회 폐회 직전에 경성시찰위원회가 제칠일안식일예수재림교회로 갔던 사람들이 돌아와서 묘동교회의 일은 잘 해결될 것으로 예상하는 보고를 한 것이다. 1915년 9월 4일에 열린 임시노회에서는 묘동교회의 분쟁에 대하여 다음과 같이 보고했다.

특별ᄉᆞ건 본 로회 디방ᄂᆡ에 토요일회 일노 인ᄒᆞ야 시험되는 일이 잇ᄉᆞ오나 밋음으로 이긔여 가오며 묘동교회에서는 분란ᄒᆞ다가 안뎡되엿ᄉᆞ오며[73]
경셩ᄂᆡ 시찰위원이 토요일회 교리를 쥬쟝ᄒᆞ던 묘동교회 교우들이 다시 쟝로회 교리를 직히기로 쟉뎡ᄒᆞ고 도로 온 일과 그 교회 교우 즁 六七十인은 그 교회에셔 나와 하교 등디에 가옥 一좌를 세입ᄒᆞ야 ᄯᅡ로 교회를 세우랴고 ᄒᆞ는고로 그ᄃᆡ로 허락ᄒᆞ고 그 교회 명칭은 하교교회라 ᄒᆞ고 아즉 김빅원 목ᄉᆞ로 ᄒᆞ여곰 도라 보게

72 『경긔츙쳥로회 뎨八회 뎡긔회 회록』(1915), 11, 23.
73 『경긔츙쳥로회 림시회 회록』(1915), 3.

ᄒᆞ엿다고 구두로 보고ᄒᆞᆷ미 밧기로 결뎡ᄒᆞ다.[74]

결국 이원긍의 주도로 제칠일안식일예수재림교회 가입을 주장하는 교인들과 이에 반대하는 교인들 사이의 분쟁은 묘동교회가 제칠일안식일예수재림교회교회로 가지 않는 것으로 마무리되기는 했지만, 교회의 분립으로 이어졌다. 제칠일안식일예수재림교회 가입을 반대했던 민영옥, 이희원, 조종만, 최영노, 김원집 등 70여 명은 1915년 7월 11일에 하교(河橋)교회를 설립하고 임시노회에서 허락을 받게 된 것이다.[75] 묘동교회의 분쟁 사건으로 이슈화 된 제칠일안식일예수재림교회에 관한 문제는 경기충청노회의 헌의로[76] 총회까지 보고되어서 1915년 9월에 열린 조선예수교장로회 제4회 총회에서는 다음과 같이 결정했다.

예수지강림뎨七일안식회라ᄂᆞᆫ 회에 유혹을 밧아 그 교회의 교리가 올타고 ᄒᆞ던지 그 회로 가ᄂᆞᆫ 교우에 ᄃᆡᄒᆞ야 쳐리ᄒᆞᄂᆞᆫ 건 1. 그 교회 교리가 올타ᄒᆞᄂᆞᆫ 쟈의게 ᄃᆡᄒᆞ여ᄂᆞᆫ 그 당회가 권면ᄒᆞ고 만일

74 『경긔츙쳥로회 림시회 회록』(1915), 6.

75 1915년 9월 4일에 열린 임시노회에 제출한 김백원의 보고서에 의하면 교인 71명이 7월 11일에 처음 모여서 예배를 드렸고, 점차 인원이 늘어나 세례교인 40명, 유아세례교인 17명, 학습교인 4명, 원입교인 20명 등 평균 80여 명이 모이고 있는데, 영수 3명, 집사 4명, 여집사 3명을 임시로 임명한 것을 보고하고 있다. 1930년에 편찬한 『朝鮮예수敎長老會史記 下』에서는 하교교회 설립을 주도한 교인으로 민영옥, 이희원, 조종만, 최영노, 김원집 등의 이름을 밝히고 있다. 『경긔츙쳥로회 림시회 회록』(1915), 6-7 ; 조선예수교장로회총회 사기편찬위원회, 박용규 편, 이교남 역, 『朝鮮예수敎長老會史記 下』(서울: 한국기독교사연구소, 2017), 119.

76 이 헌의는 연동교회 당회가 1915년 9월 임시노회에 헌의했고, 이 헌의를 노회가 받아들여 총회에 헌의했다. 『경긔츙쳥로회 림시회 회록』(1915), 4.

직분 잇는쟈에게는 권면ᄒᆞ여도 듯지 아니ᄒᆞ면 면직식히기로 ᄒᆞ오며 2. 그 교회로 가는 쟈에게 ᄃᆡᄒᆞ야는 그 당회가 강권ᄒᆞ여 보아셔 죵시 듯지 아니ᄒᆞ면 그 당회가 뎨명ᄒᆞ는 거시 올흔 줄노 아오며[77]

이런 와중에 묘동교회는 1916년 9월에 일본기독교회 조선중회(中會)에 정식으로 가입했다.[78] 묘동교회가 일본기독교회에 가입하는 일도 이원긍의 주도로 이뤄졌다. 이 일로 인해 1916년 10월 10일에 경기충청노회 임시노회가 열렸는데, 묘동교회 임시당회장 이명혁은 다음과 같이 보고했다.

동시가 구두로 보고ᄒᆞ되 졸연간 경셩일보에 묘동교회가 경셩 일본긔독교회와 합병 동밍ᄒᆞ얏다기로 그 일을 쥬챵ᄒᆞᆫ 리원긍시를 가보고 탐문ᄒᆞᆫ즉 젼일 안식교회 ᄉᆞ로 인ᄒᆞ야 건과 된 거슬 ᄌᆞ복ᄒᆞ야도 증계를 ᄒᆡ뎨ᄒᆞ지 아니ᄒᆞ고 겸ᄒᆞ야 셩경 ᄒᆡ셜과 긔도ᄭᆞ지 금지ᄒᆞ니 교인으로 ᄌᆞ쳐ᄒᆞᆯ 수가 업고 본 년 하긔 로회에셔도 아모 조ᄇᆡᆨ이 업기로 본 로회에셔 탈출ᄒᆞ기를 슈샤 젼 쥬션ᄒᆞ야 과연 여ᄎᆞ히 된 거시라 ᄒᆞ기로 두어 말노 권ᄒᆞᆫ즉 동시가 답ᄒᆞ기를 도금ᄒᆞ야셔는 변ᄀᆡᄒᆞᆯ 수가 업다 ᄒᆞ기로 시찰회를 회집ᄒᆞ고 샹의ᄒᆞᆫ 결과

77 『죠션예수교장로회총회 뎨ᄉᆞ회 회록』(1915), 31-32.

78 1904년부터 조선 전도를 시작한 일본기독교회는 1915년 8월 3일에 경성교회 예배당 건설식과 함께 제1회 조선 중회를 개최했다. 여기에는 선교사 게일, 김백원 목사 등도 내빈으로 참석해서 축사를 했다. 이원중, "식민지 조선에 존재했던 일본기독교회(日本基督敎會)," 「한국교회사학회지」 제50집(2018. 8), 221-226.

경셩 일본긔독교회 목ᄉᆞ 井口彌壽男시를 왕견ᄒᆞ고 묘동교회 합병ᄉᆞ에 ᄃᆡᄒᆞ야 여하히 된 거슬 탐문ᄒᆞᄆᆡ 동시의 답이 그 교회 젼톄가 원ᄒᆞᄂᆞᆫ 일인즉 우리 교회가 아니 밧을 수가 업다ᄒᆞᄂᆞᆫᄃᆡ 숙의 결뎡ᄒᆞᆫ지가 이구ᄒᆞᆫ 모양이기로 다언이 무익ᄒᆞ야 창연퇴귀 ᄒᆞ얏다 ᄒᆞ다.[79]

이원긍은 제칠일안식일예수재림교회 사건으로 징계를 받아서 성경 해설과 예배 중 기도하는 일까지 금지 당했는데, 노회가 계속 징계를 해제해 주지 않은 것이 일본기독교회로 가게 된 이유라고 이명혁에게 말했고, 이명혁은 경성 일본기독교회 담임목사인 이구치 야스오(井口彌壽男)도 만났지만 묘동교회 교인 전체가 찬성한 일이라서 가입을 허락할 수밖에 없다는 답변을 들었다. 결국 경기충청노회는 묘동교회를 노회 소속 교회 명부에서 제명하기로 결정했다.[80] 묘동교회가 일본기독교회에 가입한 일은 1916년 9월 30일자 「매일신보」에서 "敎會加盟은 此가 효시"라고 할 만큼 관심을 끄는 사건이었다.[81] 이것을 기회로 「매일신보」는 1916년 10월 12일부터 10월 26일까지 "日鮮敎會의 合同機運"이라는 기사를 9회에 걸쳐서 연재하기도 했다.[82] 묘동교회는 1917년 2월 14일에 총독부로부터

79 『경긔츙쳥로회 림시회 회록』(1916), 7-8.

80 『경긔츙쳥로회 림시회 회록』(1916), 8.

81 "敎會加盟은 此가 효시," 「每日申報」 1916년 9월 30일.

82 "日鮮敎會의 合同機運(一)," 「每日申報」 1916년 10월 12일 ; "日鮮敎會의 合同機運(二)," 「每日申報」 1916년 10월 13일 ; "日鮮敎會의 合同機運(三)," 「每日申報」 1916년 10월 14일 ; "日鮮敎會의 合同機運(四)," 「每日申報」 1916년 10월 15일 ; "日鮮敎會의 合同機運(五)," 「每

소속 교파 및 명칭 변경 허가를 받아서 일본기독교회 봉익동교회가 되었다.[83]

1909년 이후 이원긍의 행적은 장로 선출 및 임직에 따른 갈등, 묘동교회의 분립, 제칠일안식일예수재림교회 가입 시도에 따른 분쟁 및 징계, 하교교회의 분립, 일본기독교회 가입 등과 같은 부정적이고 극단적인 사건들로 점철되어 있다. 이런 사건들의 원인이 모두 이원긍에게 있는 것은 아니지만, 그의 말년 행적은 1904년 출옥 이후 '복당구우'들과 함께 황성기독교청년회, 국민교육회, 연동여학교 등을 통하여 전개했던 근대적인 교육운동과 기독교청년운동뿐만 아니라, "예수를 밋은 후에 셰상 영광을 다 ᄇᆞ리고 지금은 하늘 벼슬을 밧아 교우를 잘 인도ᄒᆞ니 일후에 무궁ᄒᆞᆫ 영광을 누릴 이"로 평가받았던 그의 신앙조차 평가 절하되게 만들었던 것 같다. 특히 이상재, 김정식, 유성준 등과 같은 '복당구우'들과의 관계도 소원하게 만들었을 것이다.

이원긍은 유교적 가치관을 벗어나서 기독교신앙에 근거한 근대적인 교육관과 가치관을 가지게 된 것도 분명하지만, 한편으로는 여전히 전통적인 신분차별의식을 벗어나지 못하는 한계를 가지고 있었다. 이런 한계는 이원긍이 저술한 『초등여학독본』에서 전통적으로 유지되어온 조선시대의 여성규범과 새롭게 등장하는 평등사

日申報」 1916년 10월 20일 ; "日鮮教會의 合同機運(六)," 「每日申報」 1916년 10월 21일 ; "日鮮教會의 合同機運(七)," 「每日申報」 1916년 10월 22일 ; "日鮮教會의 合同機運(八)," 「每日申報」 1916년 10월 25일 ; "日鮮教會의 合同機運(九)," 「每日申報」 1916년 10월 26일.

83 "彙報-官廳事項-社寺, 宗教-布教所所屬教派竝名稱變更許可," 「朝鮮總督府官報」 제1360호 (1917년 2월 17일), 270.

상과 새로운 행위 윤리, 가족관계에 있어서 새로운 인식을 반영하는 근대적 여성 교육관이 혼재되어 있는 것에서도 찾아볼 수 있으며, 연동교회의 장로를 선출하는 문제에서 신분적인 갈등으로 표출되기도 했다. 아울러 일제의 식민통치에 대한 저항의식보다는 반(反)선교사 의식이 강했던 것으로 보인다. 이런 의식은 일본조합교회 활동을 했던 김정식에게서도 동일하게 나타난다. 이원긍과 김정식의 이와 같은 인식은 일제가 일본조합교회나 일본기독교회를 앞세워 '선교사로부터 조선교회의 독립과 주체적 운영'[84]을 내세웠던 논리에 잠식당한 것이라고 할 수 있다.[85]

이원긍이 세상을 떠난 날짜는 『전주이씨(全州李氏) 선성군파(宣城君派) 선원속보(璿源續譜)』에 1919년 8월 27일로 기록되어 있다.[86] 이 날짜를 음력으로 산정하고 양력으로 바꾸면 10월 20일이다. 윤치호가 일기에서 이원긍의 장례식에 참석한 날짜를 10월 27일로 기록했으므로,[87] 이원긍은 1919년 10월 20일에 세상을 떠나서 27일에 장례식을 치룬 것이 된다. 그의 사망과 장례식에 대한 내용은 당시 신

84 「매일신보」는 묘동교회의 일본기독교회 관련 기사를 연재하면서 묘동교회가 경기충청노회를 탈퇴한 중요한 이유로 미국 북장로회 선교사들의 주도적인 노회 운영과 결정 및 간섭, 교회 헌법을 번역하지 않아서 한국인 장로들이 교회 체제 이해와 운영에 무지하게 만든 점, 미국 북장로회의 일방적인 재단 설립 등을 거론하면서 조선교회의 주체성을 지속적으로 부각시키고 있다. "教會加盟은 此가 효시," 「每日申報」 1916년 9월 30일 ; "日鮮敎會의 合同機運(三)," 「每日申報」 1916년 10월 14일.

85 윤치호는 1931년 2월 14일 일기에서 선교사 피셔(James E Fisher, 皮時阿)가 조선의 기독교가 일본기독교의 도움을 받아야 한다고 말한 것을 비판하면서 일본조합교회의 조선선교와 일본기독교회와 이원긍의 제휴가 실패했음을 언급하고 있다. 박미경 역, 『국역 윤치호 영문 일기 8』(과천: 국사편찬위원회, 2016), 1931년 2월 14일, 528-529.

86 『全州李氏宣城君派璿源續譜 卷之中 屛山君派』, 865.

87 박미경 역, 『국역 윤치호 영문 일기 6』 1919년 10월 27일, 424.

문 기사 등에서 찾아볼 수 없다. 이원긍이 세상을 떠난 후 묘동교회는 1920년 12월에 열린 조선예수교장로회 경기충청노회 제19회 정기 노회에서 재가입을 청원하였고 노회는 이를 허락하였다.[1]

1 『경긔츙청로회 뎨十九회 뎡긔회록』(1920), 4, 12, 18-19.

결론

1899년부터 1904년 사이에 한성감옥서에 국사범으로 수감되어 있던 사람들 중에 김정식, 유성준, 이상재, 이승만, 이승인, 이원긍, 홍재기 등이 기독교에 입교한 일은 초기 한국 기독교 역사에서 특별한 사건 중 하나였다. 감옥서에 수감되어 있는 특수한 상황에서 다양한 신앙체험을 통해서 기독교인이 된 것이 그러했고, 관료 출신 인물들이 한꺼번에 기독교인이 된 것 또한 그러했다. 더욱이 출옥 후 이들의 활동을 살펴보면 이들의 옥중 기독교 입교의 의미나 영향력을 서울지역 초기 장로교회로 한정할 수가 없다. 대표적인 것이 황성기독교청년회와 국민교육회를 통한 교육활동이다. 이 활동의 지역적 근거지는 서울이었지만 영향력은 서울을 넘어서 전국적이었다고 할 수 있다. 이처럼 한성감옥서에서 일어난 작은 사건들은 한 알의 씨앗이 땅에 심겨져 싹이 나고 자라서 열매를 맺는 것처럼 옥중 입교인들의 활동을 통해서 국난(國難)의 시기에 사람들을 계몽시키고 국권을 지키려는 의지를 북돋우는 것으로 결실을 맺었다.

옥중 입교인들이 1910년 이전에 전개한 활동은 기독교 신앙과 연결된 근대적 교육운동으로 집약된다. 그들의 교육운동은 교육을 통해서 개인의 실력과 국가의 실력을 양성하고 이를 통하여 국권을 지키려는 교육구국운동의 성격을 가지고 있다. 이런 운동이 항일의병과 같은 즉각적 무장투쟁이나 독립군 양성을 통한 독립전쟁에 비해서 직접적인 효과나 항일적인 성격의 지속 문제에서 한계를 가지고 있었다고 해도 이 운동의 의의를 무시할 수는 없다. 가령 연동교회 및 미국 북장로회와 연결된 기독교 학교 교육이나 황성기독교청년회를 통한 교육운동은 일제강점기에도 계속되었으므로 이런 학교와 단체에 옥중 입교인들이 직간접적으로 참여하여 전개한 교육운동이 마치 뿌리와 같이, 혹은 잔향(殘香)과 같이 남아서 영향을 끼친 것은 부인할 수 없다. 이런 점에서 옥중 입교인들의 교육운동은 그들의 직접적인 활동이 그친 후에도, 또한 그들의 생애가 끝난 후에도 지속되었다고 할 수 있다.

1910년 이후 일제강점기로 접어들면서 옥중 입교인들의 행적은 서로 달라지기 시작했다. '복당구우'라고 칭하면서 한성감옥서 시절의 신앙과 동지애를 유지하고 싶어 했던 마음과는 달리 일제의 식민 통치라는 혹독한 현실 속에서 각각의 행로를 걸어갔다. 국내에서 교회, 황성기독교청년회, 각종 단체 등을 통해 직접적으로 연결되어 있던 이상재, 이원긍, 유성준, 김정식의 행적을 비교해 보면 그런 차이를 분명히 알게 된다.

이 사람들의 가장 큰 차이는 일제에 대한 인식의 차이를 꼽을 수 있다. 이들은 일제강점기에도 기독교 신앙을 유지하며 기독교 지도자로 활동했다. 이상재는 연동교회에서, 유성준은 연동교회와 안동교회에서 신앙생활을 했다. 이원긍은 연동교회에서 묘동교회를 분립한 후에 여러 사건을 거친 후 일본기독교회 소속으로 옮겨갔다. 김정식은 1916년 일본에서 귀국한 후 일본조합교회로 옮겨 활동하기도 했다. 이렇게 교회나 교단의 소속을 달리하기는 했지만 이들은 자신의 신앙에 충실했다. 이원긍은 성경을 암송하고 사경회(査經會)를 인도하는 일에 열성을 보였다. 정규과정의 신학을 공부하지 않았지만 1911년에 마태복음 주석과 마가복음 주석을 발간하기도 했다.[2] 김정식은, "고(故) 월남(月南) 이상재(李商在) 선생(先生)이 선생(先生)의 내방(來訪)을 응접(應接)하시면 피우시던 담배를 번번히 끄시고 '어 삼성(三醒) 실여하는 것을...' 하시며 창(窓)을 열어 환기(換氣)하시고 앉으서서 말슴을 하섯다 하고, 주류(酒類)를 절금(絶禁)하섯고, 일부일처(一夫一妻)의 엄격(嚴格)한 기독교(基督敎) 윤리(倫理)를 극중(極重)히 녁이신 등등(等等)은 청교도적(淸敎徒的) 규범(規範)을 견지(堅持)하섯다"[3]고 유영모가 말한 것처럼 당시 일반적인 장로교인들이 지켰던 신앙 윤리 규범까지 철저히 지켰다.

유성준도 데라우치 총독이 직접 권하는 술잔을 거절할 만큼 금주 규범을 지켰고, 충청남도 도지사로 재직할 때에도 "쥬일이면 례배당에 출석하면서 도청에 진퇴할 쌔도 항상 긔도"할 정도였으며, "내가 그리스도 교회에 드러온 후로는 감히 거즛말을 하거나 악한 일을 행치 못하엿스며 간혹 아름답지 못한 사샹이 써오를 쌔에는 즉

2 마태복음 주석은 1911년 4월 40일 동양서원에서 발간했으며, 마가복음 주석은 1911년 10월 25일 동양서원에서 발간했다. 김영동, 『묘동교회100년사』, 34.

3 유영모, "故三醒金貞植先生," 4.

시 하나님께 긔도하야 반성케 하는 은혜를"[4] 얻을 정도도 개인적인 신앙 윤리에 충실했다.

이상재가 이원긍, 김정식, 유성준과 다른 점은 자신의 기독교 신앙에서 발원하는 도덕적 가치관을 개인 윤리뿐만 아니라 사회윤리의 근저(根底)이자 척도로 삼았다는 것이다. 그가 추구한 도덕적 가치관에 근거한 사회윤리는 사랑, 정의, 평등, 평화, 진실, 자비, 용서, 희생 등과 같은 기독교 신앙의 보편적인 가치들이 현실 사회 속에서 실현되는 것을 의미했다. 그는 이미 한성감옥서에서 성서공회에 보내는 서신에서, "한갓 이 감옥에서만 그런 것이 아니라 지구상의 오래도록 형체 없는 감옥에 있는 사람마다 강약과 이해로 서로 경계를 나누지 말고 진실로 서로 사랑하여 함께 하늘나라의 영원한 즐거움을 누리게 되면, 상제의 널리 사랑하는 인(博愛之仁)과 예수 그리스도의 널리 구제하는 은총(廣求之恩)이 바로 여기 있지 않은가"[5]라고 천명한 바 있다. 따라서 이런 가치가 실현되는 것을 방해하는 것은 그것이 무엇이든 하나님을 적대하는 것이었다. 그러므로 무력을 사용하여 조선을 식민지로 만든 일본은 하나님의 박애지인과 예수 그리스도의 광구지은을 거부하는 나라였다. 이렇게 이상재의 항일의식은 기독교 신앙에 근거해 있다.

이에 비해 이원긍, 김정식, 유성준의 한계는 개인적인 경건이나 신앙 윤리에는 충실했지만 그것을 사회윤리로까지 확장하여 식민

---

4 유성준, "믿음의 動機와 由來,"「기독신보」 1928년 8월 8일.

5 숭실대학교 한국기독교박물관 학예팀 편, 『共嘯散吟 월남 이상재 선생 옥사기록(獄舍記錄)』, "與聖書公會書 月," 34.

지 조선의 상황을 보지 않았다는 데 있다. 유성준이 1926년에 충남 도지사로 임명되었을 때 "당국에셔 바리지 아니하는 후의는 감샤하나 나희가 七十에 갓가와 사무에 게으르니 한 도의 호번한 일을 감당치 못하야 민즁의 복리를 증진함에 방해가 된다면 도로혀 사퇴하는 것이 올치 아니한가 하고 쥬의 일홈으로 긔도한 후 쥬의 십자가의 도가 자긔만 위하야 생활하는 것이 아님을 더욱 깨닷고 늙은 몸이나마 도민을 의하야 진력하리라는 결심을"[6] 가지게 되었다고 말하는 것에서도 자신이 고령으로 인해 도민의 복리를 증진시키는 일에 방해가 될 것이 걱정되어 기도하지만, 정작 자신을 임명한 당국(총독부)의 식민통치에 대한 기독교적 가치 판단이나 평가는 찾아볼 수 없다. 이런 모습은 김정식과 이원긍의 행적 속에서도 발견할 수 있다.

옥중 입교인들이 살았던 시대는 조선, 대한제국, 일제강점기로 이어지는 격동의 시대였다. 시대가 그들에게 부과한 짐은 무거웠고, 기독교 신앙은 그 짐을 짊어지고 고군분투하며 살아가게 하는 원동력 중에 하나였을 것이다. 그들의 일생이 지고하고 순수한 모습으로 지속되지 않았다고 해도 그들의 생애와 활동을 연구하는 것이 가치가 없는 것은 아니다. 이들에 대하여 연구해야 할 과제들이 아직도 많이 남아 있다는 것을 강조하며 이 책을 끝맺는다.

---

6 유성준, "밋음의 動機와 由來," 「기독신보」 1928년 8월 8일.

참고문헌

1. 국내서적

경신사편찬위원회 편. 『경신사』. 서울: 경신중고등학교, 1991.

고춘섭 편. 『사진으로 보는 경신학교 130년사』. 서울: 학교법인 경신학원 경신중·고등학교, 2016.

________. 『연동교회120년사: 1894-2014』. 서울: 대한예수교장로회 연동교회, 2015.

________. 『연동교회 애국지사 16인 열전』. 서울: 대한예수교장로회 연동교회, 2009.

________. 『연동주일학교100년사』. 서울: 연동교회 역사위원회, 2008.

________. 『사진으로 보는 연동교회110년사: 1894-2004』. 서울: 대한예수교장로회 연동교회, 2004.

國民教育會. 『新撰小物理學』. 漢城: 國民教育會事務所, 1906.

________. 『初等小學 卷一-卷八』. 皇城: 國民教育會事務所, 1906.

국사편찬위원회. 『한국사 45: 신문화운동 Ⅰ』. 과천: 국사편찬위원회, 2000.

국사편찬위원회 편. 『大韓帝國官員履歷書』. 서울: 탐구당, 1972.

곽안련. 『長老教會史典彙集』. 경성: 조선예수교서회, 1918.

김권정. 『월남 이상재 평전: 전환시대의 지도자』. 서울: 도서출판 이조, 2021.

김명구. 『월남 이상재의 기독교 사회운동과 사상』. 서울: 도서출판 시민문화, 2003.

김영동. 『묘동교회100년사』. 서울: 대한예수교장로회 묘동교회, 2010.

김진옥 역주. 『의금부의 청헌 금오헌록』. 파주: 보고사, 2016.

內閣記錄局. 『法規類編』. 京城: 內閣印刷局, 1896.
노평구 편. 『김교신전집 6 일기 Ⅱ』. 서울: 도서출판 부키, 2002.
『大韓皇城鐘路基督教青年會』. 皇城: 基督教青年會, 1908.
류석춘, 오영섭, 데이빗 필즈, 한지은 편역. 『국역 이승만일기』. 서울: 대한민국역사박물관, 2015.
묘동교회사 80주년 편찬위원회 편. 『묘동교회80년사』. 서울: 묘동교회, 1990.
미국장로교 한국선교회 편. 『미국장로교 내한 선교사 총람』. 서울: 미국장로교 한국선교회, 2020.
민경배. 『서울 YMCA 운동사 1903-1993』. 서울: 로출판, 1993.
박미경 역. 『국역 윤치호 영문 일기 5』. 과천: 국사편찬위원회, 2015.
________. 『국역 윤치호 영문 일기 6』. 과천: 국사편찬위원회, 2015.
________. 『국역 윤치호 영문 일기 7』. 과천: 국사편찬위원회, 2015.
________. 『국역 윤치호 영문 일기 8』. 과천: 국사편찬위원회, 2016.
박정양, 한철호 역. 『미속습유(美俗拾遺)』. 서울: 푸른역사, 2018.
______________. 『미행일기(美行日記)』. 서울: 푸른역사, 2015.
백남훈. 『나의 一生』. 서울: 解慍白薰先生記念事業會, 1968.
서울역사박물관. 『연지·효제 새문화의 언덕』. 서울: 서울역사박물관, 2020.
서울역사박물관 조사연구과 편. 『서울특별시 문화유적 지표조사 종합보고서 제Ⅱ권』. 서울: 서울역사박물관 조사연구과, 2005.
서울YMCA 편. 『YMCA 인물 콘서트-Y를 일군 사람들』. 서울: 한국기독교역사연구소, 2014.
숭실대학교 한국기독교박물관 학예팀 편. 『共嘯散吟 월남 이상재 선생 옥사기록(獄舍記錄)』 서울: 숭실대학교 한국기독교박물관, 2012.
신지연, 이남면, 이태희, 최진호 역. 『완역 태극학보 2』. 파주: 보고사, 2020.
『연동교회100년사: 1894-1994』. 서울: 대한예수교장로회 연동교회, 1995.
『연동교회90년사: 1894-1984』. 서울: 연동교회, 1984.
연동교회 80년사 편찬위원회. 『연동교회 80년사』. 서울: 연동교회, 1974.
우남이승만전집발간위원회·연세대학교 이승만연구원 편. 『우남 이승만 전집 1 독립정신』. 서울: 연세대학교 대학출판문화원, 2019.
兪星濬. 『法學通論 增訂二版』. 京城: 國民教育會館, 1907.
______. 『新撰小博物學』. 皇城: 출판사 불명, 1907.
______ 편. 『大東歷史略』. 皇城: 博學書館, 1906.
유영식. 『착혼목쟈 게일의 삶과 선교 1』. 서울: 도서출판 진흥, 2013.
______. 『착혼목쟈 게일의 삶과 선교 2』. 서울: 도서출판 진흥, 2013.
유영익. 『젊은 날의 이승만: 한성감옥생활(1899-1904)과 옥중잡기 연구』. 서울: 연세대학교 출판부, 2002.
유자후, 한국독립운동사연구소 편. 『이준선생전』. 천안: 독립기념관 한국독립운동사연구소, 1998.
尹白南. 『朝鮮刑政史』. 서울: 文藝書林, 1948.
이능화. 『朝鮮基督教及外交史』. 경성: 조선기독교창문사, 1928.
이덕주. 『새로 쓴 한국 그리스도인들의 개종이야기』. 서울: 한국기독교역사연구소, 2003.
이만열, 옥성득 편역. 『언더우드 자료집 Ⅱ』. 서울: 연세대학교 출판부, 2006.
이만형. 『계몽적 선교와 '평양대부흥'의 발명: 복음주의와 계몽주의의 상관

관계 연구』. 서울: 역락, 2016.

이성전, 서정민, 가미야마 미나코 역. 『미국선교사와 한국 근대교육-미션스쿨의 설립과 일제하의 갈등』. 서울: 한국기독교역사연구소, 2007.

이순우. 『근대 서울의 역사문화공간: 정동과 각국공사관』. 서울: 하늘재, 2012.

李源兢. 『初等女學讀本』. 京城: 普文社, 1908.

______. 『漢文 大韓地誌』. 京城: 桂洞, 1907.

이정식. 『이승만의 구한말 개혁운동: 급진주의에서 기독교 입국론으로』. 대전: 배재대학교 출판부, 2005.

李準榮, 鄭玹漢, 李明浩, 姜璡熙. 『國漢會話 乾』. 刊地未詳, 1895.

이혜원. 『의화단과 한국 기독교』. 서울: 대한기독교서회, 2016.

장석만. 『한국 근대종교란 무엇인가』. 서울: 도서출판 모시는사람들, 2017.

전택부. 『한국 기독교청년회 운동사』. 서울: 홍성사, 2017.

______. 『토박이 신앙산맥 1』. 서울: 홍성사, 2015.

______. 『人間 申興雨』. 서울: 대한기독교서회, 1971.

정신여학교사료연구위원회 편. 『장로회 최초의 여학교 선교편지』. 서울: 홍성사, 2014.

정신여자중·고등학교 편. 『貞信百年史 上卷』. 서울: 정신여자중·고등학교, 1987.

정신여학교사료연구위원회 편. 『장로회 최초의 여학교 선교편지』. 서울: 홍성사, 2014.

조선예수교장로회총회 사기편찬위원회, 박용규 편, 이교남 역. 『朝鮮예수教長老會史記 下』. 서울: 한국기독교사연구소, 2017.

朝鮮治刑協會.『朝鮮刑務所寫眞帖』. 京城: 朝鮮治刑協會, 1924.

조창용, 독립기념관 한국독립운동사연구소 편.『白農實記』. 천안: 독립기념관 한국독립운동사 연구소, 1993).

차재명.『朝鮮예수教長老會史記』. 경성: 조선기독교창문사, 1928.

친일인명사전편찬위원회 편.『친일인명사전(ㅂ-ㅇ)』. 서울: 민족문제연구소, 2009.

행정안전부 국가기록원 편.『일제시기 건축도면 해제3: 법원·형무소편』. 대전: 행정안전부 국가기록원, 2010.

洪淳夏, 國民教育會 編.『初等地理教科書』. 皇城: 國民教育會, 1907.

2. 외국서적, 번역서적

Brockman, F. M. "Yi Sang Chai's Services to the Y.M.C.A." *KMF.* 23/6(Jun 1927).

______________. "Genesis of The Seoul Y.M.C.A." *KMF.* 10/2(Feb 1914).

______________. "Mr. YI SANG CHAI." *KMF.* 7/8(Aug 1911).

______________. Annual Report fo the Year Ending, September 30. 1907.

Gale, J. S. *Korea in Transition*. New York: Young People's Missionary Movement of the United States and Canada, 1909.

________. "Church, Prison, and School." *KF*(Nov 1904).

________. "The Intermediate School." *KF*(Nov 1902).

________. "The Intermediate School for Boys, Seoul." *KF*(Feb 1902).

Gale, Annie Heron. "Down in the Land of Morning Calm." *MQR*(Winter 1946).

General Report of Seoul Station(1898-1899).

George A. Gregg. Annual Report, September 30. 1911.

Miller, E. H. "The John D. Wells Training School." *KMF.* 2/10(Aug 1906).

Oliver, R. T. *Syng Man Rhee and American involvement in korea, 1942-1960: a personal narrative*. Seoul: Panmun Book Company Ltd, 1978.

Steele, Joel Dorman. *Fourteen Weeks in Natural Philosophy.* New York and Chicago: A. S. Barnes & Company, 1873.

The Korea Mission Field. 3/12(Dec 1907).

The Korea Mission Field. 2/10(Aug 1906).

The Korea Review. 3/10(Oct 1903).

로버트 T. 올리버, 박마리아 역. 『리승만박사전: 신비에 싸인 인물』. 서울: 合同圖書, 1956.

릴리어스 호턴 언더우드, 이만열 역. 『언더우드』. 서울: 한국기독학생회출판부, 2015.

리처드 베어드, 숭실대학교 뿌리찾기위원회 역. 『윌리엄 베어드』. 서울: 숭실대학교 출판국, 2016.

올리버 R. 에비슨, 황용수 역, 장의식 편. 『구한말 40여년의 풍경』. 대구: 대구대학교출판부, 2006.

제임스 S. 게일, 김인수 역. 『제임스 S. 게일 목사의 선교편지』. 서울: 쿰란출판사, 2009.

펠릭스 클레르 리델, 유소연 역. 『나의 서울 감옥 생활 1878: 프랑스 선교사 리델의 19세기 조선 체험기』. 서울: 살림, 2013.

프레드 H. 해링튼, 이광린 역. 『開化期의 韓美關係』. 서울: 일조각, 1973.

해리 로즈, 최재건 역. 『미국 북장로교 한국 선교회사』. 서울: 연세대학교 출판부, 2009.

牧野虎次 編. 『明治四十三年日本組合教會便覽』. 大阪: 日本組合基督教會事務所, 1910.

中橋政吉. 『朝鮮舊時の刑政』. 京城: 治刑協會, 1936.

中村資良 編. 『朝鮮銀行會社組合要錄』. 京城: 東亞經濟時報社, 1931.

__________. 『朝鮮銀行會社組合要錄』. 京城: 東亞經濟時報社, 1925.

__________. 『朝鮮銀行會社要錄』. 京城: 東亞經濟時報社, 1923.

__________. 『朝鮮銀行會社要錄』. 京城: 東亞經濟時報社, 1921.

朝鮮總督府 編. 『朝鮮總督府及所屬官署 職員錄』(1910).

__________. 『朝鮮總督府及所屬官署 職員錄』(1911).

__________. 『朝鮮總督府及所屬官署 職員錄』(1914).

__________. 『朝鮮總督府及所屬官署 職員錄』(1916).

__________. 『朝鮮總督府及所屬官署 職員錄』(1917).

__________. 『朝鮮總督府及所屬官署 職員錄』(1919).

__________. 『朝鮮總督府及所屬官署 職員錄』(1920).

__________. 『朝鮮總督府及所屬官署 職員錄』(1923).

__________. 『朝鮮總督府及所屬官署 職員錄』(1922).

__________. 『朝鮮總督府及所屬官署 職員錄』(1927).

__________. 『朝鮮總督府及所屬官署 職員錄』(1928).

__________. 『朝鮮總督府及所屬官署 職員錄』(1930).

__________. 『朝鮮總督府及所屬官署 職員錄』(1931).

『明治四十四年日本組合教會便覽』.

『天路歷程 官話』. 上海: 美華書館, 1869.

3. 학위논문

강희정. "기산 김준근의 텬로력뎡 삽화 연구." 명지대학교 석사학위논문, 2012.

임재표. "朝鮮時代 人本主義 刑事制度에 관한 硏究-圓形獄과 恤刑을 중심으로." 단국대학교 박사학위논문, 2002.

정무용. "한성감옥에 투옥된 한국 초대기독교 지도자들의 사회의식연구: 복음주의와 사회진화론을 중심으로." 아세아연합신학대학교 석사학위논문, 2016.

4. 논문, 기고문

강진호. “근대 국어 교과서와 민간 독본의 탄생-『初等小學』(1906)을 중심으로.” 「현대문학이론연구」 제60집(2015).

고정휴. “開化期 李承晩의 思想形成과 活動(1875-1904).” 「역사학보」 109집(1986. 3).

고훈. “이만형의 초기 한국 근대 복음주의 선교와 계몽주의와의 상관관계 연구에 대한 비판적 재검토-기독교 문명화, 계몽, 그리고 일방적 선교.” 「복음과 선교」 50집(2020. 6).

권정은. “삽입시와 삽화를 통해 본 『텬로력뎡』의 정체성.” 「고전문학연구」 45(2014).

김경완. “開化期小說 「多情多恨」에 나타난 基督教精神.” 「숭실대학교 논문집」 제28집(1998).

김광식. “불교근대화의 노선과 용성의 대각교.” 「대각사상」 제10집(2009).

______. “백용성의 사상과 민족운동 방략.” 「한국독립운동사연구」 제19집(2002. 12).

______. “백용성의 불교개혁과 대각교운동.” 「대각사상」 제3집(2000).

김권정. “한국기독교 초기 유교지식인의 기독교 사회윤리 연구: 월남 이상재를 중심으로.” 「기독교사회윤리」 20집(2010).

김교신. “故金貞植先生.” 「聖書朝鮮」 100호(1937. 5).

김동언. “텬로력뎡의 서지적 고찰.” 「한남어문학」 20(1995).

김민재. “근대 계몽기 여학생용 초등 수신서의 특징과 한계 연구.” 「초등도덕교육」 제43집(2013. 12).

김보림. “한국 고아의 아버지, 소다 가이치(曾田嘉伊智)의 삶과 그 역사적 평가 분석.” 「전북사학」 제58호(2020).

김성은. “선교사 게일의 번역 문체에 관하여: 천로역정 번역을 중심으로.” 「한국기독교와 역사」 31호(2009. 9).

김은정. “선교사 해리엇 깁슨에 대한 연구: 헤론 부인, 그리고 게일 부인.” 「한국기독교와 역사」 46호(2017. 3).

김일환. “김정식(金貞植)의 옥중 기독교 입교와 출옥 후 활동.” 「한국기독교와 역사」 57호(2022. 9).

______. “홍문동교회의 설립과 분열에 관한 연구: 1902년 징계사건을 중심으로.” 「한국기독교와 역사」 제51호(2019. 9).

김정식. “信仰의 動機.” 「聖書朝鮮」 100호(1937. 5).

______. “去驕說.” 「태극학보」 제5호(1906. 12).

김태웅. “1920·30년대 吳知泳의 활동과 《東學史》 간행.” 「연사연구」 제2집(1993).

노용필. “吳知泳의 人物과 著作物.” 「동아연구」 제19집(1989).

류대영. “윌리엄 베어드의 교육사업.” 「한국기독교와 역사」 제32호(2010. 3).

______. “한말 기독교 신문의 문명개화론.” 「한국기독교와 역사」 22호(2005. 3).

박광현. “오지영의 ‘보국안민’ 동학 태극기 목판 연구.” 「디지털문화아카이브지」 5/1(2022).

박선영. “근대계몽기 여성교육용 독본과 가치 혼재 양상.” 「한국문예비평연구」 제42집(2013. 12).

박우룡. “20세기 초 미국 진보주의 전통의 종교적 토대: 사회 복음 운동이 혁신주의의 발생에 끼친 영향.” 「역사문화연구」 69집(2019. 2).

박정세. "게일의 텬로력뎡과 김준근의 풍속 삽도." 「신학논단」 60(2010).

박혜미. "일본조합교회 간사 김린의 생애와 친일활동." 「한국기독교와 역사」 제51호(2019. 9).

______. "1910년대 일본조합교회 조선전도본부의 활동과 식민주의." 「한국민족운동사연구」 74(2013).

배창현. "조선시대 義禁府 廳舍의 변화 과정과 건축 공간 구성." 「건축역사연구」 제29권 5호(2020. 10).

백악춘사(白岳春史). "多情多恨(寫實小說) (前號續)." 「태극학보」 제7호(1907. 2).

서신혜, 이선희. "전통적 개념어 '나라'[國]의 의미와 성경 어휘 '천국'으로의 적용." 「한국기독교신학논총」 제126집(2022. 10).

서정민. "구한말 이승만의 활동과 기독교." 「한국기독교사연구」 제18호(1988. 2).

성주현. "1910년대 식민지 조선의 일본조합교회 동향." 「한국독립운동사연구」 제24집(2005).

신혜경. "大韓帝國期 國民教育會 研究." 「이화사학연구」 제20·21합집(1993. 12).

안남일. "1910년 이전의 재일본 한국유학생 잡지 연구." 「한국학연구」 58(2016. 9).

오영섭. "이상재와 이승만: 개화·선교·독립을 위한 협력과 후원 관계." 「한국민족운동사연구」 101(2019).

옥성득. "초기 한국 북감리교의 선교 신학과 정책-올링거의 복음주의적 기독교 문명론을 중심으로." 「한국 기독교와 역사」 11호(1999).

유성준. "밋음의 動機와 由來." 「기독신보」 1928년 6월 27일.

______. "밋음의 動機와 由來." 「기독신보」 1928년 7월 4일.

______. “밋음의 動機와 由來.”「기독신보」 1928년 7월 11일.
______. “밋음의 動機와 由來.”「기독신보」 1928년 7월 25일.
______. “밋음의 動機와 由來.”「기독신보」 1928년 8월 8일.
______. “深思하자.”「青年」 제1권 5호(1921. 7-8).
유영모. “故三醒金貞植先生.”「聖書朝鮮」 100호(1937. 5).
유춘동. “한성감옥서(漢城監獄署)의 〈옥중도서대출부(獄中圖書貸出簿)〉 연구.” 「서지학보」 제40호(2012. 12).
윤진영. “조선후기 金吾契帖의 제작관행과 신경향.”「朝鮮時代史學報」 91(2019).
윤진영. “의금부의 免新禮와 金吾契會圖.”「문헌과 해석」 13호(2000).
이광린. “舊韓末 獄中에서의 基督教 信仰.”「동방학지」 46-48(1985).
이덕주. “경무관 출신 평신도 전도자 김정식.” 서울YMCA 편. 『YMCA 인물 콘서트-Y를 일군 사람들』. 서울: 한국기독교역사연구소, 2014.
______. “이승만의 기독교 신앙과 국가건설론: 기독교 개종 후 종교활동을 중심으로(1899-1913).”「한국기독교와 역사」 제30호(2009. 3).
이동진. “박용만의 1차 체포 시기(1901년)와 사상.”「영산신학저널」 44(2018).
이명화. “韓末 崔光玉의 生涯와 救國運動의 性格.”「한국인물사연구」 5호(2006).
이상재. “청년이여(1).” 윤소영 편. 『월남 이상재 민족운동 자료집』. 천안: 독립기념관 한국독립운동사연구소, 2021.
______. “문명의 해석.” 윤소영 편. 『월남 이상재 민족운동 자료집』. 천안: 독립기념관 한국독립운동사연구소, 2021.
______. “光龍三兄弟及長春妙一同見.” 월남 이상재선생 동상건립위원회

편.『월남 이상재 연구』. 서울: 로출판, 1986.
______. “眞平和.”「新生命」제10호(1924. 4).
______. “富興說.”「皇城新聞」1906년 11월 7일.
이상훈. “초기 재일조선인 선교에 대한 재고찰-미국 선교단체의 역할을 중심으로.”「한국기독교와 역사」제47호(2017. 9).
______. “재일대한기독교회에서 한국교회 파견목사의 지위 변천 과정.”「한국기독교와 역사」제42호(2015. 3).
이승만. “대한 교우들의 힘쓸 일.”「신학월보」제4권 8호(1904. 8).
______. “두 가지 편벽됨.”「신학월보」제3권 9호(1903. 9).
______. “옥중전도.”「신학월보」제3권 제5호(1903. 5).
이원중. “식민지 조선에 존재했던 일본기독교회(日本基督敎會).”「한국교회사학회지」제50집(2018. 8).
임희국. “19세기말에서 20세기 초반 사대부 혹은 유생 출신 기독교인들의 신앙범주에 관한 소고小考.”「한국학논집」60집(2015).
전영주. “19세기말 서양선교사 게일의 텬로력뎡 한글번역과 김준근 텬로력뎡 삽도의 의미 고찰-근대번역문학의 출현과 한국전통회화의 변용 양상을 중심으로.”「문화와 융합」40/8(2018).
정병모. “箕山 金俊根 風俗畵의 國際性과 傳統性.”「강좌 미술사」26호(2006. 6).
정치영. “서양인의 눈에 비친 금강산: 게일을 중심으로.” 이상훈 외.『영국왕립아세아학회 잡지로 본 근대 한국 1』. 성남: 한국학중앙연구원 출판부, 2019.
조윤선. “19세기 典獄署 분석-『六典條例』·『承政院日記』를 중심으로.”「民族文化」제56집(2020).

차봉준. “안국선의 기독교 담론과 근대적 정치성 연구 -<금수회의록>을 중심으로.” 「한중인문학연구」 31집(2010).
차인배. “조선후기 포도청의 사법적 위상과 활동 변화.” 「역사민속학」 제58호(2020).
______. “조선후기 捕盜廳 치안활동의 특성 연구-공간 배치와 기찰구역을 중심으로.” 「史學研究」 제100호(2010).
______. “朝鮮前期 成宗~中宗代 ‘捕盜將’制 고찰.” 「史學研究」 제72호(2003).
차혜경. “大韓帝國期 國民教育會 研究.” 「이화사학연구」 제20·21합집(1993. 12).
최기영. “한말 李儁의 정치·계몽활동과 민족운동.” 「한국독립운동사연구」 제29집(2007. 11).
______. “한말 崔光玉의 교육활동과 국권회복운동.” 「한국근현대사연구」 제34집(2005. 가을).
______. “한말 안국선의 기독교 수용.” 「한국기독교와 역사」 5호(1996. 9).
______. “한말 국민교육회의 설립에 관한 검토.” 「한국근현대사연구」 제1집(1994).
______. “安國善(1879-1926)의 生涯와 啓蒙思想(上).” 「한국학보」 63집(1991. 여름).
최호석. “장응진 소설의 성경 모티프 연구-일본 유학 시절 작품을 대상으로.” 「동북아문화연구」 제22집(2010).
표언복. “한국 근대소설 속의 기독교 조명 05: 계몽기 소설 속 교회사 풍경 두 장면.” 「기독교사상」 통권738호(2020. 6).
한규무. “1900년대 서울지역 기독교회와 민족운동의 동향-정동·상동·연동 교회를 중심으로.” 「한국민족운동사연구」 19(1998).
______. “게일(James S. Gale)의 한국 인식과 한국 교회에 끼친 영

향-1898~1910년을 중심으로." 「한국기독교와 역사」 제4호(1995).
현종, 한보광. "백용성스님의 三藏譯會 설립과 허가취득." 「대각사상」 제9집 (2006).
홍문기. "1894년 감옥규칙(監獄規則) 성립과 근대 감옥제도의 도입 양상." 「韓國史硏究」 185집(2019. 6).

5. 고문헌

『各部請議書存案』 제18책, 1901년(광무 5) 3월 7일; 제24책, 1902(광무 6)년 12월 30일.

『警務廳來去文』 1-1, 1896(건양 1)년 1월 29일 ; 2-2, 1901(광무 5)년 3월 1일, 11일.

『高宗實錄』 1894(고종 31)년 7월 14일, 16일, 22일, 24일, 8월 6일, 12월 10일, 16일.

『高宗實錄』 1895(고종 32)년 4월 29일.

『高宗實錄』 1899(고종 36)년 7월 27일.

『高宗實錄』 1904(고종 41)년 8월 4일.

『高宗實錄』 1905(고종 42)년 5월 9일.

『公文編案』 8책, 1894년 10월 5일.

『金吾契帖』(1813년), 국립민속박물관 소장.

『內部來文』 제7책, 1898년 11월 6일; 제9책, 1899년 3월 28일; 제13책, 1900(광무 4)년 2월 12일, 21일.

『大典通編』 卷之一 吏典 京官職 從六品衙門 典獄署, 卷之五 刑典 屬衙門.

『萬機要覽』 軍政編一 捕盜廳條 總例.

『六典條例』 卷之九 刑典 典獄署 獄囚.

『司法照牒』 제3책, 1896(건양 1)년 5월 30일, 7월 7일.

『司法稟報(乙)』 제14책, 1899(광무 3)년 1월 31일 ; 제19책, 1899(광무3)년 7월 8일 ; 제22책, 1900(광무 3)년 1월 8일 ; 제29책, 1901(광무 5)년 5월 11일 ; 제42책, 1904년 3월 12일 ; 제43책, 1904년 6월 4일.

『續大典』 卷之一 吏典 京官職 從一品衙門 義禁府.

『受教輯錄』 卷之五 刑典 推斷.

『首善全圖』(1864년, 유물번호: 서2080).

『承政院日記』 1886(고종 23)년 6월 14일.

『承政院日記』 1890(고종 27)년 12월 18일.

『承政院日記』 1892(고종 29)년 8월 15일.

『承政院日記』 1895(고종 32)년 3월 29일, 4월 1일.

『承政院日記』 1897(고종 34)년 9월 15일, 16일.

『承政院日記』 1899(고종 36)년 1월 13일, 4월 9일.

『承政院日記』 1903(고종 40)년 윤5월 14일, 16일.

『承政院日記』 1905(고종 42)년 1월 10일, 4월 6일, 11월 15일, 12월 1일.

『承政院日記』 1906(고종43)년 10월 6일, 12월 2일, 14일.

『承政院日記』 1907(고종 44)년 2월 3일, 10일, 16일, 3월 27일.

『承政院日記』 1908(순종 2)년 1월 23일.

『承政院日記』 1909(순종 3)년 9월 10일.

『日省錄』 1902(광무 6)년 5월 11일.

『全州李氏宣城君派璿源續譜 卷之中 屛山君派』.

『秋官志』 卷之一 館舍 典獄署.

『弘齋全書』 제168권 「日得錄」.

6. 회의록

『예수교쟝로회죠션총회 뎨일회 회록』(1912).

『죠션예수교쟝로회춍회 뎨ᄉ회 회록』(1915).

『예수교쟝로회대한로회 뎨삼회 회록』(1909).

『예수교쟝로회죠션로회 뎨ᄉ회 회록』(1910).

『예수교쟝로회죠션로회 뎨오회 회록』(1911).

『경긔츙쳥로회 뎨一회 회록』(1911).

『경긔츙쳥로회 림시회 회록』(1912).

『조선예수교쟝로회 경긔츙쳥로회 뎨이회 뎡긔회 회록』(1912).

『경긔츙쳥로회 특별회 회록』(1912).

『경긔츙쳥로회 제ᄉ회 뎡긔회 회록』(1913).

『경긔츙쳥로회 뎨칠회 회록』(1914).

『경긔츙쳥로회 뎨八회 뎡긔회 회록』(1915).

『경긔츙쳥로회 림시회 회록』(1915).

『경긔츙쳥로회 림시회 회록』(1916).

『경긔츙쳥로회 뎨十九회 뎡긔회록』(1920).

7. 관보, 신문, 회보

「官報」 호외(1898년 6월 28일), 호외(1898년 6월 30일), 제1100호(1898년 11월 8일).

「官報」 제1194호(1899년 2월 25월), 제1267호(1899년 5월 22일), 제1405호(1899(광무 3)년 10월 30일).

「官報」 제2209호(1902(광무 6)년 5월 26일), 제2165호(1902(광무 6)년 4월 4일).

「官報」 제2409호(1903(광무 7)년 1월 14일), 제2547호(1903년 6월 24일), 제2547호(1903년 6월 24일).

「官報」 제2785호(1904년 3월 28일), 제2912호(1904년 8월 23일), 제2917호(1904년 8월 29일).

「官報」 제3035호(1905년 1월 13일), 제3062호(1905년 2월 14일), 제3137호(1905년 5월 12일), 제3265호(1905년 10월 9일).

「官報」 제3346호(1906년 1월 10일), 3403호(1906년 3월 17일), 3413호(1906년 3월 29일), 3618호(1906년 11월 23일), 제3724호(1907년 3월 27일).

「官報」 제3971호(1908년 1월 15일), 제4069호(1908년 5월 9일), 제4226호(1908년 11월 12일), 제4240호(1908년 11월 30일), 제4282호(1909년 1월 23일).

「朝鮮總督府官報」 호외(1910년 10월 1일), 제249호 부록(1913년 5월 31일), 제1098호(1916년 3월 29일).

「朝鮮總督府官報」 제1353호(1917년 2월 9일), 제1360호(1917년 2월 17일), 제1402호(1917년 4월 10일), 제1543호(1917년 9월 25일), 제2189호(1919년 11월 21일).

「朝鮮總督府官報」 제2259호(1920년 2월 23일), 제2261호(1920년 2월 27일).

「朝鮮總督府官報」 제2833호(1922년 1월 25일), 제2840호(1922년 2월 2일), 제2975호(1922년 7월 13일).

「朝鮮總督府官報」 제3162호(1923년 2월 11일), 제3224호(1923년 5월 12일), 제3283호(1923년 7월 20일).

「朝鮮總督府官報」 제4201호(1926년 8월 20일), 제4247호(1926년 10월 16일), 제118호(1927년 5월 24일).

「朝鮮總督府官報」 제740호 부록(1929년 6월 21일), 제876호(1929년 12월 3일), 제904호(1930년 1월 10일).

「京城日報」 1934년 3월 2일.

「경향신문」 1962년 2월 24일.

「그리스도신문」 1902년 4월 11일.

「大韓每日申報(대한미일신보)」 1904년 8월 27일, 9월 8일, 9일, 10일, 12일.

「大韓每日申報(대한미일신보)」 1905년 9월 5일, 10월 3일.

「大韓每日申報(대한미일신보)」 1906년 1월 21일, 3월 6일, 25일, 6월 6일, 30일, 7월 11일, 9월 12일, 25일, 10월 4일, 7일, 13일, 11월 6일.

「대한미일신보(大韓每日申報)」 1907년 4월 12일, 5월 28일, 6월 29일, 7월 31일, 8월 14일, 10월 9일, 12일, 12월 17일.

「大韓每日申報(대한미일신보)」 1908년 1월 28일, 2월 16일, 4월 11일, 16일, 12월 1일.

「大韓每日申報(대한미일신보)」 1909년 1월 17일, 11월 21일.

「大韓每日申報(대한미일신보)」 1910년 1월 27일, 2월 13일.

「대한크리스도인회보」 1899년 2월 8일.

「독립신문」 1896년 12월 24일, 1897년 4월 3일, 7월 10일, 1899년 8월 2일.

「동아일보」 1920년 6월 23일, 1921년 8월 1일, 9월 8일, 1922년 6월 19일, 7월 3일, 11월 30일.

「동아일보」 1934년 3월 1일, 1935년 2월 17일, 1935년 3월 5일, 1962년 2월 24일.

「萬歲報」 1906년 7월 12일, 9월 25일, 10월 11일.

「每日申報」 1910년 10월 16일, 11월 6일.

「每日申報」 1911년 7월 25일, 30일, 8월 5일, 1913년 8월 3일.

「每日申報」 1916년 9월 30일, 10월 12-15일, 20일, 22일, 25일, 26일.

「每日申報」 1917년 1월 28일, 2월 15일, 3월 4일, 10일, 18일, 4월 1일, 15일, 5월 13일, 23일, 25일, 6월 2일, 3일, 10일, 24일.

「每日申報」 1919년 5월 31일, 1920년 2월 4일, 3월 23일.

「每日申報」 1921년 8월 1일, 9월 2일, 7일, 1922년 10월 7일.

「每日申報」 1931년 12월 16일, 1937년 1월 15일.

「福音新報」 1911년 8월 24일.

「삼천리」 제7권 제3호(1935. 3).

「神學世界」 1권 4호(1916. 12).

「新韓民報」 1910년 11월 23일, 1911년 3월 8일, 8월 16일.

「예수교신보」 1907년 11월 13일, 12월 11일, 1908년 6월 10일.

「예수교회보」 1913년 1월 14일.

「帝國新聞」 1904년 10월 4일, 5일.

「조선일보」 1921년 9월 2일, 1922년 12월 7일, 1923년 6월 3일.

「조선일보」 1937년 1월 15일, 1962년 2월 24일.

「朝鮮中央日報」 1935년 2월 27일.

「中央青年會報」 제6호(1915. 2), 제27호(1917. 1).

「中外日報」 1927년 3월 31일.

「青年」 제1권 5호(1921. 7-8), 제2권 11호(1922. 12).

「皇城新聞」 1899년 4월 29일, 6월 13일, 8월 8일.

「皇城新聞」 1900년 2월 13일, 21일, 3월 9일, 5월 22일.

「皇城新聞」 1901년 4월 27일, 11월 16일.

「皇城新聞」 1902년 4월 26일, 6월 2일, 28일, 7월 28일, 1903년 1월 19일.

「皇城新聞」 1904년 3월 23일, 25일, 9월 19-21일, 11월 12일.

「皇城新聞」 1905년 5월 31일, 6월 15일, 17일, 7월 18일, 8월 22일, 10월 2일, 19일, 20일, 30일, 11월 3일, 11일, 20일.

「皇城新聞」 1906년 3월 5일, 4월 6일, 5월 3일, 5일, 8일, 30일, 7월 17일, 23일, 25일, 8월 17일, 20일, 25일, 27-31일, 9월 11일, 10월 13일, 11월 27일, 12월 13일.

「皇城新聞」 1907년 1월 10일, 15일, 4월 10일, 6월 1일, 5일, 10일, 17일, 19일, 28일, 7월 15일, 29일, 8월 15일, 9월 9일, 10월 12일, 16일.

「皇城新聞」 1908년 3월 14일, 7월 7일, 10일, 11월 21일, 12월 12일, 29일.

「皇城新聞」 1909년 1월 17일, 2월 21일, 10월 28일.

「皇城新聞」 1910년 3월 15일, 12월 15일.

7. 웹페이지

국사편찬위원회 한국사데이터베이스(https://db.history.go.kr)